노르망디

그레빌아그

셰르부르

코탕탱반도

바르빌

유타

오마하

롱그쉬르메르 골드

콜빌쉬르메르

아로망슈 주노

바이외

에트르타

르아브르

트루빌 옹플

위스트레암 도빌

소드 카부르 라로크베니

베누빌

캉 뵈브롱앙오주

생로 퀴베르빌

망슈

칼바도스

비무티에

팔레즈

그랑빌

모르탱

오른

몽생미셸

바뇰드로른

알랑송

오른	데파르망
◉	주도
•	주요 도시

르트레포르

바랑주빌
디에프

GR21
뵐레트쉬르메르

페캉
센마리팀
퀴베르빌

알루빌

아르플뢰르
루앙
쥐미에주

노르망디교
센
리용스라포레
뢰르

에라니
리지외
앙들리
생클레르쉬르엡트
베르농

외르
지베르니

에브뢰
망베르

프랑스 레지옹

오드프랑스

노르망디
일드프랑스
그랑테스트
브르타뉴

페이드라 루아르   상트르발드 루아르
부르고뉴프랑슈콩테

누벨아키텐
오베르뉴론알프

옥시타니
프로방스알프코트 다쥐르

코르시카

NORMANDIE

도시여행자를 위한

노르망디 ✕ 역사

주경철 지음

NORMANDIE

Histoires

Ⓗ

우리의 여정을 이어갈

수용과 은선에게

여행은 멋진 일이다. 내게 익숙한 곳을 떠나 파리, 피렌체, 마드리드 혹은 이집트나 홋카이도 등 어딘가 다른 세계로 가볼 때면 늘 마음이 설레었다. 노르망디 여행 또한 특별히 마음 끌리는 경험이었다. 풍요로운 문화, 아름다운 풍광과 감미로운 음식들, 수많은 예술가들의 자취를 느낄 수 있는 이 지방은 많은 사람들이 찾는 관광지이지만 역사가인 나에게는 더 특별한 곳이다. 장구한 유럽 역사에서 흔히 핵심 고리로 지목하는 곳이기 때문이다. 그래서 이 책에서 노르망디 지방을 소개할 때는 단순히 멋진 관광지를 따라간다기보다는 역사의 현장을 찾아간다는 의미를 더하고자 했다. 말하자면 노르망디라는 '공간'을 이동해 간다기보다는 지난날 사람들의 삶의 자취가 녹아 있는 '시공간'으로 들어가 본다는 의미다. 그런 여행이 훨씬 더 진한 경험이 되지 않을까 생각해 보았다.

사실 30년 넘게 역사가로서 작업을 해 오면서 역사 현장을 직접 보지 못하고 책과 논문, 옛날 자료를 통해서만 간접적으로 상상해야 했던 점이 나로서는 늘 아쉬웠다. 연구 대상인 지역을 사후적으로 찾아갈 때 절실히 느낀 점은 현장성이 얼마나 중요한가 하는 것이다. 머릿속으로 아무리 열심히 그려본들 잘 이해되지 않았던 많은 요소들이 현장에 직접 가보는 순간 저절로 이해되는 경우가 많다.

이와 관련해서 또 한 가지 느낀 점은 우리 삶의 기반을 이루는 단위, 가장 구체적으로 생활을 운영하는 단위는 지방이라는 사실이다. 역사의 큰 흐름을 이해하기 위해서는 별수 없이 서구 문명 단위 혹은 프랑스, 독일 같은 국가 단위로 서술해야 하고, 그래서 유럽사 혹은 프랑스사, 독일사 같은 거대 단위의 사고를 주로 해 왔다. 물론 그런 작업이 의미가 없지는 않다. 그런데 요즘 들어 자주 드는 생각은 그런 식의 설명이 너무 추상적이고 작위적이며, 어떤 의미에서는 오만한 주장이 아니었을까 하는 것이다. 농사짓고, 우유로 치즈 만들어 시장에 팔고, 가까운 성당에 가서 기도하고, 이 지역 사람들 사이에 통하는 속담을 이야기하고, 이 지방 예술가들이 고향 풍광을 그림에 담고 하는 일이 대부분의 사람들에게는 실질적으로 훨씬 더 중요하지 않을까. 가급적 이런 느낌을 담아 노르망디의 각지를 돌아다니며 보고 느낀 것들을 함께 나누고자 한다.

그동안 노르망디를 여러 차례 여행해 보았다. 파리에서 유학하던 시절 시간을 내서 다녀본 경험도 있고, 이후에는 가족 혹은 지인들과 관광 여행을 다녀온 적도 있다. 그런데 코로나 사태가 끝나갈 때쯤 불현듯 노르망디 지역을 다시 찾고 싶은 욕망이 일었다. 그동안 가보지 못했던 많은 지역들을 직접 찾아가고, 그림과 영화, 시와 소설 등을 통해 알게 된 내용들 확인해 보고자 했다.

차를 렌트하여 노르망디 구석구석을 돌아다닌 그 경험은 아직도 가슴에 진하게 남아 있다. 지베르니 마을의 새벽 풍경, 옹플뢰르의 아스라한 골목길과 나무로 만든 성당, 바랑주빌의 고즈넉한 해변 묘지, 몽생미셸의 경이로운 수도원 건물, 지난날 영국과 프랑스 간 격렬한 갈등의 현장이었던 가야르성, 이 지방을 지옥으로 만들었던 노르망디 상륙작전의 현장들, 1,200년 된 알루빌 참나무 안에 소박하게 차려진 소성당 등 이 모든 곳들이 아직도 마음속에 살아 숨 쉬고 있다. 사실은 그런 특정 명소들을 거론하기에 앞서 노르망디 전체가 다정한 인상으로 다가온다. 길 잃어 우연히 차를 몰고 들어간 작은 마을 인근의 햇빛 비치는 밀밭, 햇살 반짝이는 바다를 옆에 끼고 달리던 해안도로, 오후 한때를 편안하게 보낸 작은 마을의 카페가 여전히 눈에 아른거린다.

돌아와서 이 여행의 경험을 정리할 때 다시 든 생각은 한 지방을 오롯이 이야기하는 일이 역시 쉽지 않다는 점이다. 아직 찾아가 보지 못한 곳이 허다하고, 설사 방문했더라도 시간에 쫓겨 제대로 보지 못하고 떠난 곳들도 많으며, 벌써 기억에서 빠져나간 요소들도 있다. 대신 여러 자료들을 다시 챙겨보고, 관련 기록과 문학 작품, 회화나 영화 등을 통해 내 경험을 반추해 보면서 보충할 수 있었다는 장점도 있긴 하다. 한 권의 책에 담기 위해 일종의 문화·역사 여행 내러티브를 만들어 보는 일 자체가 너무나도 즐거운 일이다. 기억을 재구성하는 일은 우리의 느낌을 더 강화하는 모양이다. 아름다운 풍경은 더욱 아름답게 그려지고, 감동적인 일은 더욱 마음을 흔든다. 여행기는 어쩌면 꿈과 현실 사이의 대화일지도 모른다.

나는 아직도 아내와 함께 노르망디 지방을 돌아다니는 꿈을 꾼다. 그리고 다시 그곳을 찾으면 어떤 새로운 경험을 하게 될까 벌써 궁금해진다. 나처럼 노르망디 여행을 기획하거나 꿈꾸는 독자에게 이 글이 다소나마 도움이 되면 좋겠다.

2024년 7월
주경철

차 례

3부 노르망디 예술 기행

4부 노르망디 해안 도시 기행

1부

✕

노르망디 수도원 기행

노르망디 하면 맨 먼저 떠오르는 곳이 몽생미셸 수도원이다. 물이 차면 섬이 되고 물이 빠지면 육지와 연결되는 땅끝 지역의 중세 수도원은 여전히 신비의 베일에 싸여 있다. 노르망디의 역사가 이 몽환적인 지역에서 첫걸음을 뗐다. 정식으로 공작령이 성립되기 전에 이미 기독교 전도가 시작되어 몽생미셸을 비롯한 여러 지역에 수도원들이 생겨났다. 먼 옛날 원래의 웅장한 모습이 어떠했을지 상상케 하는 '아름다운 폐허' 쥐미에주 수도원 유적지 그리고 프랑스 최고령 참나무 안에 신비롭게 자리 잡고 있는 알루빌 소성당은 어쩌면 우리가 잃어버린 중세의 신성성에 대해 다시 생각해 보게 만드는 멋진 곳들이다.

01

몽생미셸 수도원

미카엘 대천사의 설화를 간직한 수도원

몽생미셸 ●

이것은 꿈일까? 신기루일까?

바다 한가운데 떠 있는 듯한 마법의 섬은 보는 사람을 홀린다. 바위섬 정상에는 중세 수도원이 우뚝 서 있다. 누구나 이 환상적인 광경을 본 순간 경탄을 금치 못한다. 나 역시 몽생미셸Mont-Saint-Michel을 처음 보았을 때의 경이로움을 잊지 못한다.

몽생미셸 수도원은 여러 모습을 보인다. 바닷물이 가득 찬 만조 때면 완전한 섬이 되지만, 물이 빠지고 나면 돌연 사막 한가운데 지어진 마법의 성으로 변모한다. 아침 안개 가득한 때는 고요히 몸을 반쯤 숨기기도 하고, 칠흑 같은 어둠 속에서 조명을 받아 홀로 찬란히 빛나는 모습을 연출하기도 한다.

1979년 이래 유네스코 세계유산으로 등록되어 있는 몽생미셸 수도원과 몽생미셸만은 프랑스의 가장 대표적인 관광지 중 하나로, 파리와 베르사유 궁전 다음으로 많은 관광객이 몰리는 곳이다. 코로

◀ 몽생미셸 수도원.

나19 이전인 2019년 한 해 동안 250만 명이 이 작은 섬을 방문했다. 그러다가 팬데믹이 세계를 강타한 2021년 관광객 수가 3만 5,000명으로 극적으로 줄더니, 2023년부터는 원래대로, 어쩌면 그 이상으로 폭증하고 있다. 이제는 과밀관광over-tourism을 염려하지 않을 수 없어서, 관광객 수를 제한해야 한다는 말도 나온다. 다시 찾은 몽생미셸은 과연 무수히 많은 사람들로 가득 차 있었다. 그럼에도 아직까지는 방문객들을 넉넉히 품어주며 독특한 매력을 뽐낸다.

환상의 섬, 고독의 섬

원래 이 섬은 인파로 북적이는 관광지가 아니라 이 세상을 벗어나기로 작정한 수도사들 몇 사람만 고독하게 살아가는 곳이었다. 대략 5~6세기경부터 프랑스 북서부 지역에 기독교가 전파되었고, 이어서 수도원 운동이 확산했다. 도시 외곽이나 황량한 섬 혹은 깊은 숲속에 신을 찾아 세상을 벗어나기로 작정한 은거 수도사들이 기도하며 살아가는 수도원들이 지어졌다. 이 가운데 지금껏 남은 가장 유명한 곳이 몽생미셸 수도원이다. 이곳이야말로 세상과 동떨어져 기도하기에 딱 좋은 곳이다. 수도원이 되기에 알맞은 세 가지 요소를 지니고 있으니, 성스러운 '섬'이면서 사람을 피하는 '동굴'이면서 하늘과 가까운 '산'이 그것이다.

강렬한 여름 햇빛 아래 북적대는 사람들 군상 속에서 떠밀리다가 먼 옛날 이 황량한 섬에 들어온 수도사들의 심정을 헤아려 보았다. 돌연 오랫동안 잊고 있던 영시英詩 한 구절이 아련히 떠올랐다. 클리퍼드 다이먼트Clifford Dyment라는 시인이 쓴 〈서른두 살의 성 오거스틴 Saint Augustine at Thirty-two〉이라는 시다.

소녀여, 왜 나를 따라오는가
성스러운 곳 입구에 다다랐거늘
돌아서서 네 얼굴을 볼 때
결심은 흔들리고 이곳에 들어감이 죽음과 같구나.

홀로 누워 너를 바라보곤
굶주린 빛에서 도망치듯 너를 떠났노라
부드럽고 무한하며 치유의 힘 가득한
밤의 자비 속으로.

말이 아닌 웅변을
돌의 입맞춤 속에서 충만을 갈구하건만
너는 입술과 금빛 머리칼로 내게 오는구나
그리고 너의 발밑엔 바람에 불려 온 낙엽 하나.

말이 아닌 웅변, 돌과의 입맞춤을 갈구하는 젊은이. 모든 것을 삼키려는 굶주린 한낮의 빛으로부터 밤의 자비 속으로 숨어 들어가려는 은거 수도사. 1500년 전 몽생미셸은 그런 곳이었으리라. 오늘날의 화려한 건물은 찾을 수 없고 단지 버려진 바닷가, 밀물 때는 섬이 되었다가 썰물이 되면 다시 육지와 연결되는 세상 끝, 날것 그대로의 고독 속에 고립된 섬, 그곳에 거친 바다가 내려다보이는 아주 작은 교회 한 채에 불과했으리라.

그렇지만 세상은 변하는 법, 수 세기를 거치며 수도원 건물과 부속 건물, 성벽, 마을이 들어서면서 섬은 점차 웅장한 모습으로 바뀌어 갔다. 그럼에도 선선한 새벽바람 속에, 한가득 별이 총총한 밤하늘 아래에서, 어쩌면 강렬한 땡볕 내리쬐는 한낮 수많은 사람들 속에서도 돌산에는 여전히 원초적 신성함이 언뜻 어른거린다.

몽생미셸의 설화

수도원 건물이 들어서기 전 이곳은 몽통브Mont Tombe라고 불렸다. '무덤 산'이라는 뜻이다. 아무것도 없는 무덤같이 황량한 빈 섬에 은거 수도사 몇 명이 기거하고 있을 뿐이다. 그런 배경 자체가 이미 신령함을 머금고 있다. 당연히 수도원 건물 건립에 관한 전승도 신성함이 가득하다.

서기 708년, 프랑크 왕국 국왕 킬데베르트Childebert 2세 시절 이야기다. 몽통브의 인근 도시 아브랑슈Avranches의 주교 오베르Aubert의 꿈에 생미셸 대천사가 나타났다. 불어로 미셸은 미카엘에 해당하고

생saint은 '성聖'이니 생미셸은 성 미카엘, 곧 미카엘 대천사다. 대천사는 몽통브에 성소聖所를 지으라고 지시한다. 꿈속의 일이라고만 생각한 오베르는 무시하고 넘어갔다. 두 번째 꿈에서 똑같은 일이 일어났으나 오베르는 이번에도 무시했다. 세 번째에는 대천사가 아주 강한 어조로 명령하면서 주교의 머리에 손을 댔는데 주교의 머리에 지워지지 않는 흔적이 남았다고 한다. 후일의 기록은 '흔적'이나 '흉터' 정도가 아니라 아예 '구멍'이 났다고 말한다. 이야기가 잘 맞아떨어지려고 그러는지, 마침 오베르 주교의 무덤이라고 생각하는 곳에서 기이한 두개골이 발견되었는데 뒷부분에 큰 구멍이 뚫려 있다. 성인전 작가 장 스갱Jean Seguin은 이에 대해 "엄지손가락이 들어갈 정도로 큰 구멍"인데, "힘을 가하지 않고 부드럽게 만든 것으로 보인다"고 기록했다. 아브랑슈의 생제르베 바실리카Basilique Saint-Gervais-et-Saint-Protais에 이 두개골이 보존되어 있으니, 마음 끌리는 사람은 직접 가서 영험한 해골에 경배를 드려도 좋겠다. 그렇지만 도대체 한 톨의 믿음도 없는 고고학자들은 이 두개골에 대해 전혀 다른 해석을 내놓는다. 천사가 손가락으로 구멍을 뚫은 게 아니라 기독교 이전 시기 노르망디에 존재했던 원시 의식의 산물이라고 말한다. 어느 편이 더 옳아 보이는지는 각자 알아서 판단할 일이다.

생미셸, 즉 미카엘 대천사는 용을 때려잡는 하늘의 전사로 성격이 터프한 편이다. 현재 몽생미셸 수도원에 보존되어 있는 16세기의 미카엘 천사상만 하더라도 완전무장을 한 전사 모습이다. 한두 번 말로 해서 듣지 않는 사람에게는 두개골에 구멍을 내서라도 확실하게 본때를 보여주는 스타일이다. 하여튼 오베르 주교가 그 후에 두통을 앓았는지 어땠는지 기록은 없으나, 대천사에게 혼쭐이 나고서야 일을 시작했다. 그런데 막상 일을 하려니 몽통브 어디에 건물을 지어야 할지 알 수 없다. 수사들과 주민들을 데리고 몽통브로 가서 언덕 꼭대기에 올라가 보니 그곳에 뜬금없이 성난 황소가 나무에 묶여 있고, 이 소가 주변 땅을 짓밟아 놓았다. 사람들은 바로 이곳이 교회지을 터라는 것을 깨닫는다. 왜 황소가 짓밟아 놓은 곳이 교회 자리여야 하는지 논리적인 설명은 없으나, 하여튼 이런 이야기는 묻지도 따지지도 말고 그냥 믿도록 하자.

공사를 시작하려니 이번에는 거대한 바위가 가로막고 있는데, 너무 커서 움직일 수 없다. 하늘에 기도를 올리자 대천사가 응답하기를 그들 중 가장 어린 사람을 찾으라고 한다. 뱅Bain이라는 사람이 최연소자였는데, 그가 발을 대자 바위가 쉽게 굴러떨어졌다. 몽생미셸섬 한쪽 끝에 있는 바위가 뱅이 발로 밀어버린 바위라고 하는데, 후일 이곳에 오베르 주교에게 헌정한 교회를 지었다Chapelle St-Aubert. 바위도 치웠으니 본격적으로 건물을 지어야 할 텐데, 이번에는 설계도가 없다. 도대체 이때 사람들은 스스로 하는 게 없다. 어느 날 아침 다시 몽통브에 가보았는데, 풀밭 위에 마른 풀로 교회 모양으로 보이는 선이 그어져 있었다. 이것이 건축 도면이 되었다고 한다. 이를 바탕으로 동굴 모양의 교회 건물을 지었다. 주목할 점은 몽생미셸 최초의 교회는 산이 아니라 동굴 이미지였다는 것이다. 전승에 의하면 이 건물은 709년 10월 16일에 봉헌식을 올렸다고 한다. 그렇지만 연구

생오베르 교회.
몽생미셸섬의 서북쪽 해변에 위치해 있다.

자들은 실제로는 그보다 더 일찍 지어졌으리라 판단한다. 신통하게
도 설화보다 실제 사실이 더 오래되었다.

　오베르는 어떤 인물일까? 앞서 말한 전승 외에 다른 내용은 알려
진 바가 없다. 그 전승은 모두 〈몽통브 위의 대천사 생미셸 교회에
관한 계시La Revelatio ecclesiae sancti Michaelis archaneli in Monte Tumba〉라는 한
가지 기록에 근거한다. 이 문건을 쓴 사람은 분명 이 교회에 관한 옛
이야기들을 잘 알고 있고 라틴어에 능통한 사람일 텐데, 아브랑슈의
주교였을 가능성이 높아 보인다.

농민들이 전하는 전설은 수도사들이 라틴어로 기록한 내용과는 달리 소박하다. 예를 들면 이런 식이다. 원래 이 섬에 사는 수도사들은 주변 지역의 사제가 당나귀에 실어 보내주는 식량으로 살아갔다. 그런데 어느 날 늑대가 이 당나귀를 잡아먹고 말았다. 수도사들은 식량이 끊겨 살아갈 수가 없게 되자 하늘에 도움을 요청하는 기도를 올렸다. 결과는 어떻게 되었을까? 하느님이 이 늑대에게 식량 운반을 맡겼다! 남은 평생 당나귀처럼 빵이나 치즈를 운반하면서 살아야 했던 늑대는 하느님에게 꽤 투덜거렸을 것이다.

수도원 건물 건립에 관한 농민 이야기 또한 순박하기 그지없다. 대천사 미카엘은 이웃 악마의 심술을 피하기 위해 바다 한복판의 섬에 자기 집을 직접 지었다. 그리고 악마의 접근을 막기 위해 영지 주위를 유사流沙, sables mouvants로 둘러쌌다. 이렇게 되자 악마는 주변 지역의 기름진 초원과 비옥한 계곡, 풍요로운 포도밭을 소유한 데 반해 대천사는 바다 한가운데에서 굶주리고 살 수밖에 없다. 대천사는 속임수를 써서 악마를 골려주기로 작정했다. 악마에게 찾아가서 악마가 가진 모든 땅을 양도하면 자기가 일할 테니 수확을 반씩 나눠 갖자고 제안했다. 게으른 악마는 기꺼이 동의했다. 다음에 대천사는 악마에게 땅 위의 수확물을 가질지 땅 밑의 수확물을 가질지 고르라고 말한다. 악마는 땅 위의 것을 가지겠다고 답했다. 6개월 뒤 홍당무, 양파, 순무같이 땅 밑에서 자란 수확물들은 모두 대천사의 몫이 되었다. 분개한 악마는 계약 내용을 바꿔서 다음에는 땅 밑의 것을 가지겠다고 했다. 6개월 뒤 이번에는 밀, 귀리, 아마, 유채, 양배추 등

땅 위에서 자란 것들을 수확하여 이 역시 전부 대천사가 차지했다.

곡간이 가득 찬 대천사는 악마를 집으로 초대해서, 온갖 종류의 음식에다가 노르망디의 대표 음료인 시드르와 칼바도스를 대접했다. 과식한 악마는 너무 배가 불러서 건드리기만 해도 변이 나올 정도가 되었고, 결국 실례를 했다. 대천사가 몽둥이를 들고 쫓았고, 악마는 방들을 가로질러 도망가다가 산꼭대기 테라스까지 이르렀다. 대천사의 몽둥이질에 악마는 멀리 허공으로 날아간 다음 땅에 곤두박질친다. 악마는 석양 속의 성을 뒤로 하고 절뚝거리며 먼 곳으로 가버렸다고 한다. 우리가 판단하기에는 대천사께서 불공정 사기 계약과 폭력 행위를 행사하신 것으로 보이지만, 신성한 믿음의 차원에서는 그런 쪼잔한 법률 문제는 다툼의 대상이 아닌 모양이다.

불가사의한 건물

현재 우리가 보는 수도원 건물은 오베르 주교 시기의 것은 아니고 후대에 증축한 것이다. 8세기 때 지은 원래 건물의 흔적이 남아 있을까? 불행하게도 전혀 남아 있지 않다. 현재 건물 중 가장 오래된 부분은 노트르담수테르Notre-Dame-sous-Terre, 지하 노트르담다. 오랫동안 이곳이 8세기에 지은 건물 일부라고 생각해 왔으나, 최근 분석에 따르면 지은 시기가 970년대로 나왔다. 그러니까 맨 처음 지은 건물은 이제 하나도 남지 않았고, 가장 오래된 부분도 10세기에 증축한 건물이다.

큰 변화가 시작된 계기는 966년 루앙 백작 리샤르 1세의 주도로 이곳이 베네딕트 수도원이 된 것이다. 이후 수도사 약 50명이 거주하는 제법 큰 규모가 되었다. 이 시기에 처음으로 로마네스크 양식의 교회 건물을 축조했다. 리샤르 2세(1026년 사망)는 이탈리아의 건축가 볼피아노의 굴리엘모Guglielmo da Volpiano(이탈리아어 '굴리엘모'는 영어로는 '윌리엄', 불어로는 '기욤')를 초빙하여 수도원 건물 건축 사업을 맡겼다. 그가 로마네스크 양식의 수도원 건물을 조성했다.

1023년 수도원장 힐드베르Hildebert가 본격적으로 재건축을 시도했다. 이즈음이면 처음 지었던 수도원은 이미 수 세기가 지난 낡은 건물이 되어 있었기 때문이다. 몽생미셸이 본격적으로 온 세상에 알려지고 이름을 굳힌 것은 그 해다. 그러니까 1023년은 제2의 탄생 시기라고 할 수 있다. 2023년 6월, 마크롱 대통령이 방문하여 몽생미셸 재건 1,000주년을 축하하면서 이곳의 환경을 보존하기 위해 노력하겠노라는 연설을 했다.

원래 이 섬은 세속과 멀리 떨어져 기도하기 위해 숨어들던 곳인데, 점차 유명해져 숨어 살기 어렵게 되었다. 그럴 바에는 차라리 순례자들을 불러 모으는 편이 낫다. 노르망디 공작들은 중요한 성소로서 몽생미셸의 권위를 높이려 했다. 수도원 측도 오베르 주교를 띄우는 전략을 폈음에 틀림없다. 대천사가 손가락으로 머리에 구멍을 낸 이야기도 사실 이 시기에 새롭게 퍼졌다. 온몸이 마비된 여인이 이곳을 순례한 후 완치되었다는 식의 이야기들이 나오더니, 점차 유

명 순례지가 되어 '콤포스텔라 순례길'과 유사한 '몽생미셸 순례길'
이 만들어졌다. 순례자들을 많이 받으려면 멋진 교회 건물이 필요
하다. 클뤼니와 디종에서 일하던 당대 최고 건축 기술자들이 불려
왔다. 재건축 과정에서 원래의 건축물은 완전히 사라졌다. 11세기
내내 지속된 건축 작업 끝에 몽생미셸의 이미지도 바뀌어 갔다. 지
금까지 이곳의 이미지는 '동굴'이었는데, 이제는 '산'이 되었다. '몽
생미셸'의 몽Mont은 불어로 산이라는 뜻이다. 이 시기에 와서 산꼭
대기에 점차 더 높은 건물들이 올라가면서 '미카엘 동굴'이 '미카엘
산'이 된 것이다. 순례는 프랑스혁명 시기까지 줄곧 지속되었다. 노
르망디와 이웃 브르타뉴 각지에서는 몽생미셸에 순례를 다녀오는
것이 '국룰'이 되어서 400~500킬로미터 떨어진 곳에서도 몽생미셸
에 다녀오지 않은 사람은 겁쟁이 취급을 당했다. 프랑스 북부와 영
국을 비롯해 유럽 각지에서 찾아오는 몽생미셸 순례자를 특별히 미
슐레michelet라고 불렀다.

　백년전쟁(1337~1453) 시기에는 잉글랜드군에 대항하는 요새 역
할을 했다. 잉글랜드군이 노르망디로 쳐들어와서 오랜 기간 정복했
을 때도 몽생미셸만은 결코 점령당하지 않았으며, 프랑스 국왕에 충
성을 다하며 잉글랜드군에 저항하는 중심지 역할을 했다. 그 결과
'프랑스 민족 탄생'의 상징이라는 평가까지 받았다. 프랑스 국왕 샤
를 6세재위 1380~1422는 방어 시설을 강화하여 몽생미셸을 거의 요새
처럼 만들었다. 현재 몽생미셸을 보면 섬 하단부에 성벽이 둘리 있
고, 중세의 방이 시설인 성문의 모습도 보인다. 아래에서 장대한 군

사 요새의 모습으로 시작하여 중간에 중세 도시의 면모를 잠시 보이다가 정점에 수도원이 자리한 모양새다. 결과적으로 이 섬은 군사적 위용과 종교적 장엄함을 모두 갖추게 되었다. 수도원 밑에는 마을이 이루어졌다. 마을을 관통하여 산 쪽으로 올라가는 구불구불한 중심 도로Grande Rue는 이미 12세기에 형성되었으며, 그 시대 순례자들이 걸어 올라가던 길이다. 오늘날에는 이 도로를 따라 박물관, 호텔, 식당, 가게가 들어차 있다. 18세기 기록에 벌써 기념품 가게들이 가득하다는 이야기가 나온다! 이 가파른 중앙도로를 타고 올라가면 수도원 입구에 이르고, 이곳에서 수도원 내부를 감상하며 올라간다.

13세기에 오늘날 모습으로 완성된 몽생미셸 수도원은 경사진 암벽을 따라 기적처럼 솟아 있는 두 개의 3층 건물로 되어 있다. 하나는 바위섬 자체에 조성한 크립트crypt(지하 석실)들 위에 본당 교회를 지어올린 건물이다. 그 옆에 고딕 건축의 걸작인 '메르베유Merveille(경이)'가 있다. 돌산에 붙여 3층짜리 역피라미드 모양의 건물을 지었으니, 이거야말로 경이가 아니겠는가. 메르베유는 수도사들이 거주하는 공간으로서 크고 작은 공간들이 미로를 이룬다. 이곳은 다시 두 부분으로 구분되어서, 동쪽 부분에는 예배당, 손님맞이 방, 수도사들이 모두 모여 식사하던 대식당이 있고, 서쪽 부분에는 포도주 창고, 백년전쟁 당시 기사들이 모여 살았다고 하는 기사의 방 그리고 회랑cloître이 있다. 이런 공간들은 마치 돌로 직조한 듯 우람하면서도 섬세하다. 이곳에서 여름밤에는 빛과 음악이 어우러진 일루미네이션 쇼가 펼쳐진다. 앞서 말한 대로 2023년에는 몽생미셸 수도원 재건 1,000주년 기념 야간행사가 다양하게 펼쳐져서 '르 밀레네르Le Millénaire(천년)'라는 레이저 조명 쇼를 했다. 개인적인 생각으로는 그런 인위적인 요소보다는 원래 그대로의 건물, 바다, 노을이 훨씬 아름답다.

오늘날 관광객들이 가장 사랑하는 아름다운 공간은 아마 회랑과 테라스일 것이다. 몽생미셸에는 세상에서 가장 아름다운 회랑이 있다. 물론 그건 순전히 내 생각이다. 중세 수도원 건물 내부에 기둥과 중정中庭으로 구성된 회랑은 흔히 형언할 수 없는 고귀한 아름다움을 머금고 있다. 몽생미셸 수도원의 회랑은 그중에서도 가장 멋지고 품격 있는 모습이다. 바다를 끼고 있는 고아한 공간은 다른 곳에서 찾기 힘든 감동을 준다. 마치 하늘과 땅 사이에 머물러 있는 듯한 이 회랑은 쇼제 군도les îles Chausey의 화강암, 잉글랜드의 퍼벡Purbeck 대리석 그리고 유명한 캉Caen의 석재를 섞어 지었다. 캉 석재는 햇빛에 '민감'하여 더 멋진 색을 낼 뿐 아니라 다루기도 편해서 석공들이 마음껏 능력을 발휘할 수 있었다. 석공들은 높은 창들에서 빛이 들어와서 갤러리를 비추도록 만들었다.

회랑에서 건물 바깥으로 나오면 탁 트인 몽생미셸만 전경을 볼 수 있는 테라스로 이어진다. 저녁에 이곳을 방문하는 일은 축복 그 자체다. 서서히 해가 저물고 꿈처럼 어두워 오는 드넓은 바다 위로 새들이 나는 가운데, 수도원 건물이 허니옐로우honey yellow로 물들어 간다. 내 실력으로 잘 번역할 수 있을지는 모르겠으나 샤를 보들레르Charles Baudelaire, 1821~1867의 아름다운 시 한 편을 소개하고 싶다. 시

몽생미셸 수도원 내의 회랑(위)과
미카엘 대천사상(왼쪽).

제목은 〈저녁의 조화Harmonie du soir〉.

　가지 위에서 떨며 모든 꽃들이
　향처럼 사라져가는 시간이 오네
　저녁 하늘에 소리와 향기가 맴도네
　우수의 왈츠여 번민의 현기증이여!

　모든 꽃들은 향처럼 사라져가고
　슬픈 마음처럼 바이올린이 흐느끼네
　저녁 하늘에 소리와 향기가 맴도네
　하늘은 큰 제단reposoir처럼 슬프고도 아름다워라.

　이 시간의 테라스는 그야말로 시적인 공간이다. 갈수록 검푸르게 색이 짙어지는 바다 한쪽에 붉게 해가 지는데 선선한 바람을 뚫고 새들이 큰 원을 그리며 해수면 위를 날아간다. 사람에게 온전히 길들여진 갈매기 한두 마리가 날아가지 않고 담 위에 앉아 눈을 맞춘다. 과자 한 조각을 주니 용케 잘 받아먹는다.
　이 광장에서 하늘을 올려다보자. 건물 첨탑 위에 금빛 대천사 상이 빛을 뿜고 서 있다. 다름 아닌 미카엘 대천사다. 갑옷을 입은 채 한 손에 칼을 들고 악마를 짓밟고 있으며, 다른 손에는 최후의 심판일에 선악을 재는 데 사용할 저울을 들고 있다. 이 작품은 19세기에 엠마뉘엘 프레미에Emmanuel Frémiet가 만들어서 올린 것이다. 무게

테라스 바닥에 새겨진 문자들.

820킬로그램, 길이 3.5미터에 달하는 천사가 해발 156미터에 위치한 수도원 꼭대기에서 용맹한 모습으로 하늘을 지키고 있다. 2015~2016년 새롭게 금장을 한 미카엘 대천사는 헬리콥터를 타고 빛나는 별처럼 몽생미셸의 정상에 재입성했다.

이번에는 하늘이 아니라 테라스의 바닥을 보자. 돌 위에 가끔 이상한 문자들이 보인다. 무슨 신비로운 의미가 아닐까 싶지만, 사실은 수도원을 지을 때 일했던 석공들 조합에서 자기네들이 운반한 돌 개수를 표시해서 돈을 받기 위해 새긴 것이라고 한다. 신비의 공간을 짓는 노동자들도 받을 돈은 확실하게 받아야 하지 않겠는가.

학문의 중심지 그리고 교도소

몽생미셸은 종교적 성소나 순례지이기만 한 것은 아니다. 이곳은 역사적으로 여러 기능을 담당했다.

무엇보다도 중세 학문의 중심지였다. 학자들과 수사들이 모여 중요한 필사본들을 만들었다. 이웃 도시 아브랑슈에는 필사본을 모은 박물관Scriptorial d'Avranches, musée des manuscrits du Mont-Saint-Michel이 있어서, 수도원에서 만든 필사본들을 볼 수 있다. 여기까지는 사실 누구나 짐작할 수 있는 평범한 내용이다. 그런데 최근에 한 프랑스인 교수가 과격한 학설을 제기하여 세상을 놀라게 했다. 2008년에 리옹 고등사범학교의 실뱅 구거나임Sylvain Gouguenheim 교수가《몽생미셸의 아리스토텔레스Aristote au Mont-Saint-Michel》라는 논쟁적인 책을 집필한 것이다. 원래 학계 정설은 로마제국 몰락 이후 고대 그리스-로마의 고전들이 정작 서구에서는 잊혔는데 아랍 세계에서 이를 수용하고 번역하여 보존한 것이 후일 중세 말에 유럽으로 역수입되어 르네상스 학문 발전에 크게 공헌했다는 것이다. 다들 세계사 수업에서 그렇게 배웠을 것이다. 그런데 이 교수의 주장에 따르면 서구는 고전을 결코 완전히 잊은 적이 없는데, 그것은 몇몇 탁월한 학문 중심지들 덕분이며, 특히 몽생미셸이 대표적이라는 것이다. 결국 르네상스의 발전에 대한 아랍인들의 공헌은 거의 제로에 가깝다는 주장이다. 정말 그럴까? 이런 과도한 주장은 학계에서는 사실상 퇴출당했다고 보아도 무방하다. 아무리 부정하려고 해도 중세부터 르네상스 시기까지 비잔틴제국이나 그 너머 아랍의 뛰어난 학문 성과를 유럽이 수용했다는 사실은 너무나 명백하기 때문이다. 아무리 몽생미셸이 중요하다고 해도 역사적 사실을 왜곡할 수는 없는 법이다.

앞서 이야기한 대로 백년전쟁 시기에는 이곳이 잉글랜드군에 대항하는 요새 역할을 했다. 전쟁을 거치며 수도원 성격을 많이 잃어

버린 후 이곳은 놀랍게도 감옥으로 변모했다. 세상을 피해 숨어서 기도하기에 적합한 곳은 같은 이유로 도망가기 어려운 곳이어서 죄수를 가두어 놓기에 딱 좋았다. 루이 11세재위 1461~1483는 악명 높은 철창까지 설치했으나, 이것은 프랑스혁명 직전 부셔졌다. 17세기에 다시 수도원 역할을 하게 되었을 때도 사람을 가두는 역할은 계속되었다. 특히 집안에서 처치 곤란한 못된 자식을 여기에 보내 수용하기도 했다. 봉인장lettre de cachet(약식 체포 명령서) 발부 대상자는 그대로 두면 더 큰 벌을 받게 될 가능성이 있을 때 선제적으로 이곳에 보내 가두었다. 몽생미셸에 수감된 사람 중에는 국사범 혹은 정치범도 있다. 예컨대 극작가·문인인 데포르주Desforges(본명은 슈다르Pierre-Jean-Baptiste Choudard, 1746~1806)는 루이 15세의 마음에 안 드는 시를 썼다가 이곳에 6년 동안이나 유폐되었다. 가장 유명한 수감자로는 뒤부르Victor Dubourg de La Cassagne, 1715~1746라는 작가가 있다. 1744년에 쓴 정치 풍자 작품 〈만다린 또는 중국 스파이Le mandarin ou l'espion chinois〉가 문제가 되었다. 유럽 각국 군주들의 스캔들을 고발하는 편지 형식의 이 작품 때문에 봉인장이 발부되어 몽생미셸의 철창에 갇혔다. 이곳에서 단식 투쟁을 하다가 1년 뒤인 1746년에 죽었는데, 일설에 의하면 쥐떼가 그를 먹었다고 한다!

프랑스혁명 시기는 지난 시대 냄새가 나는 모든 것을 바꾸는 때였기에 몽생미셸이라는 구시대적 이름을 '자유 섬Mont-Libre'으로 개명했다. 대천사의 섬이 혁명가의 섬이 되었으나 실제로는 여전히 같은 역할을 했다. 혁명에 반대하는 사제들을 유폐시킨 것이다. 반혁

명분자들은 역설적이게도 '자유 섬'에 갇혀 자유를 잃었다. 혁명 이후 나폴레옹은 교도소 역할을 공식화하는 조치를 취했다. 1811년 '몽생미셸 강제교화소maison de force et de correction'가 된 후 브르타뉴와 노르망디의 많은 범죄자들이 갇혔는데, 한때 수백 명에 달했다. 이에 맞춰 시설도 정비했다. 기둥 사이의 작은 공간들을 구금소로 바꾸는 식이다. 19세기에도 오랫동안 이곳은 감옥이었다. 빅토르 위고는 이곳의 감독관을 두고 '성 유물 안에 갇힌 두꺼비'라고 조롱했다. 19세기 수감자들 가운데 저명인사 한 명을 꼽는다면 블랑키Louis Auguste Blanqui를 들 수 있다. 블랑키는 그야말로 19세기 프랑스의 모든 혁명과 봉기에 다 참여한 열성분자였다. 그는 소수 정예 혁명가 집단의 무장봉기로 프롤레타리아 독재 권력을 세워야 한다고 주장하며 봉기를 일으켰다. 통산 36년 5개월을 옥중에서 지냈는데, 일부 시기를 몽생미셸에서 보내다가 한때 탈출을 시도했으나 실패했다고 한다.

몽생미셸은 1863년에 가서야 범죄자 수용소 역할을 중단했고, 역사 유적 건축가 코루아이예Édouard Corroyer의 노력 덕분에 1874년 역사 유적으로 등재되었다. 제2차 세계대전 당시 프랑스를 점령한 독일군이 군사용 초소와 방어 진지로 사용했으나 미군이 해방시켰다. 이 시기에도 감옥으로 사용하기 좋은 특성상 독일에 협력한 부역자들을 임시로 가두었다. 이 섬의 DNA에는 사람을 잡아 가두는 형질이 들어 있는 모양이다. 수도사든 학자든 혹은 범죄자든.

02

몽생미셸만

바다 한가운데에 있는 꿈속의 섬

몽생미셸 ●

'쿠에농강^{Couesnon}이 제정신 차리면 몽생미셸은 다시 브르타뉴 것이 되리라.'

브르타뉴에서 이 말을 모르는 사람은 없다. 기록상으로는 1582년 책에 처음 등장하지만 분명 훨씬 이전부터 이렇게 말해왔음에 틀림없다. 쿠에농강은 노르망디와 브르타뉴의 자연 경계인 셈인데, 강의 동쪽이 노르망디, 서쪽이 브르타뉴다. 아슬아슬하게 몽생미셸 섬의 서쪽으로 흐르는 바람에 강의 우안에 위치한 이 명소가 노르망디에 속해 있다. 이 지역 지형을 보면 언젠가 강줄기가 바뀌었을 가능성은 충분하다. 브르타뉴 사람들의 주장에 따르면, 쿠에농강이 원래 몽생미셸 동쪽으로 흘러서 이 섬이 브르타뉴 소유였는데, 어느날 흐름이 바뀌어 노르망디로 소유권이 넘어갔다는 말이다. 언제 그런 일이 벌어졌는지 과학적 근거는 전혀 없다. 그냥 그렇게 말할 뿐이다. 바꿔 말하면 언젠가 강 흐름이 다시 바뀌면 이 멋진 수도원이

브르타뉴 것이 되지 않겠는가. 물론 노르망디 사람들은 이렇게 대꾸한다. '쿠에농강이 미쳐서 흐름이 바뀐다고 해도 몽생미셸은 계속 노르망디 것이다.'

섬으로 살아남기

쿠에농강 흐름의 변화에서 알 수 있듯이 이 지역의 지리적 특징은 낮고 평평한 땅과 엄청난 조수간만의 차이다. 이곳의 조수간만 차이는 무려 15미터에 이르러 유럽 대륙에서 밀물과 썰물의 급류를 감상하기에 최적의 장소로 꼽힌다. 전 세계를 놓고 봐도 보기 드문 광경이다. 밀물이 밀려오는 모습은 정말 장관이다. 몽생미셸에서 본 것 중 바닷물 밀려오는 장면이 제일 인상적이었다고 말하는 사람이 있을 정도다. 그야말로 물이 성큼성큼 들어오는 것을 눈으로 확인할 수 있다. 수도원 내에서 바닷물 관찰하기에 가장 좋은 위치는 가브리엘 타워Tour Gabriel인데, 몽생미셸을 정면에서 바라볼 때 왼쪽 2층 부분이다. 이때는 해안 풍경도 시시각각 바뀐다. 만 자체도 유네스코 세계유산으로 지정되었다. 섬 안의 호텔에서 묵다가 밤중에 물이 밀려들어오는 소리가 너무 크고 무서워서 잠을 설쳤노라는 이야기도 들었다.

밀물의 정도는 철마다 다르다. 물이 가장 많이 들어차는 때를 대만조라고 하는데, 이때는 몽생미셸이 그야말로 완전히 물에 둘러싸인 모습을 볼 수 있다. 최고 수위의 대만조가 언제인지, 또 수위가 어느 정도인지는 몽생미셸 관광 홈페이지www.ot-montsaintmichel.com에서 확인할 수 있다. 불어(FR)를 모를 경우, 해설 언어를 영어(EN)로 바꾼 뒤 오른쪽 위의 물결 표시 아이콘(Tide times)을 클릭하면 된다. 페이지를 아래로 내려보면 간조표가 나오는데, 여기에서 8월(AUG)을 클릭해서 8월 20일의 수치를 보자.

DATES	LOW TIDE		HIGH TIDE			
	MORNING HOUR	EVENING HOUR	MORNING		EVENING	
			HOUR	COEF	HOUR	COEF
18/08/2024	01:06:00	13:35:00	06:51:00	68	19:15:00	75
19/08/2024	02:05:00	14:32:00	07:41:00	83	20:02:00	90
20/08/2024	03:00:00	15:24:00	08:28:00	96	20:47:00	101
21/08/2024	03:50:00	16:11:00	09:12:00	105	21:30:00	107
22/08/2024	04:36:00	16:54:00	09:54:00	108	22:12:00	107

만조HIGE TIDE 시간이 아침 8시 28분과 저녁 8시 47분이고, 간조 LOW TIDE 시간이 오전 3시와 오후 3시 24분이다. 그러니까 새벽 3시에 물이 가장 낮았다가 점차 물이 들어와 아침 8시 28분에 가장 높이 물이 차고, 이후 다시 물이 빠지기 시작해서 오후 3시 42분에 최저 수준, 그리고 다시 물이 차올라서 저녁 8시 47분에 최고 수위가 된다는 의미다. 여기에서 중요한 것이 만조 시간 옆에 쓰인 계수coefficient

인데, 오전 8시 28분에는 96, 오후 8시 47분에 101이다. 이 수치가 적어도 90 이상, 특히 100이 넘으면 '대만조'다. 이런 날 성 안에 들어가서 바다를 관찰하면 엄청난 물이 밀려오는 장관을 볼 수 있다. 첫 물결을 '마스카레mascaret'라고 부르는데 강물을 거꾸로 밀어 올린다. 특히 계수가 최고 수치인 110 정도면 몽생미셸은 몇 시간 동안 완벽한 섬이 되는데, 그 광경이 압도적이다. 바닷물이 여울을 덮고 이곳으로 향하는 모든 길이 사라지면, 거대한 암괴가 물 위에 떠 있는 듯한 착각을 일으킨다. 과거에는 이런 때 육지와 섬 사이에 교통이 완전히 끊어졌으나, 최근에는 교량이 개통되어 만조에도 몽생미셸을 찾을 수 있다.

이 지역은 땅이 평평하기 때문에 심각한 침니 문제가 일어난다. 즉 강물이 몰고 온 흙 성분이 하류에 점차 퇴적되는 것이다. 이 현상을 오래도록 그대로 두었다가는 섬과 육지가 완전히 이어져 몽생미셸이 더는 섬이 아니게 될 가능성이 있다. 그동안 농토를 조성하고 둑길을 지은 것이 문제였다. 이렇게 되면 세상에 유례없는 이 신비한 풍광을 망치게 된다. 프랑스 정부는 이런 사태를 막고 섬으로 유지하기 위해 노력을 기울였다. 핵심은 쿠에농강이 더 자유롭게 흘러 침전물들이 바다로 쉽게 빠져나가도록 만드는 것이다. 2005년부터 10년간 대규모 복원공사를 진행했고, 댐도 축조하여 몽생미셸의 전설적인 모습을 유지할 수 있게 되었다(이 댐은 멋진 사진을 찍을 수 있는 포토존이기도 하다). 이제 방문객들은 2.5킬로미터 떨어진 나베트 광장 Place des Navettes(셔틀버스 주차장)에서 파쇠르Passeurs라는 셔틀버스를 타고 섬으로 들어간다. 셔틀버스를 타고 쉽게 휙 지나가는 대신 천천히 걸어가 보는 것도 좋다. 30분 정도 걸어가는 동안 섬과 수도원 전체 광경이 점차 가까이 다가오는 모습에 묘미를 느낄 수 있다.

몽생미셸 찾아가는 길들

사실 몽생미셸을 찾아가는 방법은 자동차나 관광버스 혹은 셔틀버스를 이용하는 방법 외에 더 멋지고 좋은 방법들이 있다.

우선 먼 곳에서부터 걸어서 찾아가는 방법이 있다. 메앙드르^{Méandro} 하이킹 코스를 따라 가는 길이다. 아르드봉^{Ardevon}이라 불리는 마을에서 출발하여 벌판에 난 길을 따라 가면 된다. 들판 위의 작은 길들, 늪지와 드넓은 풀밭 그리고 그 위에 얼굴 까만 동네 양들이 유유자적하는 환상적인 모습이다. 이 길을 따라 가다 보면 차츰 수도원이 나에게로 다가오는 멋진 풍광을 보게 된다. 잘 하면 이 평원에서 인생 샷을 건질 수 있다. 특히 적당한 때에 양 한두 마리가 얼굴을 들어 카메라를 봐주면 최고다. 하늘을 향해 솟아 있는 수도원 모습을 원경으로, 푸른 풀밭 위에 까만 얼굴의 양들이 어우러진 인상적인 사진 말이다. 그래서 끝까지 가지는 않더라도 가까운 길에 차를 대고 메앙드르 길을 잠깐 따라 가며 사진을 찍고 돌아오는 관광객이 제법 많다. 문제는 이놈의 양들이 늘 원하는 대로 사신기를 쳐나봐 주지는 않는다는 것이다.

몽생미셸 수도원을 배경으로 찍은 사진에 담긴 까만 얼굴의 양들.

육지가 아니라 물길로 몽생미셸을 찾아가는 방법도 있다. 맨발로 얕은 바다를 건너 몽생미셸을 방문하는 것은 중세 순례자의 방식이다. 이것을 '과거 순례자 도로Sur les chemins des pèlerins d'antan'라고 부른다. 섬 동쪽의 즈네Genêts 항구에 집결하여 썰물일 때 걸어서 들어오는 6킬로미터 길이다. 세계적으로 독특한 생태계를 눈에 담으며 맨발로 만을 건너면 잊을 수 없는 추억이 될 것이다. 다만 혼자 바닷길을 건너는 것은 지극히 위험하므로 반드시 가이드를 따라가야 한다. 몽생미셸만 유산보호협회Association pour la Mise en Valeur du Patrimoine de la Baie du Mont-Saint-Michel 사람들이 관광객들을 안내한다. 이 지역 바닷가는 아름다우나 사실 아주 큰 위험 요소들이 잠복해 있다는 점을 잊어서는 안 된다. 크게 두 가지 위험 요소가 있다.

첫 번째는 유사流沙, sables mouvants, 쉽게 말해 모래 늪이다. 이 늪에 빠지면 몸이 점점 가라앉으며 빠져나오기가 힘들다. 생긴 모습은 다른 모래밭과 차이가 없지만 사실 이 아래는 모래, 진흙, 소금물이 뒤섞인 상태로, 말하자면 고체보다는 액체에 가깝다. 그러니 이론상 물에 빠진 것과 유사하다. 단단해 보이지만 사실 물컹한 상태라는 의미다. 그렇지만 영화나 소설에서 일부러 더 위험하게 묘사하는 것과는 달리 밑에서 빨아들이기보다는 꽉 붙잡힌 상태로 둥둥 떠 있는 것에 가깝다. 사실 그렇게 깊지는 않다고 한다. 그러니 한번 빠지면 모래밭 아래로 점차 빨려 들어가 질식해 죽는다는 식의 허풍에 놀랄 필요는 없다. 버둥댈수록 더 빨리 가라앉는다고 하니 겁먹지 말고 "일단 물에 뜨듯 몸을 넓게 펴서 눕는다는 마음으로 자세를 취하고,

허둥대지 말고 동작을 천천히 하라. 발을 빼는 데 성공하면 누운 상태로 있으면서 한 방향으로 몸을 굴려서 나오도록 하라." 이것이 통상 이야기하는 요령이다.

사실 훨씬 더 위험한 요소는 밀물과 안개다. 간조 때 25킬로미터나 물길이 빠졌다가, 물이 들어올 때는 말이 뛰는 속도로 들어온다. 이때 위험을 가중시키는 것은 순식간에 퍼지는 안개다. 최악의 상황을 가정해 보자. 섬에서 꽤 먼 곳까지 나가 놀고 있는데 어느 순간 물이 밀려오는 것을 알게 된다. 빨리 육지 방향으로 탈출해야 하는데, 이때 순간적으로 안개가 껴서 방향을 찾지 못하는 상황에서 말 달리는 속도로 물이 들어오기 시작한다. 이러면 자칫 목숨을 잃을 수 있다. 그러니 절대 혼자 먼 모래사장으로 나가지 말 일이다. 아름다움 옆에는 대개 큰 위험이 도사리고 있다.

몽생미셸도 식후경

몽생미셸은 양고기가 유명하다. 이 지역에서 자라는 풀은 염분과 미네랄이 풍부한 바닷물을 흡수하여, 이를 먹고 자라는 양들에 특별한 맛을 더한다. 메앙드르 하이킹 코스에서 살짝 고개를 들어 멋진 사진을 만들어 준 그 양들 말이다. 몽생미셸만의 해변 목장에서 방목하여 키워낸 양고기는 최고의 맛으로 AOC appellation d'origine contrôlée (원산지 통제 명칭)를 받았다. 이 양들을 특별히 프레살레 양 pré-salé 이

라 하고 그 고기를 그레뱅grévin
이라 부른다. 숯불에 구운 그레
뱅이 이 동네 특식이다. 몽생미
셸에 오면 꼭 맛보아야 하는 요
리다. 다만 다른 지방에서 사온
양고기를 구워서 파는 식당들이
많으니 유사품에 주의하기 바
란다. 한 곳을 거론한다면 '르 프
레살레LE PRÉ SALÉ' 식당이 유명
하다.

라 메르 풀라르.

오믈렛을 파는 '라 메르 풀라

르la Mère Poulard(풀라르 아주머니)'도

유명한 식당이다. 신선한 계란 그리고 특별하게 만든 생크림을 사용
하여 숯불 위에서 구리 프라이팬으로 조리한다. 이 생크림은 우유에
서 뺀 지방분으로 만드는데, 이것은 오랫동안 거품이 일도록 우유를
휘저어야 한다. 식당에서는 구리 냄비에 우유를 넣고 독특한 리듬에
맞춰 긴 회초리로 쳐대는 소리를 들을 수 있다.

그렇지만 먹는 것보다는 구경이 더 소중해서 시간을 아끼고 싶으
면 이 동네에 고만고만한 식당이 꽤 많으니 그런 곳에서 고민할 것
없이 오늘의 요리menu를 시키는 것도 한 방법이다.

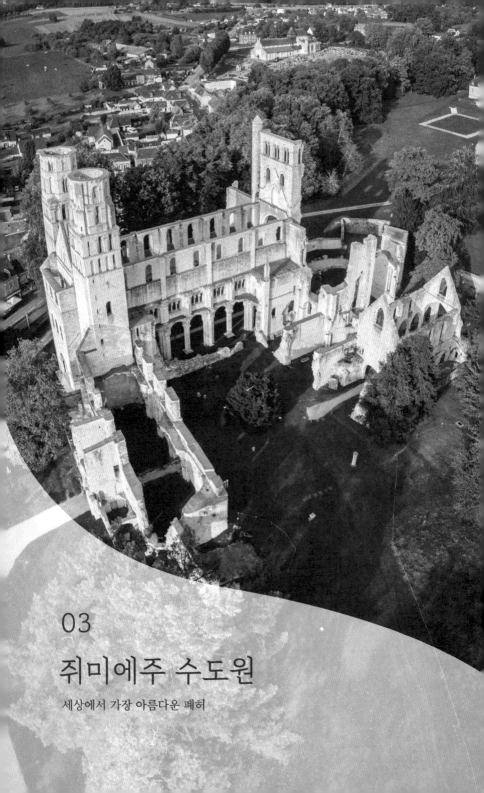

03

쥐미에주 수도원

세상에서 가장 아름다운 폐허

몽생미셸과 함께 볼 만한 또 하나의 중세 기독교 유적으로 쥐미에주 수도원L'abbaye Saint-Pierre de Jumièges이 있다. 루앙에서 서쪽으로 약 21킬로미터 떨어진 쥐미에주를 찾아가려면 굽이굽이 센강을 따라가는 도로를 지나게 된다. 강변에 백악질 절벽이 이어지는 이 길 자체가 낭만적이다. 143번 지방도로로 갈아타고 가다 보면 '정복왕 윌리엄 도로Rue Guillaume le Conquérant'를 만나게 된다. 그 길 끝에 거대한 규모를 자랑하는 수도원의 폐허가 모습을 드러낸다.

이곳은 노르망디에서 가장 오래된 모뉴먼트 중 하나로 노르망디에서도 이제는 좀처럼 찾기 힘든 로마네스크 건축의 백미로 꼽힌다. 역사의 풍상을 겪으며 앙상한 뼈대만 남아 있지만, 그 뼈대 자체가 너무나도 인상적이다. 그래서 보통 프랑스에서 가장 아름다운 폐허로 알려져 있다. 유홍준 선생은 역사 답사의 백미는 원래의 건물이 사라진 터라고 하지 않았던가. 일부 흔적을 근거로 빈 공간에서 지

◄ 쥐미에주 수도원.

난 시대의 역사 실체를 상상으로 재구성해 보는 작업 말이다. 쥐미에주는 남은 흔적이 워낙 거대해서 그 자체로 충분히 흥미로운 볼거리이고, 그 흔적을 통해 지난 시대의 면모를 쉽게 상상할 수 있다. 요즘은 미디어아트 기술이 발전하여 현장에서 이 수도원의 원래 모습을 생생하게 재생하여 보여준다.

기독교 전도와 수도원 건축

차제에 노르망디의 초기 기독교 역사를 간략히 짚어보자.

5~6세기경 프랑스 북서부 지역에 기독교가 전파되었을 때, 새 종교를 수용한 곳은 우선 도시였다. 몇몇 도시에 전도사들이 먼저 들어오고 주교들이 자리 잡은 후 성당을 지었다. 이후 도시 외곽 지역과 시골로 기독교가 확산하기까지는 상당한 세월이 필요했다. 그러니까 초기 기독교 신자는 도시 주민인 반면, 농민 대부분은 기독교 이전의 이교 신앙을 고수했다. 케르눈노스 같은 옛 켈트 신 숭배, 늑대인간 류의 민간 신앙, 혹은 샘이나 큰 나무에 살고 있는 정령들에 복을 비는 기복 신앙 등이 그런 종류다. 기독교를 수용한 사람 입장에서 보면 시골 사람들은 '이교도pagani'다. '파가니pagani'는 라틴어 '파구스pagus'에서 나왔는데, 이 말은 '농민paysan'을 가리키는 동시에 '이교도païen'를 가리킨다(영어 단어로는 peasant와 pagan이다). 말하자면 도시에서는 문명화와 기독교화가 이루어지는데, 시골에서는 예수님

의 은혜를 알지 못하고 여전히 과거의 촌스러운 이교 신앙을 지키고 있다는 식이다. 초기 기독교 성인의 놀라운 이적을 이야기하는 성인 전에서 이전 종교는 흔히 용 같은 괴물로 등장하고, 성인이 이런 괴물들을 처치하곤 한다(서구 전통에서 용은 동양과 달리 상서로운 존재가 아니라 악마 같은 존재다). 지방에는 이런 성인들 이야기가 넘쳐난다. 예컨대 바이외 주교를 역임한 비고르 성인Saint Vigor(538년 사망)이 파누스산Mont Phanus의 용을 잡아 가두고, 제르맹 성인Saint Germain le Scot이 코탕탱 지역에서 대가리가 7개인 뱀을 죽이며, 루앙 주교인 로맹 성인Saint Romain이 주변 지역을 황폐하게 만든 용을 죽인 이야기가 그런 예들이다. 이런 이야기들은 기독교가 점차 시골 지역으로 확산하는 과정을 상징한다.

루앙 인근에 수도원을 짓기 시작한 것은 대략 6세기 이후다. 다음 세기에 이르면 왕이나 왕비, 혹은 부유한 호족이 주도하여 수도원을 설립했다. 쥐미에주 수도원은 654년에 필리베르Philibert 성인이 지었다는 이야기가 전하나 실상은 모호하다. 이 시기 각 수도원은 특정 교단에 속한 게 아니라 독립적이었다. 사실 교단이라는 게 생기는 것은 10세기의 일이니, 그전에는 수도원을 설립한 왕족이나 대귀족 가문의 영향력 아래 있었다. 그렇다고 각 수도원이 제 맘대로 운영하는 것은 아니고 그 지역 주교에 복종하고 설립자의 뜻을 잘 따르는 편이었다. 쥐미에주 수도원의 설립자는 프랑크 왕국의 국왕 클로비스 2세와 왕비 바틸드Bathilde다. 이 왕비는 후일 성녀 서품을 받았다. 기록에 따르면 왕실에서 이 지역 귀족인 필리베르에게 숲과 초지가 딸린 왕령지를 기부하여 수도원을 건립했다고 한다.

이처럼 이름 높은 중세 수도원에 신령한 성물聖物들이 빠질 수야 없다. 쥐미에주에 있던 성 유물로는 필리베르 성인의 갈비뼈, 바틸드 성녀의 두개골 일부, 세례요한의 치아 하나, 로렌초 성인의 갈비뼈가 있다. 이런 신성한 뼈와 치아는 퐁트넬의 생방드리유 수도원 l'abbaye de Saint-Wandrille으로 이전해 보관하고 있다.

쥐미에주 수도원의 초기 전성기는 700년경이다. 수도사가 무려 900명이고, 하인 1,500명이 인근 토지를 개간하고 농사를 지었다고 전한다. 실제 그랬는지는 모르겠지만, 사실이라면 당시로서는 보기 드물게 큰 규모다. 이런 물질적 부를 기반으로 대단히 중요한 학문 중심지로 성장했다. 저명한 신학자들이 찾아와서 기도하고 공부하고 의례를 거행했으며, 특히 많은 필사본을 만들었다. 그렇지만 원래 건물이 그대로 보존되지는 못했다. 원인은 다름 아닌 바이킹의 침략 때문이다.

노르망디는 바이킹 침략의 피해를 고스란히 입은 곳이다. 9세기에 바이킹들이 노르망디 각지를 휘젓고 다닐 때 약탈 대상 1순위는 수도원이었다. 수도원은 돈 되는 게 많은 데 반해 방어는 허술하기 짝이 없었다. 요즘 같으면 도둑떼가 대학교를 습격하는 꼴인데, 평생 책이나 읽는 나약한 교수들이 어떻게 도둑에 맞서 싸우겠는가. 결국 쥐미에주의 수도사들은 성물을 챙겨 들고 피신하기로 결정했다. 이들은 도망가면서 하늘에 기도를 올렸다. "하느님, 바이킹의 공포로부터 우리를 해방시켜 주소서!" 10년 동안 수도원을 버려

둔 결과 하느님도 무심하게 쥐미에주는 일부 흔적만 남긴 채 황폐해졌다. 바이킹 무리의 공격이 잦아들고 수도원들에 대한 복구가 시작된 것은 10세기 중엽의 일이다. 쥐미에주 수도원도 본격적인 재건 작업에 들어갔다. 베네딕트 수도원에 흡수된 후 일부 건물을 크게 확장하여 1040년경에 이르러 거대한 수도원의 위용을 되찾았다. 이 시기에 제 기능을 재개하여, 한편으로 학자들이 모여들어 중요한 저술들의 필사본을 제작했고, 다른 한편 빈자들을 돕는 역할을 열심히 하여 '구호자 쥐미에주Jumièges l'Aumônier'라고 불렸다.

로마네스크 건축의 백미

이 시기 교회는 로마네스크 양식으로 지어졌다. 로마네스크 건축은 900년경에 시작되어 12세기 후반까지 계속된 초·중기 중세 건축을 말한다. 건축사적으로는 '알프스 이북 지역의 전통 목조건축과 로마의 석조건축을 합한 새로운 건축술을 기본 구조로 삼은 기독교 교회 양식'이라고 설명한다. 전체 모양은 하늘에서 내려다보면 소위 라틴크로스Latin cross(세로 길이가 가로 길이보다 긴 십자가 모양) 형태다. 가장 발전된 형태에 이르렀을 때는 네이브nave(신자들이 모여 앉는 본당 중앙의 공간, 회중석) 벽면이 3층 구조이고, 석조 리브볼트로 천장을 덮는다. 리브볼트rib-vault란 '늑재肋材 궁륭穹窿' 혹은 '늑골 궁륭'이라고도 하는데, 갈비뼈 모양의 뼈대가 천장을 받치는 형태다. 이것은 다음 시대에 발전한 고딕 양식에서 전형적으로 볼 수 있다. 고딕 성당을 보면 건축물이 시원하게 높이 올라가 있고, 돌기둥이 하늘로 치솟아서 한 점에 모이는 형태로 하중을 떠받친다. 노르망디의 로마네스크 양식 건물들은 벽면은 멋지게 3층 구조로 발전했으나 리브볼트 기술 발전이 아직 이루어지지 않은 상태였다.

석재 궁륭(둥근 돌 천장)을 지탱하는 리브볼트 기술이 채 발전하지 못했다는 것은 어떤 상태일까? 생각해 보자. 돌로 된 천장을 얹으려면 엄청난 무게를 받쳐야 한다. 이 문제를 해결할 별다른 기술이 없으면 결국 벽을 엄청나게 두껍게 해서 벽 자체로 천장 무게를 지탱해야 한다. 그러면 이 두꺼운 벽에 창을 내기가 힘들기 때문에 실내가 어두울 수밖에 없다. 고색창연한 로마네스크 성당에 들어가 보면 비좁은 공간이 어둠에 묻혀 있기 십상이다. 답답함을 느낄 수도 반대로 신비로운 안정감을 느낄 수도 있다. 현재는 오래된 로마네스크 건물이 많이 사라져서 이런 건물을 보기도 힘들어졌다. 하여튼 이전의 비좁은 교회 건물을 크게 확대하려는데, 무거운 궁륭을 얹는 문제를 기술적으로 완전히 해결하지 못했다면 어찌해야 할 것인가? 가장 단순한 해결책은 석재 궁륭을 포기하고 대신 나무 천장을 얹는 것이다. 그러면 벽의 두께가 얇아지고 또 높이 올릴 수 있다. 돌로 된 중후한 둥근 천장을 포기하는 대신 벽을 3층 구조로 멋지게 만드는 장점이 있다. 3층 구조는 아래로부터 대 아케이드grandes arcades, 갤러리(창이 없는 복도 모양의 공간), 그리고 측창으로 구성한다.

여기에 더해 성당의 좌우 날개 부분transept이 뚜렷하게 형성되어

쥐미에주 수도원의 매표소.

전체적으로 십자가 모양을 이루고, 교차 부분에 높은 탑을 지으며, 제단 뒤에 반원형 후진後陳, abside을 둔다. 또 파사드(성당 전면)에 또 다른 두 개의 탑을 설치한다. 이것이 소위 베네딕트형 도안이다. 이 형식이 그대로 잉글랜드에 수출되어 노르만 스타일norman style로 불렸다. 잉글랜드에서는 11세기 말까지 이 설계부터 장식까지 그대로 수입했고, 심지어 재료인 석재도 캉에서 들여왔다.

쥐미에주 유적지를 방문하여 이상의 내용들을 직접 확인해 보자.

14세기에 지은 우아한 고딕 스타일 건물porterie이 공원의 입구이자 매표소이며 기념품 가게 역할을 한다. 이곳을 통과해서 안으로 들어가면 곧 거대한 수도원 유적을 만난다. 정면에 이 수도원의 본당 교회인 노트르담 수도원 교회가 보인다. 1040~1060년경 세워진 이 건물의 정면 파사드는 여전히 위용을 자랑한다. 별다른 장식은 없으나 높이 46미터에 이르는 높은 탑 두 개가 보는 이를 압도한다. 1,000년 전에 저런 정도의 석제 탑을 짓는다는 게 보통 일은 아니었을 것이다. 그 당시에는 이 지역에서 가장 높은 건물이었다고 한다. 이 아래 문을 통과해 가면 본당 회중석nave이 나온다. 말하자면 과거 성당 정문을 통과해 안으로 들어간 것이다. 바로 이곳에서 앞서 설명한 3층 구조의 장대한 네이브 월의 모습을 볼 수 있다. 높이 25미터로 노르망디의 로마네스크 건축물 중 가장 높다. 예전에는 신자들이 모여 앉아 예배를 보는 성당 내부 공간이었을 터이나 지금은 위가 뚫려 하늘이 보이고 바닥에는 풀이 곱게 자라는 노천 공간이다. 기둥이나 천장에는 아직도 이전 시대 조각과 그림의 흔적들이 남아 있다. 벽들을 보며 앞으로 나아가면 13세기에 지은 성가대choeur 부분에 이른다. 아니 이르러야 마땅하다. 그렇지만 지금은 거의 텅 빈 상태다. 후대에 이곳을 다이너마이트로 폭파하고 돌을 떼어갔기 때문이다. 그리하여 다른 부분들은 다 사라지고 지금은 단지 두 개의 작은 소성당 부분만 남아 있다. 이렇게 해서 지난 시대 존재했던 초대형 성당을 정문에서 끝까지 관통해 지나온 셈이다.

　오른쪽으로 돌면 또 다른 성당 건물인 생피에르(성 베드로) 교회 Église Saint-Pierre가 있던 지역에 이른다. 노트르담과 생피에르 두 교회를 연결하는 부분이 '샤를 7세 통로passage Charles Ⅶ'다. 백년전쟁 당

노트르담 수도원 교회의 정면 파사드.

노트르담 수도원 교회의 3층 구조 네이브 월.

생피에르 교회.

시 샤를 7세재위 1422~1461가 쥐미에주를 방문한 것을 기념하여 붙인 이름이다. 생피에르 교회는 초기의 수도원 건축물로서 바이킹의 침략 이전 카롤링거 왕조 시대인 9세기 건물의 흔적을 볼 수 있는 곳이다. 여기에는 한 인물을 그린 그림 흔적이 비교적 뚜렷하게 남아 있다. 누구인지는 불명확하나 저 그림 속 인물은 바이킹이 몰려와 노략질하는 모습을 지켜보았을 터다.

이 교회 성가대석 부분에는 '에네르베énervés'의 무덤이 있다. 에네르베란 현대 불어로는 '화가 잔뜩 나 있다'는 의미지만, 여기에서는 '힘줄이 끊어진 인물들'이라는 뜻이다. 이들은 쥐미에주에 내려오는 가장 유명한 전설과 관련이 있다. 클로비스 2세가 성지 순례를 떠나며 두 아들에게 통치를 맡겼다. 그런데 이 아들놈들이 아버지가 없는 사이 권력을 차지하겠다고 봉기를 일으켰다. 돌아온 국왕이 무력으로 두 아들을 제압한 다음 죽이려 했다. 그때 왕비 바틸드가 신박한 아이디어를 냈다. 두 아들을 살려주는 대신 힘줄을 불로 지져 없앤 다음 보트에 태워 센강에 흘려보내자는 것이다. 어머니가 참으로 창의적인 방식으로 아들들을 벌하신다. 강을 따라 떠내려온 두 사람은 쥐미에주에 이르러 (아마도 필리베르 성인에 의해) 구출되어 수도사가 되었다. 이 두 사람의 묘가 바로 이 교회 아래 있다는 설명이다. 그런데 사실 이 이야기 속의 클로비스 왕은 21세에 죽은 것으로 기록되어 있어서 이런 일들이 실제 일어났을 가능성은 희박하다. 전해 내려오는 이야기라는 게 흔히 이런 식으로 역사적 근거가 부족하다.

그 주변에는 숙박소 터가 있다. 수도원을 찾는 손님들이 머문 공간인데, 벽과 기둥 들이 보존되어 있다. 윗부분은 도서관이었다고 한다. 이 벽에는 12세기에 만든 그로테스크한 얼굴들을 새긴 조각상들이 많이 남아 있다. 바로 옆에 식당도 있었는데, 현재는 벽 하나만 덜렁 남아 있다. 그리고 이 주변에 수도원 중정 부분이 있다. 수도사들이 걸으며 기도하거나 노동을 하는 공간이었다. 역시 그 터만 있고 큰 나무 한 그루가 지키고 있을 뿐 거의 남은 게 없다.

수도원 건물 유적지와 약간 떨어진 곳에 따로 별채가 있다. 원래 수도원장의 거처였으나 완전히 파괴되어 사라졌다가 17세기에 고전주의 스타일로 새로 지어졌다. 현재는 수도원 유적지에서 발견한 여러 석물들을 보존하고 있다. 그중에는 다음에 이야기할 아녜스 소렐Agnès Sorel의 무덤 위를 덮었던 석판도 있다. 다른 한쪽에는 인공적으로 조성한 타보르Tabor 언덕이 있다. 〈마태복음〉에 따르면 예수가 베드로와 야고보와 그의 동생 요한만 따로 데리고 작은 산에 올랐는데, 그들 앞에서 예수의 모습이 변모하고 또 '이는 내 아들이니라' 하는 소리가 하늘에서 들렸다고 한다. 팔레스타인에 있는 그 타보르산을 모방하여 이곳에 작은 언덕을 조성한 것이다.

고난의 역사

그토록 당당하던 이 수도원은 어떻게 하다가 오늘날 이런 폐허가 되었을까? 이은상의 시 〈장안사長安寺〉에 나오는 말대로 "장하던 금전

벽우金殿碧宇 찬 재 되고 남은 터에 / 이루고 또 이루어 오늘을 보이도다"같이 비감하다. 웅장하던 수도원이 이렇게 파괴된 것은 긴 역사의 시간 동안 여러 차례에 걸쳐 불행을 겪은 결과다.

백년전쟁 당시 노르망디는 격전의 무대였다. 이 수도원 역시 파괴를 피하지 못했다. 전쟁 말기에는 프랑스 국왕 샤를 7세가 이 수도원에 본부를 차렸다. 그는 잔 다르크의 도움으로 전쟁을 승리로 이끈 왕이다. 그런데 개인적으로는 아들 루이(후일의 루이 11세)와 사이가 극히 안 좋았다. 여러 문제로 부자가 충돌했는데, 그중에는 국왕의 애인 아녜스 소렐을 놓고 벌어진 갈등도 있다. 이 여성은 당시 '세계 최고의 미녀'라고 불린 인물이다. 루이는 아버지의 첩인 이 여자에게 칼부림을 할 정도로 막 대했다. 루이 11세는 프랑스 근대 왕조국가의 기초를 놓은 왕이라는 평가를 받는데, 그건 그거고 인성 하나만큼은 저질인 것으로 유명하다. 1450년 소렐은 샤를 7세에게 반란의 움직임이 있으니 조심하라는 경고를 하기 위해 임신 8개월의 몸으로 노르망디에 왔다가 쥐미에주에서 딸을 낳고 얼마 후 사망했다. 국왕은 사랑하는 여인을 쥐미에주 수도원에 묻어주었다.

더 큰 파괴를 겪은 것은 16세기 후반이다. 가톨릭 세력과 신교도(칼뱅주의자들) 간에 종교전쟁이 일어났는데, 노르망디에서도 피비린내 나는 싸움이 벌어졌다. 그 와중에 신교도들이 몰려오자 수도사들이 도주하고 수도원은 파괴를 겪었다. 루앙, 디에프, 르아브르Le Havre, 코드벡Caudebec 등지에 이어 쥐미에주로 폭도들이 몰려와 성상 파괴운동의 극치를 보여주었다. 이때 수도원이 자랑해 마지않던 귀한 필사본들이 많이 유실되었다. 수도원 도서관에 800권의 필사본이 보존되어 있었는데, 1656년에 370권만 남았다고 한다.

이후 수도원이 다소 회복하는 듯했으나 프랑스혁명 시기에 최후의 일격을 맞았다. 1790년 당시 남아 있던 18명의 수도사들마저 뿔뿔이 흩어지고, 건물은 국영 재산으로 처분되었다. 1795년에 피에르 레퀴에Pierre Lescuyer, 1802년에 장바티스트 르포르Jean-Baptiste Lefort라는 사업가가 수도원을 구입한 다음 건물을 허물고 목재와 석재를 채취하여 팔아넘겼다. 말하자면 수도원 전체가 채석장으로 변한 것이다. 당시까지 서적이 1만 권 그리고 여전히 많은 필사본이 있었다고 하는데, 대부분 사라지고 남은 것은 루앙 도서관으로 이송되었다. 이후에는 심지어 다이너마이트로 폭파하여 돌을 캐냈다! 찬란한 역사 유적을 채석장으로 사용하는 일은 무려 1924년까지 지속되었다. 사람들이 인류 유산의 중요함에 눈뜬 것은 그리 오래된 일이 아니다.

그나마 19세기에 일부 인사들이 이 수도원을 되살리기 위해 노력했다. 특히 기업인이며 쥐미에주 시장이었던 니콜라 코몽Nicolas Casimir Caumont이 큰 역할을 했다. 문필가 빅토르 위고나 역사가 로베르 드 라스테리Robert de Lasteyrie는 이 유적지를 보고 "프랑스에서 가장 감탄스러운 유적지 중 하나"라고 평했다. 드디어 1947년에 국유 재산이 되었고, 2007년에 노르망디 소유 재산으로 돌아왔다. 수도원 유적지를 돌아본 후 혹시 시간이 남으면 아담한 시내와 주변 벌판을 잠시 산보하는 것도 나쁘지 않다. 어디에서나 수도원 성당의 높은 탑이 보여서 길을 잃지는 않을 것이다.

쥐미에주 수도원을 무대로 하는 작품으로는 모리스 르블랑Maurice Leblanc의 아르센 뤼팽Arsène Lupin 시리즈 중 《칼리오스트로 백작 부인 La Comtesse de Cagliostro》(1924)이 있다. 르블랑은 최고 수준의 문인은 아니지만, 한때 세계인의 관심을 받았던 탐정소설의 대가다. 우리나라에서는 과거 그의 작품들이 '괴도怪盜 루팡'으로 알려졌으나, 이제는 '뤼팽'이라는 제대로 된 이름으로 불리고 있다

《칼리오스트로 백작 부인》은 뤼팽 시리즈 중 이 '괴도'가 초짜였던 시절의 일을 그리고 있다. 1894년 스무 살이었던 아르센 뤼팽은 노르망디의 데티그d'Étigues 남작의 딸 클라리스 데티그와 사랑하는 사이다. 남작은 라울(뤼팽)이 가난하다는 이유로 딸을 향한 라울의 청혼을 거절하지만, 클라리스는 뤼팽을 열렬히 사랑하기에 둘은 밀회를 이어가는 중이다. 그러던 어느 날, 클라리스를 만나기 위해 데티그 집안의 성에 잠입하던 뤼팽은 남작의 서재에서 기이한 편지를 발견한다. '악마의 화신'이라는 어떤 여성에 대한 비공식 재판이 그날 새벽 성에서 열린다는 내용이다. 뤼팽은 그 기묘한 재판을 훔쳐

보는데, 재판에 참여한 사람들의 대화를 통해 '악마의 화신'인 여성에게 사형을 선고하고 그녀를 수장시켜 버리려 한다는 사실을 알게 된다. 그런데 뤼팽은 그녀를 보자마자 놀라운 미모에 반해 버린다. 그 여성은 진짜 이름이 조제핀 발사모이며, 칼리오스트로 백작 조제프 발사모의 딸임이 밝혀진다. 사실 이 여인은 1788년 팔레르모에서 태어났으니 나이가 106세인데, 외모는 30세 정도로 보인다! 뤼팽은 클라리스와 조제핀 두 여성 사이에서 방황하는 동시에 해당 인물들이 모두 풀려고 하는 4개의 수수께끼에 도전한다. 뤼팽은 조제핀과 협력하기도 하고 싸우기도 하면서 수수께끼를 차례로 풀어간다. 결국 뤼팽과의 대결에서 패배한 칼리오스트로 백작 부인은 복수를 결심하는데, 이 이야기는 후속편《칼리오스트로 백작 부인의 복수》에서 이어진다.

황당한 내용이지만, 읽다 보면 이야기의 힘에 푹 빠지고 만다. 작가는 노르망디의 에트르타Etretat 출신으로 이야기의 배경으로 흔히 노르망디 여러 곳을 등장시키며 작품 속 수수께끼 역시 쥐미에주 수

모리스 르블랑의 집 '클로 뤼팽'의 표지판.

도원을 비롯한 이 지역과 관련되어 있다. 참고로 칼리오스트로라는 이름은 18세기의 유명한 마술사 주제페 발사모Giuseppe Balsamo, 일명 알레산드로 디 칼리오스트로Alessandro di Cagliostro 백작에게서 따왔다. 이탈리아 출신으로서 당대 유럽 각국 왕실을 돌아다니며 마술과 특히 영적인 치료를 시전하며 명성을 얻었다. 프랑스에서는 다이아몬드 목걸이 사건(로앙 추기경이 왕비 마리 앙투아네트에게 뇌물을 준다며 값비싼 다이아몬드 목걸이를 구매했다가 사기에 걸려든 사건)에 연루되어 추방당했다.

04

알루빌 참나무 소성당

프랑스 최고령 참나무가 품은 성당

쥐미에주에서 다른 여행지로 가는 중간에 잠시 들러서 보면 좋은 특이한 성당이 있다. 알루빌Allouville의 생캉탱 교회l'église Saint-Quentin 앞에 있는 참나무 소성당chêne d'Allouville이 그것이다. 큰 참나무 줄기에 커다란 틈새가 만들어져 그 안에 초소형 예배당 두 개를 품고 있는 희한한 모습이다. 나무가 오래되다 보면 갈라진 틈새가 만들어지곤 하는데, 이 나무는 워낙 오래 살다 보니 그 공간이 점점 더 커져서 사람이 들어가 앉을 정도가 되었고 급기야 작은 예배당을 만들 만큼 커졌다. 30년 전에 가보고 다시 찾았는데, 그 신비로운 느낌은 여전하다. 어떻게 나무 안에 소성당이 두 개나 있을 수 있을까. 마침 다른 관광객들이 없어서 나와 아내 두 사람이 이 안을 둘러볼 수 있었는데, 종교는 달라도 신비한 분위기는 충분히 공감할 수 있다.

이 나무는 나이가 1,200살로 추산되어, '프랑스 최고령 참나무'로 알려져 있다. 높이 18미터, 둘레 15미터에 달한다. 매년 수만 명이

◀ 알루빌 참나무 소성당.

방문하여 나무에 올라가는데도 이렇게 버티는 게 기적으로 보인다. 2009년 프랑스의 문화유산으로 등록되었다. 아직 살아 있는 나무여서 도토리도 많이 열린다.

이런 진기한 나무에 전설이 없을 수 없다. 노르망디 공작령 탄생의 기원이 되는 생클레르쉬르엡트 조약의 해인 911년에 이 나무를 심었다고도 하고, 정복왕 윌리엄이 영국으로 행군해 가다가 이 나무에서 쉬었다고도 한다. 대부분의 전설이 그렇듯이 근거는 없다. 특기할 일은 거의 모든 전설은 실제 사실보다 과장하여 기원이 오래되었음을 강조하곤 하는데, 이 경우는 오히려 실제 사실이 전설보다 더 오래되었다는 점이다. 생물학자들의 추산에 의하면 이 나무는 911년이 아니라 그 이전인 샤를마뉴 시대(8~9세기)에 생을 시작했다.

이 나무에 관한 최초의 기록은 1696년 자크 들라랑드Jacques Delalande du Détroit 수도원장의 글이다. 당시 알루빌 성당 사제였던 그가 이 나무 안에 마리아 그림을 밀어 넣었다고 한다. 이 나무를 '평화의 마리아Notre-Dame-de-la-Paix'에게 헌정한다는 내용이다. 그런 일화는 괜히 있는 게 아니다. 1690년대라고 하면 유럽 전체적으로 기후 이변과 전쟁으로 엄청나게 고생하던 시기다. 당시 루이 14세는 거의 전 유럽 국가들을 상대로 전쟁을 벌였고, 이 지역 역시 전쟁의 참화를 피하지 못했다. 사람들이 평화를 간구하지 않을 수 없는 때다. 동네 사제가 평화를 바라는 마음으로 나무의 갈라진 틈에 마리아 그림을 집어넣은 당시만 해도 그 틈은 22센티미터 정도라고

A NOTRE DAME DE LA PAIX
ERIGEE PAR Mr L'ABBE
DU DETROIT CURE
D'ALLOUVILLE en1696

나무 헌정 사실을 적은 명판.
"1696년 알루빌의 사제가 이 나무를 '평화의 마리아'에게 헌정했다"고 적혀 있다.

참나무 예배당 내부.

기록에 나온다. 아직 성당을 차릴 정도는 아니다. 그 후에 갈수록 더 크게 벌어진 것이다.

그러다가 1793년 프랑스혁명 시기에 혁명군이 이 나무를 불태우려 했다. 프랑스혁명은 구체제의 모든 것, 특히 압제적인 종교를 공격하고 대신 이성을 숭배한다는 이념을 내걸었으므로 의당 마리아와 관련된 신비한 나무는 제거 대상이었다. 이것을 막은 것은 이 동네 학교 교사 덕분이다. 영리하게도 나무에 '이성의 전당temple de la Raison'이라는 푯말을 세운 것이다!

이후 나폴레옹 3세의 황후 외제니Eugénie가 도금한 목판의 마리아상을 헌정했다(이것은 현재 생캉탱 교회에 보관하고 있다). 19세기에 여러 사람들의 기부로 참나무 예배당 수리 작업을 해서 17세기 스타일로 예배당을 만들었다. 작업을 완수한 1854년, 루앙 대주교가 축성하고 미사도 드렸다. 가로 세로 1.75미터, 높이 2.28미터의 공간에, 안쪽에는 2개의 촛대가 있는 제단도 설치했다. 벽에는 성모, 성 요셉, 성 프랑수아 레지의 태피스트리가 걸려 있다. 그리고 일반 성당 건물처럼 문에 그릴도 설치했다.

그 후로는 마을 사람들이 잘 관리하고 계단도 만들어 접근이 편해졌다. 그러나 아쉽게도 1912년 벼락을 맞아서 절반이 잘렸다. 나무가 무너질 우려 때문에 1988년부터는 철제 구조물로 받쳤다. 이후에도 나무를 잘 지탱하면서도 관광객들이 편하게 볼 수 있도록 지속적으로 관리하고 있다.

1981년에는 이 나무에 관한 영화도 만들어졌다. 〈알루빌의 참나무Le Chêne d'Allouville〉라는 코미디 영화인데, 다른 이름으로는 〈노르 망디 사람들 미쳤어!〉다. 도시 개발을 위해 오래된 참나무를 베어버 리려는 사람들에 대항하여 마을 사람들이 이 나무를 지킨다는 스토 리다. 감독님께는 미안한 이야기지만, 솔직히 그렇게 감동적인 명화 는 아니니 일부러 찾아서 보실 필요까지는 없다.

　조용하고 작은 마을 안에 있는 신비한 참나무 소성당은 다른 유 명한 관광지를 찾아가는 도중에 한번 들러볼 만하다. 이 마을은 여 느 노르망디 마을처럼 차분하고 정갈하다. 마을 빵집에 들러 빵이나 샌드위치를 사서 편안하게 먹으면서 쉬어가면 딱 좋은 곳이다.

2부

✕

노르망디 역사 기행

'노르망디'가 정식으로 탄생한 것은 바이킹 시대의 일이다. 그러니까 몽생미셸이나 쥐미에주 수도원 이야기의 상당 부분은 노르망디 땅에서 일어난 일이긴 하지만 엄밀히 말하면 노르망디라는 공식적인 단위가 탄생하기 이전 이야기다. 평화롭기 그지없는 노르망디의 선조는 다소 역설적이지만 폭력으로 악명 높은 바이킹이다.

노르망디Normandie라는 말은 '북쪽에서 온 사람들의 땅'이라는 의미다. 중세 북유럽 출신의 해적 집단을 가리키는 바이킹Viking이라는 말은 당시에는 그리 널리 쓰이지 않았다. 대신 노르만니Normanni, 영어로는 노르만Norman 혹은 노스먼Northman이라는 말이 훨씬 더 빈번하게 쓰였다. 북유럽 사람들이 자신들의 조상을 바이킹이라고 부르기 시작한 것은 19세기 이후다. 민족주의 감정이 끓어오르던 당시 자신들의 조상을 두고 부富를 찾아 먼 바다로 모험을 떠난 용맹한 전사로 그리면서 이 말이 널리 쓰이기 시작했다. 이런 사정을 알아두시되, 이 책에서는 일반적인 용례에 따라 바이킹이라는 용어를 편하게 쓰기로 하자. 이제 노르만 정복으로 유럽사의 결정적 변곡점을 만든 바이킹 시대로 떠나보자.

01

생클레르쉬르엡트

노르망디의 출생지

노르망디의 출생 신고지가 어디냐고 묻는다면 답은 생클레르쉬르엡트Saint-Clair-sur-Epte다. 공식 인구 986명(2021년 기준)에 불과한 이 마을은 우리의 읍보다도 훨씬 작은 규모의 행정구역이며, 파리에서 60킬로미터 떨어진 곳으로 현재 발두와즈Val-d'Oise 데파르트망에 속해 있다. 그러니 현재는 행정적으로 노르망디에 속해 있지도 않고, 거의 아무런 역사 유적도 남아 있지 않은 작은 마을에 불과하다. 그런데 이 마을이 역사적으로 노르망디의 탄생지가 된 것은 911년 이곳에서 프랑크 왕국의 국왕과 바이킹 무리의 수장 사이에 맺어진 생클레르쉬르엡트 조약 때문이다. 그렇지만 그 사실을 말해주는 유적지는 단 하나도 없고, 단지 먼 훗날인 1966년에 세운 명판 하나가 엡트 강변에 덩그러니 붙어 있을 뿐이다. 거기에는 911년의 조약 그리고 1066년 헤이스팅스 전투로 인해 프랑스와 영국의 운명이 엮이게 되었다는 내용이 적혀 있다. 도대체 그 조약의 실체가 무엇일까?

◀ 〈노르망디에 입성하는 롤롱〉.

이 내용을 이해하기 위해서는 8세기 말경 시작된 바이킹의 침략에 대해 개략적으로나마 알아야 할 필요가 있다. 우리가 익히 들은 바처럼 바이킹의 행태는 흉악무도하기 그지없었다. 죽인 사람의 머리를 썰어 장대에 꽂아 들고 다닐 정도이니 알 만하지 않은가. 이런 악마 같은 무리들이 점차 활동 범위를 확대해서 프랑스 해안 지역을 넘어 에스파냐, 심지어 멀리 이탈리아에 이르렀다. 이들은 곧 프랑스 내륙으로 밀고 들어왔는데, 이때 이들이 노린 곳은 무엇보다 수도원과 성당이었다. 금과 보석으로 장식한 성물들이 많은데 방어는 신통치 않아 공격하기 딱 좋은 먹잇감이 아니겠는가. 앞서 이야기한 쥐미에주 수도원이 대표적이다.

바이킹은 처음에는 약탈하고 도망가기 바빴으나, 경험해 보니 이 지역의 방어가 형편없다는 사실을 눈치챘다. 그러면 굳이 서둘러 도망갈 필요도 없지 않은가. 바이킹은 한 철 약탈 행위를 한 후 현지에 눌러앉아 겨울을 나는가 하면, 센강을 타고 프랑스 내륙 깊숙이 공격해 들어가기도 했다. 이들이 타고 온 드라카르drakkar는 노와 돛을 다 사용하는 가볍고 조정이 용이한 배여서, 높은 파도에도 항해가 가능할 뿐 아니라 수심이 낮은 강을 타고 내륙으로도 들어갈 수 있다. 885~887년에는 무려 배 700척이 센강을 타고 올라왔는데, 파리가 2년 동안이나 포위 공격을 이겨내자 파리를 우회하여 내륙 깊숙이 부르고뉴까지 침공해 들어갔다. 흉포한 강도 무리가 700척의 배를 타고 몰려오는 걸 상상해 보라. 끔찍하지 않은가. 프랑크 왕국의 카롤링거 왕조로서는 이 무지막지한 전사 집단을 물리칠 역량이 없었다. 그래서 생각해 낸 아이디어가 차라리 바이킹 집단에 땅을 주고 그들을 신하로 만들어 '자네들이 여기 살면서 자네 친구들이 오는 것을 막아보게나'라고 하는 것이다. 바이킹들로서도 이즈음이면 이 좋은 땅에 아예 정착하고자 하는 욕망이 생겨났을 법하다.

바이킹이 노르망디에 눌러앉아 결국 이 지역 지배 집단으로 성장하는 과정에서 결정적으로 중요한 역할을 한 인물은 롤롱이라는 자다. 자기 고향에서는 흐롤프르Hrólfr 혹은 롤프Rolf라고 불린 듯한데, 프랑스 기록에는 롤롱Rollon 혹은 롤로Rollo라고 기록되어 있다. 910년 그가 지휘하는 바이킹 집단이 프랑스 해안 지역에 쳐들어오자 프랑크 왕국의 샤를 3세재위 898~923는 롤롱 집단과 협상을 벌였고, 911년 생 클레르쉬르엡트에서 조약을 맺었다. 엡트Epte(파리 서쪽 지베르니 부근에서 센강으로 흘러들어가는 지류) 강변에 위치한 이 마을은 고대부터 파리와 루앙을 연결하는 간선 도로상의 주요 지점이었고 동시에 클레르Clair 성인(잉글랜드 출신 수도사로서 이 마을에서 참수당한 성인) 순례로 중요한 곳이었다.

조약 내용은 롤롱이 엡트강에서부터 해안까지의 지역을 영토로 받는 대신 프랑크 국왕의 신하가 되어 왕국의 방어를 돕는다는 것이다. 롤롱은 기독교 세례를 받고 국왕의 딸 지슬라Gisla를 아내로 맞

루앙 성당에 있는 롤롱의 무덤.

이하기로 했다. 사실 롤롱에게는 이미 아내가 있었고, 지슬라는 당시 다섯 살에 불과한 국왕의 사생아였지만, 이런 일들이야 아무런 문제 거리도 아니다. 지슬라가 국왕의 적출이라고 선언한 후(!) 두 사람은 정식 결혼을 했다. 그리고 다음 해에 롤롱은 루앙 주교에게서 교리문답을 배운 다음 세례를 받아 로베르Robert라는 교양인 냄새가 물씬 나는 세례명을 받았다.

한편 조약에는 또 한 가지 중요한 사항을 담았다. 이웃 브르타뉴 지역을 공략해 들어가도 좋다는 내용이다. 당시 브르타뉴는 오만하게 독립 왕국을 자처하면서 프랑크 왕국에 도전하던 터였다. 프랑크 국왕으로서는 거칠기 짝이 없는 야만족 전사 집단을 기독교도 귀족으로 만든 후 자기 부하로 삼아서 한편으로 다른 바이킹의 공격을 막고 다른 한편으로 도전적인 브르타뉴의 준동도 제압하는 일석이조의 효과를 보았다. 당시 롤롱이 받은 영토는 현재 노르망디의 절반 정도에 불과한데, 이후 빠른 속도로 확장하여 현재의 노르망디주가 완성되었다.

역사적으로 그토록 중요한 조약이라는데, 그 문건은 어디에 있으며 그 내용은 정확히 알려진 걸까? 전혀 그렇지 않다. 당시에는 문자 기록보다 말과 의례로 계약을 맺던 시절이다. 그러니까 루앙 대주교의 입회하에 프랑크 국왕과 해적 집단 대표가 만나서 선서를 하고 롤롱이 국왕의 신하가 된다는 의미의 봉건적 신서臣誓, hommage를 했을 뿐이다. 이런 내용은 11세기에 뒤동Dudon de Saint-Quentin이라는 연대기 작가가 기록을 남겨 알려져 있다. 이 기록에 따르면 원래 신하가 될 사람, 즉 롤롱이 국왕의 발에 키스를 해야 했다. 바이킹 전사가 다른 사람 발에 키스를? 그런 일을 하면 바이킹이 아니지! 롤롱이 부하에게 대신 하라고 지시하자 부하는 국왕의 발을 번쩍 들어 넘어뜨린 다음 키스를 했고, 모든 사람이 한바탕 웃었다고 한다. 이 정도는 되어야 바이킹 전사라 할 만하지 않겠는가.

1911년 6월 1일, 노르망디에서는 생클레르쉬르엡트 조약 체결 1,000주년 기념 축제를 열었다. 이 시기만 해도 바이킹이라는 말은 남성적 용맹성의 상징으로서 긍정적 의미였다. 노르망디 주민들도 자신이 바이킹의 후예이며 노르망디는 '바이킹의 땅'이라는 식의 주장을 펼쳤다. 그러나 이후 마초 냄새가 풀풀 나는 이런 식의 주장은

생클레르쉬르엡트 마을 입구의 명판.
"911년 이곳에서 노르망디가 탄생했다"고 적혀 있다.

사라졌다.

　그런데 로베르 공작은 정말로 진실한 기독교도가 되었을까? 역사가들은 그의 개종이 정치적 목적에 따른 것이라고 판단한다. 사실 노르망디 외에 유럽의 다른 변방 지역으로 들어간 바이킹 전사들을 보더라도 그들이 원래 가지고 있던 오딘이나 토르 신앙에 더해 그 지역의 새로운 신들을 수용하곤 했다. 로베르 또한 자신이 믿던 북유럽 신들과 새로운 신 여호와를 동시에 잘 모셨던 것 같다(마치 우리나라 무당이 삼신할매와 맥아더 장군을 동시에 모시는 것처럼). 로베르 공작은 928~933년 사이에 죽은 것으로 보이는데, 임종의 자리에서 가톨릭교회의 기도를 받는 외에 옛 스칸디나비아 신들에게도 희생을 드렸다.

그렇지만 시간이 흐르면서 그의 후손들은 갈수록 서유럽 문화를 수용했고, 반대로 고향 땅의 문화는 기억에서 멀어져 갔다. 롤롱이 로베르가 된 지 30년도 채 안 된 940년대의 기록을 보면, 루앙에서는 더 이상 스칸디나비아 언어를 쓰지 않기 때문에 젊은 노르망디 공작 리샤르를 아직 옛 언어가 쓰이는 이웃 도시 바이외에 보내 배우도록 했다는 내용이 나온다. 1010~1020년 정도면 노르망디에 정착한 사람들은 스칸디나비아 지역과 직접적인 관계는 거의 없어졌다. 다만 고향의 전통 가운데 항해술이나 조선 기술이 계속 남아 있었을 뿐이다. 노르망디는 더 이상 사나운 바이킹 전사의 땅이 아니라 프랑스 문화에 물든 세련된 귀족이 통치하는 영토가 되었다.

생클레르쉬르엡트는 노르망디의 출생지라는 큰 역사적 의미를 띤 곳이라고는 하는데, 정작 그 점을 증언해 줄 유적이 하나도 없다. 단지 마을 입구에 '이곳에서 노르망디가 시작되었다'고 써 붙인 나무판만 있을 뿐이다.

02

팔레즈

노르만 왕조의 개창자 윌리엄의 고향

● 팔레즈

노르망디에 정착한 바이킹들은 곧 유럽 전역에 걸쳐 놀라운 역사의 흐름을 만들어냈다. 그중 하나가 노르망디 공작 기욤이 잉글랜드로 쳐들어가서 새 왕조를 개창한 일이다. 1066년 노르만 정복Norman conquest이 그것이다. 영국에서는 흔히 이 사건을 본격적인 영국사의 시작으로 치곤 한다.

노르만 정복의 주인공을 만나려면 팔레즈Falaise시로 찾아가 보아야 한다. 시청 앞의 정복왕 윌리엄 광장(불어로는 Place Guillaume-le-Conquérant)에는 거창한 규모의 동상이 서 있다. 루이 로셰Louis Rochet라는 조각가의 1851년 작품으로 정복왕 윌리엄의 기마 동상이다. 앞발을 높이 쳐든 말 위에 윌리엄이 교황 알렉산데르 2세재위 1061~1073가 하사한 깃발을 들고 우렁차게 구호를 외치는 듯한 모습이다. 이 모습은 〈바이외 태피스트리〉에서 영감을 받아 만들었다고 한다. 태피스트리나 깃발의 의미는 아래에서 설명하도록 하자. 좌대

─────────────────────────────

◀ 팔레즈 시청 앞 광장의 윌리엄 동상.

팔레즈 시청 광장.

에는 6개의 작은 인물상들이 붙어 있는데, 이들은 윌리엄 이전의 노르망디 공작들, 곧 롤롱, 기욤 1세, 리샤르 1세, 리샤르 2세, 리샤르 3세, 로베르 1세다. 이 꼬마 입상들은 나중에 따로 만들어 붙인 것들이다. 동상 앞면의 명판에는 이런 설명이 쓰여 있다.

> 노르망디 공작이며 잉글랜드의 왕인 정복왕 기욤이 1027년 팔레즈에서 태어나다.

한 가지 미리 이야기할 점이 있다. 불어 이름 기욤Guillaume은 영어 이름 윌리엄William과 통한다. 아래에서는 맥락에 따라 두 이름을 사

윌리엄 동상 뒷면의 명판.
기욤의 동상과 공작 여섯 명의 인물상을 제작한 사실이 적혀 있다.

용할 테지만, 혼동을 피하기 위해 국왕으로 등극한 이후에는 윌리엄이라는 이름을 주로 사용할 것이다.

 광장에서 멀지 않은 곳에 '정복왕 기욤의 성Château Guillaume-Le-Conquérant, 영어로는 William the Conqueror's Castle'이 있다. 팔레즈시를 가까이 굽어보는 이 성은 중세 지배자의 정치·군사적 위엄을 과시하는 성격이 돋보인다. 바로 이곳이 영국의 노르만 왕조를 개창한 윌리엄이 탄생한 곳이다. 팔레즈라는 말은 절벽을 가리킨다. 앙트Ante강의 절벽 위 고지대에 성이 만들어지고 그 아래 지역에 거주지가 발전하여 형성된 도시다. 현재 보는 팔레즈성은 원래 건물은 아니고 12~13세기에 증축한 것이다. 그나마 제2차 세계대전 때 이 지역이 엄청난 파괴를 겪는 와중에 많이 파손되었던 것을 최근에 복구했다. 현재는 역사와 궁정 문화에 관한 내용들을 전시하고 있다.

유럽사를 뒤바꿀 사생아가 태어나다

노르망디 지배 가문 이야기로 돌아가 보자. 노르망디의 창립자 로 베르의 후손인 리샤르 1세 공작에게는 두 아들이 있었다. 장남은 아버지 이름을 물려받아 리샤르, 차남은 로베르다. 아버지가 사망하자 장남이 리샤르 2세라는 이름으로 공작 작위를 물려받았으나 얼마 후 사망했다. 이런 때 흔히 벌어지는 일이 있다. 죽은 공작의 어린 아들이 지위를 물려받아야 하는데, 삼촌(작은아버지)이 권력을 탈취하는 것이다. 그는 조카를 내치고 자신이 로베르 1세(재위 1027~1035)라는 이름으로 공작 작위를 차지했다. 그의 근거지가 바로 이곳 팔레즈였다. 그는 이곳에 거창한 성을 쌓아 지배자의 위엄을 과시했다.

　유럽 역사의 변곡점이 되는 노르만 정복의 씨앗이 이 성 근처에서 아름답게 배태되었다. 어느 날 로베르가 성 위에서 바깥을 내다보다가 이 지역 무두장이의 딸 에를르바Herleva 혹은 아를레트Arlette라 불리는 여인을 보고는 홀딱 반했다. 에를르바가 아주 매력적인 모습으로 가죽을 물에 씻고 있었다고 한다. 도대체 어떤 모습으로 가죽을 씻었기에 ···. 1028년이든지 아니면 다음 해든지(중세사에서는 흔히

정복자 윌리엄이 태어난 팔레즈성.

연도가 흐릿하다) 이 여인이 기욤(윌리엄)을 낳았다. 유럽사의 흐름을 뒤바꿀 운명의 사생아가 태어난 것이다. 기독교 도덕이 완전히 지배적인 사회가 되면 이런 여성은 비합법적 '첩'이고 혼외자 아이에게는 계승권이 없다. 그러나 이 시기 노르망디에서는 스칸디나비아 옛 관례가 완전히 사라지지 않았다. '덴마크 식more danico' 혼인이라고 하여 에를르바는 '두 번째 부인'의 지위를 누렸다. 아이의 어린 시절에 대해서는 별로 알려진 바가 없다. 별다른 이야기가 없는 걸 보면 어머니와 함께 그럭저럭 잘 지내지 않았나 싶다.

1034년, 로베르 공작은 젊은 날의 죄를 참회하겠다며 예루살렘으로 성지 순례를 떠났다. 그 시절 프랑스에서 멀리 중동 지역까지 여행한다는 것은 지극히 위험한 일이다. 무슨 변을 당할지 알 수 없는 일이니 만일의 사태에 대비할 필요가 있다. 로베르는 만일 자신이 도중에 사망하면 기욤을 후계자로 삼으라는 지시를 내리고 떠났다. 말이 씨가 된 걸까. 정말로 로베르는 도중에 사망했고, 기욤이 노르망디 공작이 되었다.

노르망디 공작 기욤에서 잉글랜드 국왕 윌리엄으로

이제 노르망디 공작 기욤이 어떻게 잉글랜드로 가서 국왕이 되었는지 살펴보도록 하자. 그러려면 먼저 잉글랜드의 속사정을 살펴볼 필요가 있다.

11세기 초 잉글랜드 국왕인 고해왕 에드워드Edward the Confessor, 재위 1042~1066는 후손을 보지 못하여 왕위 계승 문제가 불거졌다. 무릇 모든 국왕은 아들을 보아서 차기 국왕 승계 문제를 확실하게 하는 것이 첫 번째 임무다. 그렇지 않을 경우 복잡한 암투가 벌어지기 십상이다. 고해왕께서 바로 그런 문제를 안고 있었다. 알려지기로 이 왕의 신앙심이 성인聖人 수준으로 깊다고 하는데, 딴 건 모르겠으나 하여튼 부부 생활은 거의 수도사 수준이었다. 국왕께서 중년을 넘기니이제 후손을 볼 가능성은 물 건너갔다. 이때 차기 왕권을 노리는 인물 세 명이 떠올랐다. 첫째는 노르웨이 왕 해럴드 하르드라다Harold Hardrada. 그의 할아버지 크누트Cnut는 한때 덴마크, 노르웨이, 잉글랜드 왕위를 모두 차지하여 일명 '북해 제국'을 창건했는데, 손자인 하르드라다가 지난날의 왕위 계승권을 다시 주장하고 나선 것이다. 둘째는 웨식스 백작 해럴드Harold. 이자가 가장 유력한 후보다. 그는 국왕의 처남이며 고드윈Godwin이라는 강력한 클랜clan(씨족) 출신으로서막강한 권력을 가졌고 따라서 귀족들의 지지를 받고 있었다. 셋째는앞서 말한 노르망디 공작인 '사생아' 기욤이다. 이 셋째 후보는 촌수를 따져보면 에드워드 고해왕의 종질(사촌형제의 아들)인데, 어떤 맥락인지는 불명확하지만 1051년에 국왕이 자신이 죽은 후 왕권을 물려주겠다는 약속을 했다. 사실 이 '약속'이 정확히 어떤 내용인지는누구도 모른다. 어쩌면 단순한 립서비스였을 가능성도 크지만, 어쨌든 이런 약속을 받은 기욤으로서는 대권의 꿈을 키워볼 만하다.

이처럼 애매모호한 상황에서 이해하기 어려운 사건이 일어났다.

1064년 혹은 1065년, 국왕 에드워드가 해럴드(둘째 후보)를 노르망디 공작 기욤(셋째 후보)에게 사절로 보냈다. 그런데 노르망디에 도착한 해럴드가 이 지역 귀족인 기 드 퐁티외Gui de Ponthieu 백작에게 사로잡혔고, 백작은 해럴드를 기욤에게 넘겼다. 해럴드는 바이외 성당으로 가서 기욤이 보는 가운데 여러 성물을 걸고 기욤의 왕위 계승 권리를 존중한다는 서약을 했다. 그런데 에드워드 고해왕은 왜 유력한 왕위 계승 후보인 해럴드를 또 다른 후보자인 기욤에게 보냈을까? 국왕이 유력 후보자들 사이에 미리 교통 정리를 해서 기욤을 다음 국왕으로 확고하게 선택한 것일까? 그 점에 대해서는 모르겠으나, 하여튼 이 이야기를 따라가다 보면 명분상으로는 기욤이 다음 잉글랜드 왕이 되는 것이 맞아 보인다. 선왕이 기욤에게 왕위를 주겠다고 약속한 데다가, 또 다른 왕위 계승 후보 중 한 명인 해럴드가 기욤의 계승권을 존중한다고 서약까지 하지 않았는가. 그러나 해럴드는 결국 성물까지 걸고 한 거룩한 서약을 깨게 된다. 국왕이 사망하기 전 아마도 마지막 순간에 생각을 바꾸어 해럴드에게 왕관과 왕권의 상징인 도끼를 준 듯하며, 해럴드는 몇 시간도 채 안 되어 귀족들의 지지를 등에 업고 왕위에 오른 것이다.

1066년 1월, 국왕 에드워드가 사망하고 해럴드가 왕위를 차지했다는 소식이 사방에 전해졌다. 노르웨이의 하르드라다나 노르망디의 기욤이나 곱게 물러설 인물이 아니다. 그해 여름, 하르드라다가 먼저 출병하여 잉글랜드 북부 노섬브리아에 침입해서 요크를 점령했다. 해럴드는 이에 맞서기 위해 군대를 이끌고 북쪽으로 진군

했다. 9월 25일, 요크 근처 스탬퍼드 브리지Stamford Bridge에서 전투가 벌어져 해럴드의 군대가 승리를 거두었고 하르드라다는 전사한다.

그러는 동안 노르망디에서도 전쟁 준비가 한창이었다. 기욤은 바다를 건널 함대가 필요했으므로 서둘러 선박 1,000척을 건조했다. 동시에 프랑스 각 지역에서 원정에 참여할 기사들을 모았다. 기욤은 잉글랜드 원정 이전에도 프랑스 여러 지역에서 혁혁한 전과를 올린 바 있다. 그는 자신을 따라 잉글랜드 원정에 나서 승리를 거두면 많은 혜택을 나누어주겠다고 약속했다. 한편 중세의 전쟁에서는 종교적 정당성이 지극히 중요하다. 기욤은 해럴드가 성인의 이름을 걸고 거짓 맹세를 하고 부당하게 왕권을 찬탈한 자이니 그런 자를 응징하는 자신의 전투가 정의롭다고 호소했다. 교황 알렉산데르 2세가 그 점을 인정해 주어서 노르망디군은 '베드로의 깃발'을 들고 전투에 임할 수 있었다(팔레즈 시청 광장의 윌리엄 동상이 들고 있는 깃발이 이것이다). 사악한 자를 처벌하는 일종의 십자군 모양새까지 갖춘 셈이다. 때마침 4월에 혜성이 나타났는데, 하늘에서 해럴드를 응징하려 한다는 징조로 해석했다. 이 혜성은 600년이 지난 18세기 초에 가서야 75~76년 간격으로 지구에 다가오는 핼리 혜성으로 밝혀졌다.

기욤의 군대는 9월 28일 잉글랜드 남부의 페번지Pevensey에 상륙했다. 사흘 전 북쪽 지방에서 하르드라다와 전투를 마친 해럴드의 군대는 서둘러 남쪽으로 돌아와야 했으니 병사들이 지쳐서 제대로 힘을 쓸 수가 없었다. 결정적인 전투는 10월 14일 헤이스팅스Hastings

근처에서 일어났다. 하루 종일 지속된 전투는 해 질 녘에 결판이 났다. 기욤의 군대가 대승을 거두었고 해럴드와 그의 두 형제 모두 전사했다.

기욤의 군대는 잔존 세력이 결집해 있는 런던으로 진격해 가서 잔혹하게 공격했다. 수비군은 궤멸되었고, 잉글랜드 주민들은 기욤에게 충성을 맹세하지 않을 수 없었다. 사실 대다수 귀족이 전투에서 사망했기 때문에 살아남은 귀족이 많지 않았다. 곧 프랑스 기사들이 정복군처럼 잉글랜드를 지배할 것이다. 이렇게 하여 '노르망디 공작 기욤'은 '잉글랜드 국왕 윌리엄'이 되었다.

이해 크리스마스 날에 윌리엄은 웨스트민스터 사원에서 잉글랜드 국왕으로 추대되었고 노르만 왕조Norman dynasty가 개창되었다. 윌리엄은 '정복왕William the Conqueror'이라는 별칭이 붙었다. 그 자신은 이 표현을 결코 좋아하지 않았을 것이다. 자신은 선왕에게서 정당하게 계승권을 약속받아 왕위에 올랐지, 무력으로 정복한 게 아니라고 주장했다. 그렇지만 잉글랜드 주민들이 볼 때는 외국인이 군대를 끌고 와서 무자비한 살상을 벌인 후에 왕권을 차지했을 뿐이다. 그 시대의 사정을 소상히 기록한 잉글랜드의 수도사이자 연대기 작가인 오드릭 비탈리스Orderic Vitalis는 신랄한 글을 남겼다. 크리스마스 날 웨스트민스터 사원에서 윌리엄이 왕위에 오를 때 런던이 불길에 휩싸였는데, 이는 윌리엄이 악마가 보낸 인물이기 때문이다. 마찬가지로 1087년 프랑스 도시 캉Caen에서 윌리엄의 장례를 치르는 날, 이번에는 이 도시가 불길에 싸였으니 불지옥에서 온 자가 불지옥으로 돌아가는 징표라는 것이다.

악마 같은 놈이든 아니든 노르망디 공작이 잉글랜드 국왕이 됨으로써 이후 영국과 프랑스의 역사는 복잡하게 얽히게 되었다. 프랑스 국왕의 입장에서 보면 윌리엄과 그 후계자들은 한편으로 자신의 신하인 노르망디 공작이지만 다른 한편 자신과 동렬인 잉글랜드의 왕이기도 하다. 이렇게 해서 영국은 오랫동안 유럽 대륙의 역사에 결부되었다. 영국이 대륙 내의 영토를 정리하고 문자 그대로 섬나라가 되는 것은 백년전쟁 이후의 일이다.

03

바이외

노르만 정복을 증언하는 아름다운 증거

바이외

노르만 정복에 관한 가장 흥미로운 자료 중 하나가 〈바이외 태피스트리〉다. 바이외 태피스트리 박물관Musée de la Tapisserie de Bayeux에 소장된 이 유물은 노르만 정복 사건을 생생하게 묘사한다. 프랑스사와 영국사에서 워낙 중요한 사료이므로 이 박물관은 늘 많은 방문객들로 붐빈다. 내가 방문했을 때도 단체 관람 학생들과 마주쳤다. 이런 이유로 박물관은 주차하기가 어렵지만 주변 여러 곳에 주차장 시설이 잘 되어 있다. 주차하고 나서 시내 구경 하면서 박물관으로 찾아오면 된다.

바이외 태피스트리는 유럽사 교과서에 자주 소개되는 자료이지만, 역시나 직접 가서 보아야 진면모를 알 수 있다. 높이 50센티미터에 길이 약 70미터에 달하는 장대한 작품이 보는 사람을 압도한다. 이 태피스트리는 중세 미술의 걸작이다. '세계 최대의 만화 작품'이라는 별칭으로 불리는 이 작품은 현대 회화와는 달리 원근법도 없고, 현실적인 균형도 무시한 채 중요한 인물이나 사건은 크게 그린다. 이 작품은 엄밀히 말하면 태피스트리(벽 가리개)가 아니라 자수 작품embroidery이다. 태피스트리는 여러 색깔의 양털 실로 옷감을 짜는 방식(직조)인 반면, 자수는 밑그림이 있는 리넨 천 위에 색실을 바늘에 꿰어 수를 놓는 방식이다. 제조 방식으로는 분명 자수 작품인데, 전통적으로 태피스트리라고 부른다.

태피스트리는 당대에는 실로 중요한 의미를 지닌 물품이었겠으나 언제부터인지 존재조차 까맣게 모르고 있다가 18세기에 가서야 재발견되었다. 이 작품에 대해서는 여전히 여러 의문이 제기된다. 이 작품은 누가 만들었는가? 누가 누굴 위해 주문했는가? 언제, 어디에서 만들었으며, 원래 어디에 걸었는가? 누구 보라고 만든 것인가? 어떤 메시지를 전하려고 했는가? 이런 의문들에 대해 도대체 확실한 답이 하나도 없다.

우선 이 작품의 제작 연대부터 오랜 논란거리였다. 현재는 대개 11세기 말에 만들었다는 것이 정설이다. 예컨대 알파벳 d에 선을 그어 ð로 쓰는 현상에서 이를 알 수 있다. 그림 속의 의상이나 건축 요소 등을 보더라도 11세기 상황이 맞아 보인다고 한다.

이 작품은 오랫동안 윌리엄의 부인 마틸드가 만든 것으로 잘못 알려져 왔다. 왕비가 남편의 공덕을 한 땀 한 땀 수로 놓았다니 실로 아름다운 이야기가 아닐 수 없다. 그렇지만 애석하게도 그것은 사실이 아니다. 실제로는 영국 남부 지방에서 제작한 것으로 보인다. 구체적으로는 캔터베리 작업장에서 만들었다는 게 정설이지만, 간

혹 연구자들이 다른 가능성을 제시하기도 하여 아직 논란이 끝나지는 않았다. 아마도 노르만 정복 직후 잉글랜드에서 만들어졌다가 1077년 완공된 바이외 성당에 헌정된 것으로 보인다. 그렇다면 주문자는 누구일까? 단정할 수는 없지만, 정황상 윌리엄의 주변 인물인 것은 분명하다. 전체 내용이 그의 왕위 승계의 정당성을 확인해주는 내용이기 때문이다. 현재는 윌리엄의 배다른 동생인 바이외의 주교 오도Odo 혹은 Eudes라는 설이 유력하다. 그는 작품 내에서 여러 차례 긍정적 역할을 하는 인물로 그려진다. 그는 바이외 주교일 뿐 아니라 노르만 정복 이후 잉글랜드의 켄트 백작이 되었으므로 영국에서 만든 사실과도 부합한다.

태피스트리의 모든 이야기는 윌리엄의 국왕 즉위의 정당성 문제에 집중해 있다. 헤럴드는 거짓 맹세를 했으므로 왕위를 받을 자격이 없고, 윌리엄의 즉위가 정당하다고 주장하는 내용이 핵심이다. 이 작품은 헤럴드가 사절로 노르망디를 찾아오는 장면부터 헤이스팅스 전투에 이르기까지 노르만 정복의 주요 장면들을 북유럽 예술 형식에 담아 묘사하고 있다. 9개의 리넨을 이어서 만든 이 작품에는 58개의 장면이 나온다. 600명의 인물, 500마리의 각종 동물, 특히 200마리의 말, 50그루의 나무 등을 볼 수 있다. 라틴어로 된 380단어의 캡션이 설명을 보탠다. 노르만 정복이라는 사건 자체에 대한 정보가 풍부할 뿐 아니라, 그 시대의 생활상, 특히 군사 문제에 관한 소중한 정보를 제공한다. 예컨대 노르망디에서 출항하는 장면에서는 이 시기에도 계속 바이킹 선박을 사용했다는 사실을 알 수 있다.

식사, 무기, 선박, 말, 개 등 당시 삶의 모습들도 흥미롭다. 그림에서 중요한 사물들, 예컨대 윌리엄의 칼, 성문 열쇠 등은 크게 그리고, 때로 인물들이 손가락으로 가리키는 것으로 그들 간 관계를 나타낸다.

　제작자의 의도를 따르자면 해럴드가 바이외 성당의 성물을 걸고 기욤에게 선서를 하는 장면이 핵심일 것이다. 해럴드는 분명 신과 성인의 이름을 걸고 맹세하며 윌리엄의 왕권 승계를 인정하지 않았는가. 그런데 이를 배신하고 왕권을 찬탈했으니 윌리엄이 왕권을 되찾은 게 정당하다는 메시지다. 헤이스팅스 전투에서 악인 해럴드가 사망하는 것으로 내러티브가 끝나는데, 이는 하느님이 결국 정의의 편에 서서 승리를 거두게 하셨다는 신학적·정치적 이데올로기다. 노르망디의 시각에서 정복 전쟁을 해석한 것이다. 거짓 맹세를 한 자는 패배한다는 주장이 핵심이므로, 이 작품이 해럴드가 맹세한 성당에 딱 맞는 크기라는 것도 의미심장하다. 이 설명에 따르면 평소에는 태피스트리를 말아서 상자 속에 보관하다가 축일에 가지고 나와 벽에 걸어 전시했으리라고 추측할 수 있다. 하여튼 프로파간다가 목적임에는 틀림없으나 태피스트리가 아주 훌륭한 예술품이라는 사실 또한 분명하다.

이제 태피스트리를 자세히 분석해 보자. 박물관에서 실물을 보면 더할 나위 없이 좋겠지만, 아직 그럴 여건을 갖추지 못한 독자들을 위해 그림 자료들을 제시하면서 설명하도록 하겠다. 박물관 홈페이지의 유용한 정보들도 함께 참고하면 도움이 될 것이다.

첫 장면은 에드워드 고해왕이 해럴드를 노르망디에 보내는 내용이다.(scene 1) 후대 기록들을 보면 해럴드의 미션이 윌리엄을 만나 충성을 서약하는 것이라고 하지만, 이 태피스트리는 그 점에 대해서는 지시하는 바가 없다. 해럴드는 불운하게도 원래 목적지와는 다른 곳으로 가게 되어 기 드 퐁티외 백작의 포로가 된다.(scene 7) 무장 기병들의 메시지 교환 끝에 석방된 해럴드는 기욤에게 인도되

〈바이외 태피스트리〉 scene 1

scene 7   scene 23

scene 17   scene 25

scene 20

는데, 기욤은 그와 함께 브르타뉴 공작 코난Conan 2세와 전투를 벌인다. 이동 중에 몽생미셸 근처에서 군대가 유사流砂에 빠지는 사고가 일어나는데, 해럴드는 노르망디 병사 두 명을 구해준다.(scene 17) 전투 끝에 코난 2세는 디낭에서 항복한다.(scene 20) 기욤은 해럴드에게 무기와 갑옷을 선사한다. 이는 아마도 기사 서임식을 가리키는 것으로 보인다. 이때 해럴드는 성물들을 걸고 기욤에게 충성 선서를 한다.(scene 23) 헤럴드는 두 개의 제대祭臺를 손으로 만지며 선서를 하고 있고, 왕좌에 앉은 윌리엄 공작이 이 장면을 보고 있다. 전체 내러티브상 이 장면이 핵심 고리다.

이후 해럴드는 귀국하여 에드워드 왕을 만나는데 왕은 그를 질책하는 표정이다.(scene 25) 해럴드가 이때 국왕의 신뢰를 잃었다는 의미일까? 스토리가 이어져, 1년 후 에드워드가 병에 걸렸고, 죽기 전에 왕위를 해럴드에게 주는 것으로 보인다. 대관식 장면에서 캔터베리 대주교도 참여한 것으로 해석할 수 있지만, 이 점은 불확실하다.(scene 31)

하필 이 시기에 불길하게 꼬리가 긴 혜성(핼리 혜성)이 하늘에 나타난다. 아래 부분에는 유령선 같은 배들이 보이는데, 이는 장래 있을 침입을 가리킨다.(scene 33) 해럴드가 왕위를 차지했다는 소식이 들려오자, 윌리엄은 선단을 만들라고 지시한다(태피스트리에서는 이 지시를 오도 주교가 내리는 것으로 되어 있다).(scene 35) 정복군이 잉글랜드에 도착하고 저항 없이 진군하다가 음식을 준비한다.(scene 43) 두 명의 병사가 집 한 채를 불태우고 있고, 아이의 손을 잡고 있는 한 여인이 자비를 간청한다.(scene 47) 노르망디 군사들은 헤이스팅스에 수비 요새를 건설한다. 양측 군대 간 사절이 오가는 가운데 윌리엄은 자신의 군대에 전쟁 준비를 독려하는 연설을 한다.(scene 50)

헤이스팅스 전투에서 잉글랜드군은 보병, 노르망디군은 기병 위주다. 양측이 치열하게 전투를 벌이는 가운데, 해럴드의 형제인 기사 레오프위네Leofwine와 갸스Gyrth가 쓰러진다. 오도 주교는 지휘봉을 흔들며 전투를 독려한다.(scene 54) 윌리엄의 말이 쓰러져 그가 죽었다는 소문이 돌자 윌리엄은 자신이 살아 있다는 사실을 알리기 위해 투구를 들어 사람들에게 보인다.(scene 55) 전투는 매우 격렬해서

scene 31
scene 33
scene 35

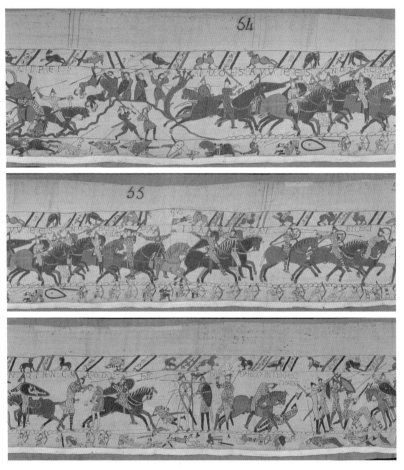

많은 사람들이 살해되고 잘려진 팔다리들이 땅에 뒹군다. 끝내 해럴드 왕이 살해된다.(scene 57) 누구는 활을 맞고 누구는 칼을 맞고 쓰러져 있어서 이 인물들 중 정확히 누가 해럴드를 가리키는지는 해석이 엇갈린다. 이후 잉글랜드군이 패주하는 모습이 나온다. 제일 마지막 한 장면은 사라졌다.

　요점을 정리하면, 가짜 선서를 한 해럴드는 악당이기 때문에 헤이스팅스 전투에서 승리를 거둔 윌리엄이 잉글랜드 왕위를 차지한 것이 정당하다는 주장이다. 이런 정도의 기본 지식을 가지고 감상하면 큰 스토리는 파악할 수 있을 것이다. 오디오가이드가 있지만 영어와 불어만 가능하고 아직 한국어본이 없는 게 아쉽다. 사람들은 오디오의 해설에 따라 같은 속도로 그림을 보면서 수족관 물고기들처럼 움직여 간다. 끝까지 갔을 때, 원하는 사람은 맨 앞으로 되돌아가서 처음부터 다시 복습할 수도 있고, 그렇지 않은 사람은 이제 전시실을 나와서 정해진 순서에 따라 기념품 가게에서 물품들을 산 다음(제일 사고 싶은 것들만 솔드아웃sold-out 된 경우가 많다) 밖으로 나가면 된다.

깔끔하고 정갈한 바이외 시내

바이외는 태피스트리로 유명하지만 그 외에도 들려볼 만한 곳들이 있다. 시내는 크지는 않으나 아주 깔끔하고 정갈한 모습이다. 시내를 걷다 보면 멀리 성당의 탑들을 배경으로 물레방아 건물이 자리 잡은 시냇가 정경 같은 것이 보인다. 이 도시는 로마 시대까지 거슬러 올라가는 오랜 역사를 자랑하지만, 로마 시대 유적은 남아 있는 게 거의 없고, 노르만 정복 무렵의 건물들이 가장 오래된 것들이다. 예컨대 시 중심지의 노트르담 성당Cathédrale Notre-Dame de Bayeux 은 1077년 정복왕 윌리엄이 봉헌식에 참석한 교회다. 구리 지붕을 한 고색창연한 성당 건물의 하부는 로마네스크 양식이고, 상층부는 후대에 지은 고딕 양식이다. 12세기에 건물이 큰 손상을 입어 증축한 결과 오히려 더 웅장해졌다. 태피스트리에서 해럴드가 성물들을 걸고 기욤에게 충성 선서를 하는 곳이 바로 이 성당이다.(scene 23)

교회 지하실의 벽화들도 매우 흥미롭다. 기둥 위의 천장 부분마다 그려진 고운 색상의 천사들이나 벽에 그려진 성인들의 모습은 황홀하다. 이처럼 멋진 분위기의 크립트도 찾기 힘들다. 바이외에 가면 반드시 가보기를 권한다. 여름에는 성당과 광장 한가운데의 큰 나무에 빛을 쏘아 프랑스 역사를 연출하여 보여주는 조명 쇼를 한다. 성당 옆의 주교궁bishop's palace은 박물관이 되었고 그 옆의 역사적 건물들은 레스토랑과 부티크로 변모했다. 시내의 이런 모습들이 잘 어우러져 전체적으로 다정다감한 인상을 주는 예쁜 도시다.

이런 건물들은 제2차 세계대전으로 극심한 피해를 입은 노르망디 지역에서는 예외라고 할 정도로 보존이 잘 된 편이다. 바이외는 1944년 6월 노르망디 상륙작전 당시 가장 먼저 해방된 지역이다. 전쟁 피해를 전혀 안 겪은 것은 아니지만, 상륙작전 초기 빠른 시간 내에 탈환되었기에 상대적으로 파괴가 덜했다. 바이외는 해방되자마

바이외 노트르담 성당의 기둥과 천장 벽화.

자 드골 장군이 찾아와서 연설한 것으로 유명하다. 당시 드골의 연설은 해방 정국에서 매우 중요한 결과를 가져왔다. 연설 내용은 연합군이 자신이 프랑스를 대표한다는 사실을 부인하는 데 대해 비판하고, 프랑스는 연합국의 일원이라는 사실을 강조하는 것이다. 주민들은 환호했다. 이 사건은 드골 임시정부의 권위를 확보하는 데 결정적이었다. 이후 해방된 곳마다 독일에 부역한 비시 정권 인사들을 축출하고 자기 부하들을 심었다. 이렇게 하자 한 달 후 루스벨트가 그를 프랑스 대표로 인정하지 않을 수 없었다. 드골의 정치 감각이 돋보이는 부분이다.

시 주변은 노르망디 상륙작전의 주요 지역이어서 전쟁박물관이나 참전용사 국립묘지 등 전쟁 유적지가 많다. 그 가운데 바이외의 시 외곽(중심지에서 그리 멀지 않다)에 위치한 참전용사 국립묘지는 프랑스에 있는 영국군 국립묘지 중 최대 규모다. 이곳에는 1944년 노르망디 전투에서 사망한, 11개 국가에서 온 4,648명의 병사가 잠들어 있다. 영국군과 영제국군뿐 아니라 독일군과 약간의 프랑스군, 폴란드군도 포함되어 있다. 그리고 마주한 곳에 위치한 바이외 기념비는 묘지가 없는 1,800구 이상의 영국 및 영제국군 전사자를 추념하는 내용을 담고 있다. 이곳에는 2004년 디데이 60주년 기념행사에 엘리자베스 영국 여왕과 자크 쉬라크 프랑스 대통령이 방문했고, 2014년 70주년 행사에는 엘리자베스 여왕과 프랑수아 올랑드 대통령이 방문했다. 노르망디의 고즈넉한 풍경 아래에 전쟁의 비극이 숨어 있다.

04

캉

영국의 경관을 바꾼 캉의 석재

캉Caen은 노르망디 역사의 중심지 중 한 곳이다. 이 도시에는 특히 정복왕 윌리엄의 유산이 많다. 우선 캉 내부에 두 개의 유명한 수도원 교회 건물이 있다. 캉의 동쪽 지역에 있는 남성 수도원Abbaye-aux-Hommes 내의 생테티엔Saint-Étienne 교회 그리고 서쪽 지역에 있는 여성 수도원Abbaye-aux-Dames 내의 삼위일체La Trinité 교회가 그것이다. 이 건물들 모두 윌리엄의 개인사와 관련이 있다. 윌리엄은 플랑드르의 마틸드와 결혼하려 했는데, 사실 두 사람은 친척 관계였기에 교황청에서 반대했다. 윌리엄은 교황의 반대를 무마할 필요가 있었다. 성의를 보이기 위해 1066년 '남성 수도원' 건축을 지시했다. 현재 남아 있는 다른 유적들과 마찬가지로 이 건물은 로마네스크 스타일로 짓기 시작했다가 13세기에 고딕 스타일로 완성했는데, 건축상의 걸작으로 알려져 있다. 윌리엄의 시신도 이곳에 묻혀 있다. 후일 수도원 부속 건물들도 장대하게 지었는데, 현재 캉 시청

◀ 캉성의 성문.

남성 수도원.

사로 사용 중이다. 그러다 보니 한편에 수도원, 다른 한편에 공공건물이 붙어 있는 약간 기묘한 조합이 되었다. 한편 부인 마틸드를 위해 1060년과 1080년 사이에 비슷한 규모의 수녀원, 즉 '여성 수도원'을 지었는데, 그녀의 무덤이 이곳에 있다. 이 건물은 지하실이 유명하다. 16개의 기둥으로 지탱하는 둥근 천장이 특히 장대하다. 남성 수도원과 여성 수도원 모두 로마네스크 양식을 대표하는 건물이며, 절묘하게 아름답지는 않으나 장대하다는 말이 절로 나온다.

 캉은 제2차 세계대전 때 노르망디에서 가장 큰 피해를 입은 곳 중 하나다. 노르망디 상륙작전 당시 원래 계획대로라면 상륙 후 하루 만에 캉을 수복해야 했지만, 실제로는 계획이 완전히 틀어졌다. 연합군은 이 도시를 가장 먼저 차지해서 파리 진격을 위한 거점으로 삼으려 했지만, 바로 그런 이유로 독일군 역시 필사적으로 지키

려 했다. 결과적으로 이 도시를 차지하는 데 하루가 아니라 한 달이
넘게 걸렸다. 그 오랜 기간 치열한 전투를 벌였으니 건물들이 온전
히 남아 있을 수가 없다. 독일군은 캉을 지키기 위해 최정예 탱크부
대를 배치했고, 부족한 군사력을 메우기 위해 나치의 청소년 조직인
히틀러유겐트를 군사 조직으로 만들어 보충대로 삼았다. 독일군의
저항이 원체 강력하다 보니 연합군은 캉을 포위하여 압박하는 것으
로 작전을 바꾸었다. 전투가 진지전 양상을 띠게 되고 점령이 늦어
지자 결국 시 자체를 폭격하기에 이르렀다. 엄청난 폭격으로 건물들
이 대거 파괴되었으나, 두 수도원 교회 건물은 무사히 남아 있어서
주민들의 방공 시설로 사용되었다. 800년 전 윌리엄 정복왕이 건설
한 수도원이 캉 주민들의 목숨을 구한 것이다. 1944년 7월 19~21일
캉을 수복했을 때, 도시는 거의 다 파괴된 지경이었다. 시내에는 제

2차 세계대전 당시 격렬한 전투가 벌어졌던 곳에 캉 기념관Le mémo-rial de Caen이 세워져 있다. 엄밀히 말하면 '전쟁' 기념물이 아니라 '평화' 기념물이다. 20세기에 일어난 전쟁들의 참상을 알리고 평화를 촉구하는 의미다. 2010년 이곳에 노르망디 상륙작전을 테마로 하는 전시관을 추가했다.

두 수도원 건물 사이에 캉성Château de Caen이 있다. 중세 노르망디의 대표적 요새로 윌리엄이 만들어 자신의 권력 기반으로 삼았다. 성으로 들어가는 장대한 성문을 보면 국왕의 권위를 과시하려는 의도가 보인다. 게다가 노르망디가 영국령에서 프랑스령으로 복귀했을 때(이 역사는 아래에서 볼 것이다) 프랑스 국왕 필리프 오귀스트재위 1180~1223가 요새화를 더욱 강화했다. 이 성 또한 1944년 폭격으로 파괴되었다가 그 후 복원하여 예전의 모습을 되찾았다. 이 성은 긴 벽과 여러 탑이 인상적이다. 해자 위로 난 다리를 건너 성 안으로 들어가면 넓은 공간이 나오는데, 지대가 높아 캉 시내가 잘 보인다. 성 안에는 두 개의 박물관이 있다. 하나는 회화관Musée des Beaux-Arts이고 다른 하나는 노르망디 역사박물관Musée de Normandie이다. 고성을 산책하고, 영국과 프랑스 화가들의 작품을 감상하는 것도 좋은 경험일 것이다.

한편 캉은 유명한 석재 공급지였다. 이곳에서 나는 돌은 밝고 부드러운 노란색을 띠는 석회암으로, 재질이 균질해서 조각이나 건축에 유리해 로마 시대부터 건축에 쓰였다. 노르만 정복 이후 잉글랜드의 주요 건물들은 윌리엄이 가지고 간 캉 지역 석회암으로 지

NON VIOLENCE

캉 기념관의 조형물.

캉의 석재로 다시 지은
웨스트민스터 궁전의
시계탑 빅벤.

었다. 대표적으로 런던탑Tower of London은 윌리엄이 1070년대 지시하여 캉의 석재를 들여와 지었다. 그 외에 캔터베리 대성당, 웨스트민스터 사원 등도 부분적으로 캉의 석재를 써서 건축했다. 일단 이 돌로 지은 이상 후대에 보수할 때도 같은 돌이 필요하다. 그렇지 않으면 색상과 질감이 달라 보기가 안 좋다. 그래서 이후 시기에 보수할 때도 캉의 석재를 들여와야 했다. 19세기에도 웨스트민스터 궁전의 시계탑 빅벤Big Ben을 다시 캉 석재로 지었다. 20세기에는 미국, 캐나다, 심지어 사우디아라비아에도 수출했다. 예를 들어 보스턴의 올드 사우스 교회Old South Church, 매사추세츠 데덤Dedham시의 세인트 메리 교회St. Mary's Church 건축에도 이 돌을 사용했다.

캉의 석재는 20세기에 들어와서 채석량이 줄다가 1960년대에 채석이 완전 중단되었다. 다만 1980년대에 캉시의 기념물 건조를 위해 다시 캐기 시작했는데, 시 조례를 제정해 채석량을 연 9,000톤으로 제한했다. 이렇게 캉의 고품질 석재를 구하기가 힘들어지자 건물을 보수할 때 원래의 돌과 유사한 석재를 찾아야 했다. 특히 프랑스 남부의 라부Lavoux 지역 석재가 재질이 비슷해서 캔터베리 대성당을 비롯해서 민스터Minster, 글로스터Gloucester 등지의 대성당과 문화유산 건물 보수에 쓰인다. 한 가지 덧붙일 점은 제2차 세계대전 당시 폭격이 극심했을 때 캉의 채석장 동굴 또한 피신처가 되어 많은 주민들의 목숨을 구했다는 점이다.

05

가야르성

프랑스와 잉글랜드, 그 격전의 현장

앙들리 ◉

노르만 정복 이후 오랜 기간 잉글랜드와 노르망디는 한 왕조 아래 묶여 있었다. 언제까지 그런 상태로 있었을까? 역사가들은 대략 1120년대 이후 양측 관계가 벌어지기 시작했다고 정리한다. 그러다가 1204년 결국 갈라섰고, 노르망디는 프랑스 왕조의 지배 아래로 들어간다. 그 과정은 결코 순탄하지 않았다. 노르망디는 잉글랜드와 프랑스 두 국가 간 치열한 투쟁 끝에 최종적으로 프랑스 땅이 된 것이다. 양국 간 격전의 무대 중 하나가 가야르성이다.

이 문제를 볼 때 먼저 고려할 사항이 있다. 한때 잉글랜드는 작은 섬나라가 아니라 오늘날 프랑스 내에 광대한 영토를 소유하고 있었다는 점이다. 스코틀랜드부터 피레네에 이루는 거대한 영토를 지배하는 이 왕조를 플랜태저넷 왕조(1154~1214), 그리고 이 거대한 땅덩어리를 플랜태저넷 제국이라는 별칭으로 부른다. 노르망디는 이 거대 제국 영토 중에서 부유하면서도 전략적으로 중요한 위치를 차지하는 노른자 땅이었다. 그러니 프랑스 왕은 당연히 이곳을 되찾으려 했고, 똑같은 이유에서 노르망디 공작 겸 잉글랜드 왕은 이곳을 지키려 했다. 결국 프랑스가 승리했고 노르망디는 잉글랜드로부터 떨어져 나와 프랑스 영토가 된다. 이제부터 그 과정을 살펴보자.

"여기 가야르성이 있도다"

1189년 잉글랜드 국왕 헨리 2세가 사망하고 리처드 1세, 일명 사자심왕獅子心王, Richard I, Richard the Lionheart이 왕위를 이어받았다. 사자의 심장과 같은 정신의 소유자라니 … 무용이 워낙 뛰어나서 붙은 이름이다. 이 왕은 중세 기사도 이야기에 자주 등장한다. 원래 3남이어서 왕위를 이어받을 가능성이 없었는데, 두 형이 일찍 죽는 바람에 왕이 되었다. 그리고 앞서 이야기한 대로 노르망디와 프랑스 서부의 광대한 영토(아키텐, 가스코뉴, 푸아티에, 앙주, 멘, 낭트, 그리고 상위 영주 자격으로 브르타뉴)를 지배했다. 나중에 이 많은 영토를 다 '말아먹은' 것은 그의 동생이자 후계자인 존John, 일명 '실지왕失地王, John Lackland'이다. 이 스토리에서 핵심 고리는 노르망디, 그중에서도 앙들리Andelys 지역에 있는 가야르성Château Gaillard이다.

프랑스의 입장에서 볼 때 잉글랜드 왕이 프랑스 영내의 대규모 영지를 지배하는 것은 묵과할 수 없는 일이다. 허약한 왕이라면 포기하겠지만 강력한 국왕이 등극하면 사정이 달라진다. 바로 그런 불

같은 프랑스 왕이 필리프 오귀스트다. 그는 1180년 왕위에 오르자 플랜태저넷 제국을 와해시키고 노르망디 같은 알짜배기 땅을 찾아오려고 온갖 술수를 썼다. 우리 이야기의 두 주인공 필리프 오귀스트와 사자심왕은 한편으로 친한 친구이지만 동시에 격렬하게 경쟁하는 라이벌이었다.

사자심왕은 열정 가득한 낭만적 군주로서 몸소 십자군원정에 나섰다. 그렇지만 마음만 뜨겁다고 이상이 실현되는 건 아니다. 결국 예루살렘 탈환에 실패한 후 귀국길에 올랐다. 1192년의 일이다. 그가 없는 동안 동생 존이 왕위를 빼앗기 위한 음모를 꾸몄고, 라이벌이자 친구인 필리프 오귀스트는 프랑스 내의 잉글랜드 영토를 공격하고 있었다. 그러니 사자심왕은 빨리 잉글랜드로 돌아가서 사태를 수습해야 한다. 그런데 귀국 도중 항해 사고로 원수지간이었던 오스트리아 공작 레오폴트 5세에게 붙잡혔다가 신성로마제국 황제 하인리히 6세에게 넘겨져서 1년 넘게 포로 생활을 했다. 명색이 국왕인데도 처우가 상상 이상으로 나빴다. 사자심왕은 자신을 묶은 쇠사슬이 하도 무거워서 "말이나 당나귀도 움직이기 힘든 수준"이라고 말했다. 동생 존과 프랑스 국왕 필리프 오귀스트는 사자심왕을 풀어주는 게 아니라 오히려 더 오래 잡아두라며 큰돈을 황제에게 건네려하기까지 했다. 마침내 1194년 사자심왕이 석방되자 필리프 오귀스트는 이 소식을 존에게 전했다. "이봐, 악마가 풀려났어!"

돌아온 '악마' 사자심왕은 프랑스와 일대 격전이 불가피하다고 판단하고 전쟁 준비에 매진했다. 사자심왕은 오래전부터 루앙에서 멀지 않은 앙들리를 지켜보고 있었다. 센강이 급하게 북동쪽으로 휘어든 후 다시 남서 방향으로 구불구불 흘러가는 지점에 100미터 높이의 바위 언덕이 서 있다. 이런 형세를 눈여겨보던 사자심왕이 루앙 방어의 적지라며 성채를 짓기로 결정한 것이다.

1196년 시작한 공사는 엄청난 속도로 진행되어 1198년에 완공했다. 10년 이상 걸릴 일을 2년 안에 완수했고, 그나마 실제 공사 기간은 1년에 불과했다. 성벽 두께는 3~4미터이고, 건축에 쓴 돌만 4,700톤에 달한다고 한다. 왕은 계속 현장에 머물며 작업을 독려했는데, 당시 기록에는 만일 천사가 내려와서 작업을 중단하라고 시켜도 천사에게 욕하면서 대들 것이라고 말할 정도였다. 여러 정황으로 보건대 따로 건축가가 있는 게 아니고 국왕 자신의 아이디어대로 성을 지은 것 같다. 완공 후 국왕이 했다는 말 두 가지가 전한다. 하나는 "한 살짜리 내 딸이여, 얼마나 예쁜가!"이고, 다른 하나는 "여기 가야르성이 있도다"이다. 이 중 후자가 약간 더 신빙성이 있어 보인다. 원래 '가야르gaillard'는 '활기찬', '씩씩한'이라는 의미이지만 동시에 '방비가 잘 되어 있다'는 뜻도 가지고 있다.

성은 지금은 폐허로 변했다. 루앙 근처를 여행하다 한번 들러 보면 역사 공부도 할 겸 좋은 피크닉 장소다. 여름날 이곳을 찾았다. 주차장에 차를 대고 먼 곳에서 성을 보는 경치부터 벌써 특이하다. 그런데 곧 관광버스 한 대가 서더니 단체 여행을 하는 할아버지 할머니 한 무리가 내린다. 원래는 한 15분 정도 산길을 걸어서 성터까지 가야 하는데, 이분들은 주차장 근처 약간 높은 둔덕에 올라가서 담소하며 사진 몇 장씩 찍고는 웃으며 떠나신다. 사실 이 성을 방문하는 길에 '걷기 불편한 분, 유모차 등은 접근이 힘들다'는 문구가 안내되어 있다. 나도 더 늙기 전에 가보고 싶은 곳 빨리 돌아다녀야지 하며 천천히 성으로 걸어가서 표를 사려는데 … 이런, 월요일과 화요일은 노는 날! 할아버지 할머니 들은 다 계획이 있으셨구나! 할 수 없이 일단 돌아갔다가 다음 날 다시 차를 몰고 헐레벌떡 왔더니 이번에는 12시부터 2시까지 점심시간. 월요일과 화요일 이틀 쉬고, 점심시간 두 시간 쉬고 … 부지런한 우리 한국인은 속이 터지지만 프랑스는 원래 그런 나라라고 너그럽게 받아들여야 마음이 편하다. 별 수 없이 앙들리 마을로 내려가서 슈퍼마켓에서 산 샌드위치로 점심을 해결하고는 다시 길을 돌아 2시에 맞추어 갔다. 폐허가 된 성 하나 보는 게 내 맘처럼 쉽지 않다. 대신 마을로 내려가고 돌아오는 길에 본 주변 작은 마을이나 산골 도로가 예쁘장하니 이런 경험은 일종의 보너스다.

　가야르성은 지금은 많이 파괴되어 일부 흔적들만 남아 있지만 원래 그대로의 모습이 얼마나 위풍당당했을지 짐작할 수는 있다. 이 성은 센강과 근처 지역들을 굽어보는 백악 절벽 위에 세워져 있어서 이곳에서 바라보는 센강의 굽이치는 광경이 압권이다. 성 아래 마을인 앙들리는 현재는 한 단위로 합쳐져 있으나 당시에는 큰 앙들리 Grand-Andely와 작은 앙들리Petit-Andely 두 개의 마을로 나뉘어 있었다. 강 중간에는 섬이 있다. 이곳들을 모두 무장시키고, 강에는 세 줄로 말뚝을 박아서 상류에서부터 배를 타고 공격해 오는 것을 막았다.

가야르성에서 바라본 앙들리 마을과 센강.

이 방어 체제의 핵심 본부가 가야르성이었다.

이 성은 중세 군사용 성채의 걸작이며 시대를 앞서간 혁신적 요새였다. 성 앞에는 삼각형 모양의 외보外堡, barbacane가 있고, 그 둘레는 폭 20미터, 깊이 10미터의 해자가 둘러싸고 있다. 다시 말해 본성 바로 바깥에 보호 장치를 하나 더 설치하고, 주변에 깊은 구덩이를 파서 적이 접근하지 못하게 만든 것이다. 지금도 그 모양을 그대로 볼 수 있다. 성은 높은 성벽으로 방비하고, 성 안에는 12미터 높이의 탑을 지었다. 이 탑의 벽은 안쪽으로 휘어진 모양이어서 투석기로 쏜 돌을 되튀게 한다. 성탑 위에는 마쉬쿨리mâchicoulis라 부르는 돌출회랑突出回廊이 있어서 아래에서 공격하는 적들에게 돌을 떨어뜨린다. 이것은 아주 앞선 기술이어서, 200년 뒤인 14세기에야 일반화되었다. 그러고 보면 이 성이 얼마나 앞선 방식으로 지어졌는지 짐작할 수 있다. 마쉬쿨리 이전에는 단순한 목제 설비hourd를 바깥으로 튀어나오게 설치하고 그곳에서 적에게 각종 물질들을 쏟아부었다. 영화에서는 뜨거운 물이나 기름을 붓는 것처럼 묘사하나 실제 그런 경우는 거의 없다. 아까운 물자를 버리는 것은 바보짓이기 때문이다. 물도 중요하고 나무도 아까운 자산이다. 차라리 돌 같은 것을 던지는 게 훨씬 낫다. 그 밖에 피치, 유황, 달군 모래 등을 던지고 병을 퍼뜨리기 위해 짐승의 썩은 시체 혹은 똥 덩어리 가득한 통 같은 것을 떨어뜨리기도 했다. 전투의 실상은 영화와는 다르다.

이 성을 건설한 사자심왕은 십자군원정 중에 중동 지역에서 성채들을 보고 힌트를 얻었는데, 다만 그것을 그대로 카피한 것이 아니라 자신의 창의적 아이디어들을 집어넣었다는 평가를 받는다. 그는 당대 최고의 군사 엔지니어이고, 가야르성은 당대 최고 수준의 성채인 것은 분명하다. 그렇기는 하지만, 이것으로 노르망디를 빼앗으려는 프랑스의 야욕을 막을 수 있었을까?

사자심왕의 큰 계획은 엉뚱한 데에서 어그러졌다. 1199년 프랑스 내의 또 다른 잉글랜드 영토인 리모주에서 반란이 일어났고, 이를 진압하기 위해 출정하여 샬뤼-샤브롤Châlus-Chabrol이라는 아주 작은 성을 포위했다. 그런데 이곳에서 격발식 활crossbow bolt을 목 근처에 맞아 심각한 상태에 이르렀다. 죽음을 직감한 왕은 어머니를 찾았고, 모후 알리에노르는 노구를 이끌고 이 먼 곳까지 찾아왔다. 3월 26일, 결국 국왕은 어머니의 품에서 죽음을 맞았다. 죽기 전 활을 쏜 병사를 잡아왔는데, 그는 소년 병사였다. 당대 표현에 따르면 "사자가 개미에게 죽임을 당한" 꼴이다. 소년은 아버지와 두 형이 전사한데 대한 정당한 복수라고 당당히 이야기했다. 사자심왕은 대인배답게 소년을 용서하고 심지어 상당액의 돈까지 쥐어주며 '나 대신 밝은 날을 보라'고 말하면서 놓아주었다. 그러나 국왕이 죽자 소인배 부하들이 소년 병사를 도로 잡아와서 산 채로 껍질을 벗겨 죽였다. 그 시대 관습에 따라 국왕의 시신은 셋으로 나누어 묻었으니, 심장은 루앙 성당에, 내장은 그가 죽은 샬뤼-샤브롤에, 나머지 시신은 아버지 헨리 2세가 묻혀 있는 앙주 지방의 퐁트브로 수도원Fontevraud l'Abbaye의 아버지 발밑에 묻었다. 중세 기사도의 전설 사자심왕은 이렇게 생을 마쳤다.

문제는 그다음이다. 사자심왕은 사생아 한 명만 두었을 뿐 정실 소생이 없었다. 그 때문에 원수만도 못한 동생 존이 왕위를 이어받았다. 이 동생이 결국 프랑스 국왕에게 노르망디를 바치는 결과를 낳는다.

이제 필리프 오귀스트는 겁 많고 잔인하고 소심한 실지왕 존을 굴복시키고 노르망디를 다시 프랑스 국왕 소유로 만들 기회를 노렸다. 그것은 푸아투 지방에서 봉건법 문제로 시작되었다. 발단은 뤼지냥가와 앙굴렘가 두 귀족 가문 사이의 갈등이다. 몇 년 전부터 두 가문은 영토 문제로 다투었다. 이때 실지왕 존은 봉건법상 상위 영주인 아키텐 공작 자격으로 해결책을 제안했다. 뤼지냥가의 위그 9세가 앙굴렘가의 계승권자 이사벨과 결혼하는 조건으로 문제의 영토를 받으라는 것이다. 이렇게 의젓하게 제안만 했으면 문제가 잘 풀렸을 텐데 이 과정에서 존은 정말로 멍청한 짓을 하고 말았다. 문제를 확실하게 해결한답시고 직접 이 지방에 찾아왔다가 이사벨의 미모에 반해 버린 것이다. 자신이 주례를 선 결혼식의 신부에게 반해 나중에 진짜 그녀와 재혼한 프랑스 대통령의 먼 원조 꼴이다. 존은 그녀를 납치해서 결혼했다. 문제를 풀기는커녕 훨씬 복잡하게 만들었다. 분개한 뤼지냥가의 위그가 이 문제를 필리프 오귀스트에게 가지고 갔다. 앞서 이야기한 대로 존은 잉글랜드 왕이지만, 노르망디나 아키텐 등 프랑스 내 영토와 관련해서는 프랑스 왕의 신하다.

뤼지냥가는 봉건법상 상위 주군인 프랑스 국왕에게 탄원한 것이다. 국왕은 저절로 굴러온 이 좋은 기회를 놓치지 않고 존에게 궁정 출두 명령을 내렸다. 존이 거부하자 오귀스트는 존이 소유한 프랑스 내의 모든 봉토를 몰수한다고 선언했다(1202). 잉글랜드 국왕이어도 프랑스 내의 문제에 대해서는 내가 상위 군주이니, 명령을 거부한 부하에게 법에 따라 합당한 조치를 취하여 모든 땅을 몰수하겠노라 …. 말은 맞지만 이런 조치를 실행에 옮기려면 그럴 수단이 있어야 한다. 여태까지는 힘이 부족했지만 이제 프랑스 국왕은 그럴 힘을 가지고 있다.

1203년 필리프 오귀스트의 군대가 전쟁을 개시하여 앙들리를 장악했고, 주민들은 가야르성 안으로 피신했다. 성이 워낙 튼튼해서 직접 공격하는 게 힘들다고 판단한 필리프 오귀스트는 9월부터 성을 포위하고 성 안 사람들이 굶다가 항복하기를 기다리는 전략을 취했다. 성 안에는 최소 2년 정도 버틸 양식이 비축되어 있었다. 주둔군 병력뿐이라면 식량이 모자라지는 않다. 문제는 피난민들이다. 이들까지 먹이려니 곧 식량 부족 문제가 발생했다. 결국 400명 정도의 '불필요한 입bouches inutiles'을 내보냈다. 그러나 포위한 프랑스군이 막아서자 이들은 중간 지점에서 오도 가도 못하고 굶주림에 시달렸다. 힘없는 백성만 죽어난다. 이 처절한 상황을 그린 타트그랭Francis Tattegrain의 그림이 앙들리 시청에 걸려 있다. 보다 못한 국왕이 불쌍히 여겨 식량을 주자 오히려 소화불량으로 많은 사람이 죽었다고 한다(오랜 기간 굶은 상태로 있다가 갑자기 물이나 식량을 급하게 많이 먹으면 탈이 난다).

마침내 국왕 측이 본격적인 공격에 나섰다. 우선 성 전면에 활 발사대와 거대한 망루를 세웠다. 그러고는 폭약공들을 침투시켜 해자 아래 폭발물들을 설치했다. 여기에 불을 붙이면 성의 기반이 허물어져 내려앉을 판이다. 그런데 이 순간 뜻하지 않은 일이 일어났다. 병사 한 명이 성벽에 난 창을 발견했는데, 창살이 없어서 이 창을 통해 내부로 들어갈 수 있었다. 원래 성을 지을 때는 이 창이 없었는데, 실지왕 존이 뒤늦게 성 안에 소성당(채플)을 지으면서 창을 낸 것이다. 일부 병사들이 창을 통해 성 안으로 들어가 도개교를 내리

가야르성의 해자와 안쪽으로 휘어진 성벽.

니 프랑스군 병사들이 해자를 넘어 물밀 듯 들어갔다. 방어군이 패
닉에 빠져 최후의 보루인 탑으로 급히 도주했다. 그렇지만 성을 지
키는 데는 실패했다. 기껏 설치해 놓은 마쉬쿨리는 사용하지도 못
했다. 수비병들은 결국 못 버티고 항복했다. 사실 성의 디자인상 한
곳을 잃으면 결국 모두 후퇴하게 되어 있고, 너무 비좁아서 반격도
힘들다. 1204년 3월 6일 성이 함락되었다.

　루앙을 방어하는 요새가 무너지자 노르망디를 지키는 잉글랜드
군의 사기가 떨어졌다. 몇 달 지나지 않은 6월 24일, 루앙은 전투도

하지 않고 성문을 열어 항복했다. 사실 루앙은 여러 차례 프랑스 국왕의 회유와 공격을 강하게 거부하곤 했다. 그러나 이제 다른 모든 노르망디 지역들이 항복한 이상 프랑스 국왕에 저항할 수 없다는 것을 깨닫고 바로 항복한 것이다. 국왕 필리프 오귀스트는 현명하게도 루앙 시민들을 처벌하지 않았고, 루앙은 잉글랜드와 교역을 계속 유지했다. 다만 모든 시민들에게 자신의 권위를 각인시키기 위해 한 가지 일을 벌였다. 지금까지 루앙에서 가장 중요한 건물은 주교궁이었다. 센강 가까이에 있던 이 궁전에서 주요 행사를 치르고 내빈을 맞이하곤 했다. 루앙을 차지한 필리프 오귀스트는 '구체제'의 상징인 이 건물을 부수고 자신의 성을 쌓았다. 이것이 루앙 성이다.

이렇게 해서 노르망디는 프랑스 영토가 되었다. 돌이켜 보면 노르망디는 911년 이래 293년간 이웃 나라 영토였다가 프랑스령이 되었다. 사실 국경이 따로 없고 언어와 문화가 같았으므로 큰 무리 없이 프랑스에 동화되었다. 왕으로서는 대단히 부유하고 인구가 많은 노다지 지역을 얻은 셈으로, 국왕 전체 수입의 1/4 정도를 노르망디에서 받았다.

그 후 가야르성은 어떻게 되었을까? 우선 수리 후 감옥으로 사용했다. 그러다가 15세기 백년전쟁 당시에는 영국군이 점령했는데, 그때도 성이 포위 상태에 있다가 수비대인 프랑스군이 항복했다. 이유는? 우물에서 물 긷는 두레박 끈이 끊어졌다고 한다! 그 후로는 전투에 맞지 않아 방치되었고, 기껏해야 도둑 떼의 근거지 정도 역할을 했다. 이후 앙리 4세재위 1589~1610가 성을 허물 것을 지시하여, 석

리용스라포레.

재를 재활용하기 위한 채석장처럼 되고 말았다. 이 돌로 주변의 가이용Gaillon 성을 지었다고 한다.

통상 이 지역은 가야르성을 보러 오지만 사실 성 아래 앙들리 또한 아름답기로 손꼽히는 마을이다. 이곳은 17세기 프랑스의 가장 위대한 화가 중 한 명인 니콜라 푸생Nicolas Poussin의 탄생지이기도 하다. 다만, 이 도시에 푸생 박물관이 있기는 하지만 푸생의 작품은 중요한 것 한 점만 있고 나머지는 이 지역과 관련된 여러 부문의 물품을 전시한다.

혹시 시간 여유가 있으면 앙들리에서 가까운 리용스라포레Lyons-la-Forêt를 들러보길 권한다(불어에서 마지막의 s는 대개 발음하지 않는데, 이 지명은 특이하게도 s를 발음하여 리용스라고 부른다). 장대한 너도밤나무들로 유명한 1만 헥타르가 넘는 숲, 그 한가운데 위치한 아름다운 마을, 오래된 수도원과 작은 성 들은 그대로 그림엽서다. 혹시 이 마을 모습을 간접적으로라도 느껴보고 싶으면 이 마을에서 촬영한 샤브롤 감독의 〈마담 보바리〉를 보면 된다. 한편 이곳에서 모리스 라벨이 〈쿠프랭의 무덤 모음곡Le tombeau de Couperin〉을 작곡했다. 라벨이 바로크 시대 작곡가 쿠프랭을 추모하는 의미로 고전적인 양식의 피아노 작품 여섯 곡을 작곡했고 후일 오케스트라 버전으로도 만들었다. 프랑스에서는 죽은 이들에게 바치는 작품에 '통보tombeau(무덤)'라는 표현을 쓰는데, 제1차 세계대전 당시 자원입대한 라벨은 죽은 동료들에게 이 작품을 헌정했다.

06

루앙

프랑스를 구한 잔 다르크의 도시

루앙은 중세 노르망디 역사의 핵심 사건들이 일어난 중요한 무대다. 특히 백년전쟁 후반기에 전세를 역전시킨 잔 다르크와 긴밀히 연관된 곳이기도 하다.

우선 백년전쟁이 어떤 사건이었는지 간략하게 살펴볼 필요가 있다. 프랑스와 영국은 왜 그 긴 기간 동안 전쟁을 벌였는가? 전쟁의 원인이 무엇인가? 이번에도 왕위 계승이 핵심 문제다. 프랑스 국왕 샤를 4세재위 1322~1328가 아들 없이 사망하여 카페 왕조가 단절되자 두 명의 후보가 왕위 계승권을 주장했다. 한 명은 프랑스 내 발루아Valois 가문의 필리프이고, 다른 한 명은 잉글랜드 국왕 에드워드 3세다. 촌수로는 두 후보의 권리가 같다. 이 중 누가 프랑스 왕권을 차지할 것인가?

프랑스인들로서는 이웃 나라 잉글랜드의 왕에게 프랑스 왕위를 넘겨주고 싶은 생각이 추호도 없었다. 영국 놈이 왕권을 잡지 못하게 하려면 어떤 근거가 필요하지 않겠는가. 프랑스 측이 찾아낸 것은 먼 과거의 고색창연한 왕실 법규인 살리카 법이다. 딸의 '유산' 상속을 제한하는 법률 내용을 억지로 적용하여 딸에게 '왕위'를 물려주지 못한다고 재해석해서, 모계로 계승권을 주장하는 잉글랜드의 에드워드 3세의 권리를 부정한 것이다. 그 결과 필리프 6세가 왕위를 차지하면서 발루아 왕조를 개창했다. 에드워드 3세가 이를 수긍할 리 없다. 무력을 써서라도 왕위를 빼앗아 오겠다는 결심을 하고는 1337년 프랑스로 군대를 파견했다. 백년전쟁이 시작된 것이다. 말은 백년전쟁이지만 실제로 100년 내내 전쟁이 이어진 것은 아니고 중간중간 소강상태였다가 다시 불붙었다가 하는 식으로 1453년까지 계속되었다. 이 전쟁의 중요한 무대가 노르망디였고, 또 오랜 기간 노르망디는 잉글랜드의 지배하에 들어갔다.

백년전쟁의 영웅 잔 다르크

초기에는 프랑스군이 잉글랜드군에 밀려 연전연패를 당해 궁지에 몰렸다. 게다가 프랑스 왕실의 방계 가문인 부르고뉴 공작 집안이 파리의 왕실과 갈등하다가, 잉글랜드와 손잡고 왕실 측과 대립했다. 말하자면 프랑스는 잉글랜드라는 외적과 싸우면서 동시에 막강한 국내 세력과 일종의 내전 상태에 빠진 것이다.

  노르망디는 영국에서 프랑스로 상륙해 파리로 향하는 길목이므로 이곳이 전쟁터가 되는 거야 당연한 일이다. 특히 1415년 이후 백년 전쟁 막바지에 잉글랜드군의 침략과 지배를 받았다. 잉글랜드의 헨리 5세가 아쟁쿠르 전투(1415)에서 대승을 거둔 후 아예 노르망디를 정복할 계획으로 다시 침략해 와서 루앙을 포위 공격했다. 기근에 시달리면서 최악의 상황에 몰린 루앙시는 1419년 1월 19일 성문을 열고 항복했다. 곧 노르망디 전체가 잉글랜드군 수중에 떨어졌다.

이즈음이 프랑스의 최대 위기였다. 실제로 왕권이 잉글랜드 군주에게 넘어가기 직전 상황에 몰렸다. 이 풍전등화의 위기에서 기적처럼 프랑스를 구한 영웅이 잔 다르크다.

잔 다르크는 실로 이해하기 힘든 현상이다. 자기가 천사의 소리를 들었다면서 왕실에 나타나 국왕을 설득하여 군대를 이끌고 전투에 나가 승리를 거두는 것이 과연 10대 시골 소녀가 할 수 있는 일이란 말인가. 더구나 1429년 왕세자를 이끌고 랭스 대성당으로 인도하여 대관식을 하도록 만들었다. 신성한 대관식을 치러야 권위 있는 프랑스 국왕이 되기에 이 의례는 실로 중요한 사건이다. 분명 이 시기가 잔 다르크 생애의 절정이고, 이후에는 내리막길의 연속이었다. 1430년 5월 23일, 잔 다르크는 콩피에뉴를 공격하다가 실패하여 적군에게 사로잡혔다. 이해 12월 23일 잔 다르크는 특별히 준비한 철창 안에서 손, 발, 목이 쇠사슬에 묶인 채로 끌려와서 루앙성의 탑에 갇힌 채 재판에 넘겨졌다.

부브뢰이Bouvreuil성이라고도 부르는 루앙성은 앞에서 이야기한 대로 필리프 오귀스트가 실지왕 존을 축출하고 노르망디를 회복했을 때 건조했는데, 이 중 유일하게 남은 부분이 탑이다. 이 탑은 '잔 다르크 탑La Tour de Jeanne d'Arc 혹은 Donjon de Rouen'이라고 부른다. 잔 다르크는 작은 창 하나만 있는 약 2미터의 좁고 추운 방에서 쇠사슬에 묶인 상태였다. 음식으로 주는 거라곤 다른 사람이 먹다 남긴 뼈다귀 같은 것이고, 매일 물 한 사발을 주되 참회하라는 뜻으로 재를 타서 주었다. 루앙에서 이 탑을 찾아가려고 내가 머물던 라디송 블뤼 호텔Hotel Radisson Blu을 나섰는데, 가까운 정도가 아니라 아예 호텔 건물에 붙어 있는 것을 보고 깜짝 놀랐다. 등잔 밑이 어둡다더니.

잔 다르크 재판의 성격이 정치적인 것이야 당연했다. 잉글랜드와 부르고뉴 측은 잔 다르크가 주도한 샤를 7세 대관식의 정당성을 훼손할 목적으로 그녀를 마녀 혹은 이단으로 몰아갔다. 재판에 참여한 신부와 신학자 들은 그녀의 신앙 문제를 집요하게 물고 늘어졌다. 결론은 사전에 결정된 것이나 다름없다. 사형을 선고받은 잔 다르크는 루앙 시내 비외마르셰 광장Place du Vieux-Marché에서 화형에 처해졌다. 5월 30일 아침 8시, 그녀를 끌고 나와 형 집행 의식을 행했다. 머리에는 '이단-재범-이교도-우상숭배자'라고 쓴 종이 모자를 씌웠다. 화형은 말이 화형이지 목을 졸라 죽이고 나서 죽은 몸을 태우는 방식으로 집행하는 게 일반적인데, 잔 다르크는 산 채로 태워 죽였다. 시체를 완전히 태우고 남은 재는 모아서 센강에 버렸다.

비록 잔 다르크는 불행하게 죽었으나, 이후 전세는 프랑스 쪽으로 기울었다. 1453년 드디어 백년전쟁이 종식되었다. 영국은 대륙에 보유하고 있던 영토 중 칼레라는 아주 작은 지역만 빼고 다 상실

루앙성의 잔 다르크 탑.

했다(이곳도 그 후에 프랑스 영토가 된다). 100년 동안 싸운 전쟁의 결과를 뭐라 할 수 있을까? 영국이 진정한 영국이 되고 프랑스가 진정한 프랑스가 된 것이다. 이전에는 프랑스 안에 영국의 영토들이 산재했고 왕실들이 서로 얽혀 있어서, 두 나라의 역사는 뒤얽혀 돌아갔다. 그러나 이제 두 나라는 영토 면으로나 통치 면으로나 사실상 완전히 분리되었다. 영국이 진정한 섬나라가 된 것이다.

전후에 잔 다르크의 복권 작업이 이루어졌다. 1456년 재심 재판을 하여 잔 다르크가 이단이라는 이전 판결을 뒤집었다. 첫 번째 재판이 정치적이었듯이 이번 재판도 당연히 정치적이었다. 이단의 도움으로 프랑스 국왕이 축성식을 했다고 할 수야 없지 않은가. 루앙 시민들은 복권 재판 때 가서야 지난날 자신들이 성녀를 죽였다며 모두들 울며 뉘우쳤다고 한다.

19세기에 민족주의가 불타오르면서 프랑스 교회가 잔 다르크에 대한 관심을 키웠다. 신앙심과 애국주의가 연결되었다. 이런 노력이 20세기에 결실을 거두어 1920년 5월 9일 교황 베네딕토 15세가 잔 다르크를 성인으로 축성했다.

잔 다르크의 도시 루앙

루앙은 '잔 다르크의 도시'를 표방한다. 민족 영웅을 죽여 놓고 그 영웅을 기리는 곳이라고 주장하는 게 다소 역설적이지만, 따지고 보

잔 다르크가 처형된 비외마르셰 광장.

면 루앙은 잔 다르크를 처형한 도시이면서 복권한 도시이기도 하다.

시내 곳곳에는 잔 다르크와 관련된 역사 유적지가 산재한다.

잔 다르크가 화형당한 비외마르셰 광장은 지금도 여전히 시장 역할을 하고 있다. 화형 지점은 '잔 다르크 화형 장소Le Bûcher de Jeanne d'Arc'라고 칭한다. 이름은 잔혹하지만 현재 이곳 분위기는 무척 밝다. 레스토랑과 카페, 호텔 들로 둘러싸인 작은 광장은 저녁이 되면 사람들이 모여들어 떠들썩하게 즐기는 곳이다. 내가 방문했을 때는 커다란 테디 베어 인형 장식이 장난스럽게 걸려 있어서 광장 분위기가 더욱 밝았다. 광장 한쪽에는 1345년에 문을 열어 프랑스에서 가장 오래된 호텔 겸 레스토랑인 라 쿠론La Couronne(왕관)이 있다. 프랑스에서 가장 오랜 역사를 자랑하는 곳 중 하나이며, 최고급 요리로 명성을 떨치고 있다. 헤밍웨이, 살바도르 달리, 모나코 왕비 그레이스 켈리, 에티오피아 황제 셀라시에 1세 등이 이곳을 찾았다. 이번 여행에서는 아쉽게도 들어가 보지는 못했는데, 궁금해서 식당 메뉴와 가격을 알아보았다(2024년 3월 기준이고, 1유로는 1,450원 수준이다).

-에피타이저
푸아그라와 토스트: 34유로
새우와 철갑새우 샐러드: 32유로

-메인요리
북해산 서대 요리: 50유로
홀랜다이즈 소스를 곁들인 넙치: 48유로
루앙식 오리요리(2인): 58유로
소갈비 요리(2인): 35유로

-디저트: 15유로

-정식(에피타이저, 메인, 디저트로 구성): 29유로

값이 싸지는 않으나, 요즘 우리나라 외식 물가가 하도 올라서 서울의 고급 식당과 큰 차이가 나지는 않는다. 노르망디 전통 요리의 최고봉이라 하니 언제 기회가 되면 찾아가 봄직하다.

광장 중심부에는 성녀 잔 다르크 성당Église Sainte-Jeanne-d'Arc이 있다. 1979년 완공되었는데 아주 모던한 분위기다. 우선 외관이 실로 독특하다. 보는 각도에 따라 다른 모습이 보이는데, 얼핏 보면 투구 같기도 하고 불꽃 같기도 하다. 잔 다르크를 태운 화형대의 불꽃을 형상화했다는 주장도 있으나 그건 사실이 아니다. 실제로는 바이킹 시대의 긴 배longship를 뒤집은 모습이다. 성당 내부에서 천장을 보면 선박 이미지로 성당을 지었다는 것이 확실하게 느껴진다. 건물은 매우 현대적이다. 내부로 들어가면 아주 넓은 공간감이 느껴지는데, 한쪽 면이 온통 스테인드글라스로 되어 있어서 더욱 밝고 시원한 느낌이다. 이 스테인드글라스는 제2차 세계대전 당시 폭격으로 무너진 16세기 옛 교회Saint Vincent 것을 그대로 옮겨와 재설치한 것이다. 이런 식으로 역사와 현재가 어우러지도록 설계한 것이 묘미다. 이런 성당은 자칫 애국적인 분위기가 지나치거나 성인 숭배 분위기가 강할 수 있는데, 크게 과하지 않아서 좋다.

2015년 개관한 잔 다르크 역사관L'Historial Jeanne-d'Arc은 예술과 첨단 기술을 결합한 현대식 박물관이다. 장소는 주교궁Palais de l'Archevêché 옆이다. 주교궁은 1431년 잔 다르크에게 유죄 판결을 내린 곳이자 동시에 1456년 복권 문서를 낭독한 곳이다. 주교구 성당은 15세기에 지은 고딕 건축인데, 이 장소에 잔 다르크 역사관을 지으면서 성당 건물도 일부 재정비했다. 역사관은 프랑스 최고 성녀이자 구국

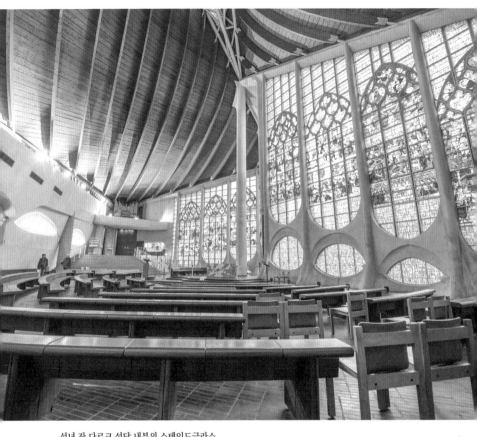

성녀 잔 다르크 성당 내부의 스테인드글라스.

영웅을 기리는 곳이므로 오랜 기간 공을 들여 준비한 후 문을 열었다고 한다. 예전에 잔 다르크 기념관이 있었다고 하는데, 주요 인물들을 밀랍 인형으로 만들어 전시했다는 식의 설명을 보면 꽤 구식이었던 것 같다. 새롭게 개관한 역사관은 그런 구태의연한 수준은 아니다. 역사관에 들어가면 우선 이 건물 자체에 대한 설명을 한 후 잔 다르크에 관한 내용을 현대적인 기법의 오디오비주얼 작품으로 만들어서 건물 곳곳에서 체계적으로 보여준다. 주요 역사 장면들, 예컨대 쉬농성에서 국왕을 만나는 장면, 잔 다르크가 수행한 여러 전투들, 샤를 7세의 대관식, 그리고 무엇보다 재판 과정 등을 보게 된다. 역사에 관심 있는 사람이라면 좋아할 곳이다. 사실 이 신비의 소녀는 매 시대 모든 정파들이 자신에게 유리하게 이용했다. 좌파든 우파든, 더 나아가서 극좌든 극우든 모두 잔 다르크를 자기편으로 해석했다. 그런 점에서 잔 다르크 역사관은 역사 교육을 어떻게 하면 효율적이면서도 공정하게 할 수 있을지 생각해 볼 기회를 제공하기도 한다.

루앙을 대표하는 명물들

루앙은 정치 경제적으로 중요하고 또 풍요로운 곳이었기에 그 흔적들을 많이 간직하고 있다. 우선 귀족과 대상인 들이 종교 건물을 많이 건축했다. 루앙 성당 외에 생투앙Saint-Ouen, 생마클루Saint-Maclou

그리고 현대에 지은 성녀 잔 다르크 성당 같은 건축물이 시 중심부를 따라 동에서 서로 이어져 있다. 성당이 많은 루앙을 두고 빅토르 위고는 '백 개의 첨탑의 도시'라고 묘사했다. 그중에서 가장 중심이 되는 성당은 흔히 루앙 성당이라고 칭하는 노트르담 성당이다. 노트르담 성당은 파리에만 있는 게 아니다. 노트르담Notre-Dame이라는 말은 성모를 뜻하며, 따라서 성모를 모시는 성당이야 전국 곳곳에 있다. 다만 파리의 노트르담이 그중 제일 유명한 것은 사실이다. 루앙의 노트르담 성당은 대표적인 고딕 성당 중 하나이며 모네의 그림으로도 유명하다. 성당 내부에는 역사적 인물들의 묘가 있다. 앞에서 이름이 나왔던 롤롱(로베르) 공작, 그의 아들 기욤 1세, 사자심왕의 심장을 묻은 묘가 있다. 내가 찾아갔을 때는 내부 공사가 한창이라 여러 곳에 천막이 둘러쳐져 있었다. 루앙 성당의 아름다움을 제대로 감상할 수 없어서 다소 아쉬움이 남았다. 유럽에서 이런 공사는 한두 해에 끝나는 게 아니므로 언젠가 살아 있을 때 다시 와서 보면 되지 하고 넓은 마음으로 이해하려는 자세를 가지는 게 좋다.

중후한 고딕 건물인 법원 건물은 내부로 들어갈 수는 없지만 장대하고도 멋진 외관은 감상할 수 있다. 그런데 그 잘생긴 얼굴에 흉한 자국들이 가득하다. 제2차 세계대전 당시 격렬한 총격전이 벌어져 건물 벽에 총탄을 맞은 흔적이 많이 생겼는데, 시 당국은 이 또한 역사의 일부라 판단하고 그대로 보존하고 있다. 시내를 걷다 보면 그로오를로주Gros-Horloge(거대한 시계탑)가 보인다. 르네상스 시대 기계공학의 걸작이며, 루앙 시내를 대표하는 명물이다. 아직도 쌩쌩

루앙 시내의
그로오를로주
(거대한 시계탑).

하게 잘 돌아간다. 종루에 오르면 내부의 기계장치가 작동하는 모습을 구경할 수 있고, 동시에 루앙 구시가지를 한눈에 내려다볼 수 있다. 늘 인파가 북적거리는 루앙의 구시가지는 활기 넘치면서 아기자기한 면모를 띠어서 다정하다. 카페와 레스토랑이 즐비하여 현지 주민이나 관광객이 모여든다. 대학 도시니 만큼 시끌벅적한 문화도 있다.

　독특한 유적으로는 생마클루 교회 중정 묘지Aître Saint-Maclou가 있다. 해골과 뼈로 장식한 이 건물은 중세 유럽 묘지 중 가장 놀라운 것이다. 유럽에서 페스트는 오랜 기간 심각한 문제였다. 가장 피해가 컸던 것은 14세기이지만 그 후에도 지속적으로 터져 나왔다. 생마클루는 14세기 페스트 시대에 조성했다. 1348년 페스트 당시 매장해야 할 시체가 너무 많았으므로 기존의 마클루 교회 묘지가 꽉 찼다. 그래서 교회와 떨어진 곳에 새 묘지와 납골당을 마련한 것이다. 건물은 16세기에 지었으나 곧바로 위그노 전쟁(프랑스 종교전쟁, 1562~1598)이 발생하여 일부가 훼손되었다. 그리고 17세기에 페스트가 크게 발생하여 다시 건물을 확충했다. 건물의 들보는 해골과 뼈, 묘 파는 인부의 도구들(삽, 곡괭이, 관 등)로 장식했다. 사실 기분이 안 좋은 건물인데 이상하게도 아름답게 느껴진다. 애트르aître라는 말은 라틴어 아트리움atrium에서 나온 말이다. '아트리움'은 뜻과 어감이 좋아서인지 우리나라에서 카페 이름으로 많이 쓰인다. 원래 고대 로마 건축물 중 안뜰을 가리키는데, 중세 교회의 안뜰은 다름 아닌 묘지였다. 생마클루의 경우 납골 건물 중 살아남은 희귀한 사례로서 이 또한 역사 유적으로 등재되었다. 뼈 장식들을 보면 죽음에 얼마나 익숙한 시대였는지 알 수 있다. 기둥에 죽음의 춤을 추는 커플 모습이 장식되어 있고 고양이 미라도 볼 수 있다.

생마클루 교회 중정 묘지 기둥.

묘지 건물을 학교 부지로 재활용하는 것은 우리 감성으로는 조금 낯설다. 이곳은 17세기에 남자 학교, 이후에 여자 학교로 운영되면서 동시에 18세기까지 묘지 기능도 계속 담당했다. 루이 14세 시절만 해도 사방에 죽음이 하도 넘쳐나서 그런 일이 이상해 보이지 않았다고 한다. 그 후 거의 방치되던 이 건물을 시가 획득하여 노르망디 예술 박물관le Musée d'art normand으로 만들었는데, 얼마 안 있어서 미술학교l'école des Beaux-Arts로 바뀌었다. 이전의 미술학교에 불이 나서 임시 교사로 사용했는데 그대로 지속된 것이다. 2018년 이래 보존과 수리를 하고 있다. 도시는 산 자와 죽은 자가 함께 만드는 것. 루앙에 가면 이 독특한 유적도 한번 찾아가 보기를 권한다.

3부

✕

노르망디 예술 기행

노르망디는 예술의 고향이다. 무엇보다 인상파 회화의 본고장이다. 이전 시기에 화가들은 전통적인 주제들을 형식화된 양식에 담아 그렸으나, 19세기 중엽이 지나면서 스튜디오를 벗어나 바깥 세계로 나가 자연 풍경이나 사람들의 일상을 그리기 시작했다. 노르망디의 빛나는 풍광이 그 주요 무대였다. 이들은 센강 하구, 바닷가 언덕, 루앙 시내, 옹플뢰르 항구 같은 곳에서 날씨에 따라 시시각각 변화하는 빛의 순간들을 잡아내 화폭에 담았다. 마침 이 시대에 파리에서 루앙을 거쳐 해안 도시까지 이어지는 철도가 개통되면서 화가들이 바닷가까지 쉽게 찾아갈 수 있었다. 외젠 부댕, 라울 뒤피, 마르셀 뒤샹처럼 노르망디에서 태어난 예술가들뿐 아니라 외지인 중에도 노르망디의 따스한 풍경에 이끌려 이곳에 머물며 작품 활동을 한 사람이 많다. 윌리엄 터너, 카미유 피사로, 알프레드 시슬레, 오귀스트 르누아르, 폴 고갱, 파블로 피카소로부터 최근 노르망디에 정착한 데이비드 호크니까지 많은 작가들을 헤아리게 된다. 영감으로 가득한 노르망디가 이들을 불렀을 것이다.

01

지베르니

예술가들의 아지트, 인상파 미술의 성지

파리를 지난 후 다시 대서양을 향해 구불구불 흘러가는 센강으로 작은 지류들이 합류한다. 그중 하나가 엡트강이다. 길이가 100킬로미터 약간 넘는 이 작은 개천은 일드프랑스Île-de-France(프랑스 국왕의 통치 지역)와 노르망디 공작령의 경계로, 프랑스사에서는 아주 중요한 의미를 지닌다. 앞서 노르망디의 탄생과 관련하여 911년에 체결된 생클레르쉬르엡트 조약을 이야기한 바 있다. 엡트강이 센강으로 합류해 들어가는 지점에 지베르니Giverny라는 마을이 있다.

파리와 노르망디를 잇는 기차를 타고 가던 클로드 모네Claude Monet, 1840~1926와 부인 알리스에게 아름다운 마을 지베르니가 눈에 들어왔다. 1883년, 부부는 푸아시Poissy를 떠나 이 마을에 정착했다. 이 집은 곧 예술가들의 아지트로 변모했고, 종내 인상과 미술의 성지가 되었다. 모네는 이 집에서 죽을 때까지 43년간 거주하면서 주변 지역의 수련, 건초 더미, 포플러나무 등을 250점 이상 그렸다.

◀ 모네의 집 앞 정원의 연못.

모네는 1840년 11월 14일 파리에서 출생했으나 부모가 1845년부터 르아브르Le Havre에 정착하여 그곳에서 어린 시절을 보냈다. 15세부터 캐리커처 작품을 만들었는데, 사람들이 재미있어해서 제법 팔렸다고 하니 일찍이 화가의 소질을 보인 셈이다. 모네가 우리가 아는 그런 화가가 된 데는 1856년에 만난 외젠 부댕Eugène Boudin (1824~1898)의 역할이 크다. 모네 자신도 화가가 된 것은 부댕 덕분이라고 이야기하곤 했다. '자연에서 그려라.' 이것이 부댕이 모네에게 해준 말이다. 후일 한 기자가 모네에게 화실을 보여달라고 했을 때, 센강을 가리키며 '이곳이 나의 화실이오' 하고 말했다고 한다.

모네는 1865년 살롱전에 〈옹플뢰르의 센강 하구, 저녁 풍경Honfleur, un soir, embouchure de la Seine〉을 발표했다. 같은 해에 모델 일을 하고 있던 카미유Camille Doncieux를 만났고, 그녀를 그리다가 연인이 되었다. 모네가 그린 양귀비 밭 속 여인과 모자 쓴 아이는 대부분 카미유와 아들 장Jean이다. 그렇지만 두 사람의 결합이 원만하지는 않았다. 당시 그림만으로 생계를 유지하는 건 쉽지 않은 일이었으니 부부의 삶은 고단하기 그지없었다. 모네의 아버지가 아들이 화가가 되는 데 반대한 이유도 그 때문이다. 노르망디의 부유한 상인이었던 아버지는 모네에게 도움을 주기는 했으나 카미유가 탐탁하지 않았다. 1867년 카미유가 모네의 아이를 낳자 아이와 여자를 버리라고 요구하기까지 했다. 그러나 모네는 이들을 숨긴 채 살아가다가 1870년 귀스타브 쿠르베Gustave Courbet, 1819~1877를 증인으로 삼아 결혼식을 올렸다. 이때 부모와 가족은 끝내 결혼식에 참석하지 않았고, 경제적 도움도 끊었다. 프로이센-프랑스 전쟁1870~1871이 터지자 곤경이 더 심해졌다. 모네가 입대를 피해 영국으로 피신했기에 카미유 혼자 파리의 단칸방에서 아이를 키워야 했다. 엎친 데 덮친 격으로 카미유의 건강이 급격히 나빠졌다. 아마도 골반암을 앓고 있었던 것 같다. 카미유는 둘째 아이를 낳은 뒤 서른두 살 되는 해인 1879년 사망했다. 애달픈 일이다.

이 시기에 모네의 작품은 푸대접을 받고 있었다. 런던에서 윌리엄 터너Joseph Mallord William Turner, 1775~1851의 작품을 보고 연구한 후 그린 작품으로 흔히 인상파의 시초라고 일컫는 〈인상, 일출Impression, soleil levant〉(1873)도 마찬가지다. 《샤리바리Charivari》지 기자가 이 작품을 보고 '인상주의'라는 말을 사용했는데, 이는 조롱조의 표현이었다. 그림에서 볼 건 아무것도 없고 그저 '인상'만 받았다는 투다. 그렇지만 모네의 진가를 알아본 사람들이 없지 않았다. 특히 폴 뒤랑뤼엘Paul Durand-Ruel, 1831~1922이라는 화상이 모네 작품을 많이 구매했다. 그렇다 해도 작품들 대부분이 팔리지 않고 창고에 있어서 돈을 받지는 못했다(모네는 양복점에서 옷을 맞춘 다음 갚을 돈을 뒤랑뤼엘 이름으로 달곤 했다). 나중에 이야기하겠지만 컬렉셔너인 귀스타브 카유보트Gustave Caillebotte가 재정 지원을 해주는 정도였다.

모네의 두 번째 부인은 알리스다. 원래 모네의 친구이자 그의 작품 컬렉셔너인 에르네스트 오슈데Ernest Hochedé의 부인이었다. 첫 부인 카미유가 사망하기 전에 이미 알리스는 연인이 되었다. 희한한 일은 카미유가 암으로 고통받으며 죽어갈 때 마지막에 돌봐준 사람이 알리스였다는 점이다. 애인이 집에 들어와 죽어가는 본처를 간호하는 이런 아슬아슬한 상황을 어떻게 해석해야 할지 대략 난감하다.

모네는 분명 첫 아내를 지극히 사랑했다. 그것을 말해 주는 특별한 그림이 있다. 카미유가 세상을 떠나는 마지막 순간을 포착한 그림이다. 모네가 결코 외부에 공개하지 않고 자기 침실에만 걸어둔 이 내밀한 그림에는 심지어 서명도 없다. 다만 모네가 세상을 떠난 뒤 가족들이 표시해 둔 이름만 있을 뿐이다. 1960년대 프랑스의 한 갤러리스트가 유족에게 사들여 루브르박물관에 기증하면서 비로소 이 그림의 존재가 알려졌다.

그림 속 카미유는 눈이 감겨 있고 입은 살짝 벌어져 있다. 죽어가는 사람이 마지막으로 고통스럽게 숨 쉬는 느낌이 온전히 느껴진다. 오른쪽으로 살짝 기울인 머리 그리고 입술 사이로 치아가 눈에 들어온다. 마지막 순간을 맞은 암 환자의 모습이 사실적으로, 아주 적나라하게 그려져 있다. 청색과 회색 위주의 화면 위로 더해진 거친 붓질이 스산한 분위기를 더한다. 내가 아는 사진작가는 자기 아이가 태어날 때 사진기를 들고 들어가서 생명의 탄생 순간을 포착했다. 아마도 이와 정반대의 작품이리라. 죽음의 순간을 이처럼 충격적으로 생생하게 포착한 경우도 흔치 않을 듯하다. 그림을 보는 순간 아무런 필터링 없이 죽음과 바로 마주하게 된다. 영국의 미술 평론가 존 버거는 이렇게 논평을 했다. "죽음을 다룬 그림 중 이렇게 강렬하

모네, 〈임종을 맞은 카미유〉(1879).

게 감각을 내뿜으면서, 극도로 주관적인 표현성을 드러내는 그림은 거의 없을 것이다."

후일 모네 자신이 이 그림에 대해 이야기한 적이 있다. 카미유가 세상을 떠나고 40년 뒤 어느 날, 친한 친구이며 저명한 정치인인 조르주 클레망소Georges Clemenceau, 1841~1929에게 이렇게 이야기했다.

나는 아주 오래전 아주 사랑했던, 지금도 사랑하는 여인의 죽음을 지켜본 적이 있네. ··· 그런데 그 비참한 얼굴을 들여다보면서 내가 무의식중에 빛과 그림자 속에 드러난 색을 구별하고 있더군. 나에게 그토록 많은 의미를 가졌던 얼굴인데 평소의 습관이 그런 반사작용을 일으켰던 거야.

모네가 어떻게 작업하는지 보여주는 일화인 동시에 그의 '직업병'이 어느 정도였는지 말해주는 장면이다. 사랑하는 사람의 죽음 앞에서도 자신도 모르게 '인상파 방식으로' 죽음을 지켜본 것이다.

카미유에 이어 얼마 뒤 오슈데도 죽자, 각각 아내와 남편을 잃고 홀로 된 모네와 알리스는 1892년 결혼했다. 모네와 본부인 사이에 낳은 아이 두 명, 둘째 부인이 데리고 온 아이 여섯 명, 모두 합해 열 명의 가족이 푸아시에서 살다가 얼마 뒤 지베르니 마을에 자리를 잡았다. 이곳에 정착한 이후부터 모네는 안정적인 삶을 살며 걸작을 내놓았다. 1911년 이 집에서 알리스가 사망했고, 모네도 1926년 12월 5일 이 집에서 생을 마쳤다.

지베르니는 조용하고 평화로운 전형적인 노르망디 마을이다. 지금은 관광객이 넘쳐나긴 하지만, 그래도 원래 마을이 지닌 고요한 분위기는 그대로 간직하고 있다. 만일 모네가 찾아오지 않았다면 언제까지나 원래 모습을 그대로 유지했을 것이다. 모네의 집에 가면 화려한 정원, 무엇보다 모네가 조성한 수련 가득 핀 연못을 볼 수 있다. 사실 처음 이 연못을 조성할 때 마을 사람들의 반대가 컸다. 물길이 바뀌어 농사에 지장을 주기 때문이다. 그런데 이 연못으로 인해 탄생한 〈수련〉 연작이라는 걸작이 지베르니를 세계적 명소로 만들었다. 모네의 집은 화가가 죽은 후 자칫 사라질 뻔했지만 미국인 후원자 월터 애넌버그Walter Annenberg의 기부로 보존할 수 있었다. 또 다른 미국인들의 후원으로 마을에 인상파 미술관Musée des Impressionnismes Giverny도 세웠다.

모네의 집에 가면 우선 아름다운 정원에 매료된다. 친구인 클레망소는 정원 자체가 모네의 걸작이라고 평한 바 있다. '클로 노르망Clos Normand(노르망디 텃밭이라는 의미)'이라 부르는 이 정원은 전문 정원사들이 정성스럽게 가꾸고 있어서 여름이면 꽃의 홍수 속에서 산책할 수 있다. 흥미로운 것은 모네가 이 정원을 일본식으로 꾸몄다는 것이다. 연못 가운데에는 일본식 정원 분위기를 내기 위해 나무 다리도 놓았다. 사실 일본을 가보지 않고 상상으로 만든 것이니 모네의 머릿속 일본 정원이었으리라. 오늘날 이 정원을 보면 그냥 유럽 정

모네의 집 전경.

원으로 보인다.

정원을 둘러보고 집 안으로 들어가 보자. 43년 사는 동안 모네는 집과 정원을 자신의 취향에 맞게 고치고 또 확장했다. 먼저 본채 양쪽으로 공간을 확대했는데, 그 부분은 창이 훨씬 커서 바로 알아볼 수 있다. 현재는 폭 5미터에 길이가 40미터인 길쭉한 집이 되었다. 분홍색 벽과 초록색 덧창 색은 모네가 고른 것이다. 당시는 회색 덧창이 일반적이었다. 집 앞에는 장미 덩굴이 휘감아 오르는 정자를 두어서 집과 조화를 이루게 했다.

관람객들은 대개 거실을 먼저 방문한다. 모네가 부인과 아이들과

모네의 초기 작업실/거실.

함께 모여 앉던 곳이다. 처음에는 집 옆의 헛간이었던 것을 스튜디
오로 만들어 야외에서 작업한 캔버스를 최종적으로 완성하는 장소
로 썼다. 후일 작업실을 따로 만들고 이 공간은 가족들이 담소하거
나 손님들을 맞이하는 응접실로 사용했다. 집안의 모든 색은 모네
가 고른 것이다. 벽과 가구 모두 짙은 청색이다. 벽에는 그림들이 그
야말로 다닥다닥 붙어 있다. 이 많은 그림의 원본은 모두 파리의 마
르모탕 모네 미술관Musée Marmottan Monet에 가 있고(인상파라는 말의 원
조가 되었던 〈인상, 일출〉도 이 미술관에 있다), 현재 이곳에 붙어 있는 것
들은 다 모조품이다. 폴 폴랭Paul Paulin이 만든 모네의 흉상도 볼 수

모네의 집 응접실.

있다. 이곳뿐 아니라 집안 곳곳에서 모네가 50년 동안 수집한 231점의 일본 판화 작품들을 볼 수 있다. 모네는 이 그림들에서 큰 영감을 얻었다고 한다. 당시 인상파 화가들 사이에 일본풍Japonisme이 크게 유행했다. 예컨대 고흐의 그림에는 기모노 입은 여성이나 일본 부채들뿐 아니라 개발새발 한자를 '그려 넣은' 것도 많이 보인다. 모네 역시 일본 문화의 영향을 강하게 받았다. 모네가 연작 작품들을 많이 그린 것도 우키요에 화가 가쓰시카 호쿠사이葛飾北斎의 〈후지산 36경〉 같은 작품의 영향 때문이라고 한다.

거실에 바로 이어서 식료품을 저장하는 팬트리가 있다. 이 가족은 특히 계란을 많이 먹어서 한 번에 100개가 넘는 계란을 박스에 보관했다. 팬트리에서 가파른 계단을 통해 위층으로 가면 소박한 침대가 있는 모네의 침실에 이른다. 이곳의 창들을 통해 정원을 내려다볼 수 있다. 이 방에는 세잔, 르누아르, 피사로, 시슬레, 모리소, 부댕, 마네, 시냐크 등 친구들의 그림이 걸려 있다. 알리스의 침실은 따로 있는데, 이곳은 북쪽, 즉 거리로 창을 냈다. 이 창을 통해 아이들을 지켜보았다. 이 방에는 여성 취향에 맞는 일본 판화들을 걸었다.

이어서 중앙 계단을 통해서 식당과 부엌에 이른다. 식당은 두 가지 톤의 노란색으로 칠해서 찬장의 푸른 식기들과 대조를 보인다. 여기에도 가쓰시카 호쿠사이, 우타가와 히로시게歌川広重, 기타가와 우타마로喜多川歌麿 등 일본 최고 화가들의 판화 작품을 걸었다. 부엌은 푸른색으로 칠하고 벽에는 루앙에서 만든 타일을 붙였다. 모네 가족이 생활하며 사용했던 그릇이나 조리 도구도 볼 수 있다. 반들반들하게 잘 닦인 구리로 만든 조리 도구의 색감이 푸른색과 대조를 이룬다. 조리 도구가 많아 인상적인데, 이곳에서 10인분 식사를 만들 수 있었다고 한다. 많은 손님을 대접하느라 분주했을 부엌이 그려지는 듯하다. 이 공간은 석탄과 장작을 때서 일 년 내내 따뜻하게 유지했다. 부엌 위에는 딸 넷의 침실들이 있다. 아들들은 다락방에서 잤다. 이렇게 집 내부를 본 후 부엌으로 난 문을 통해 정원으로 나가게 된다. 본채와 떨어진 곳에는 빅사이즈의 수련 작품을 그리기 위해 따로 지은 거대한 화실이 있다. 지금은 기념품 가게가 되어 책과 복제본을 팔고 있다.

많은 사람들이 흔히 관광 코스 중 하나로 이 마을을 찾아와 모네의 집을 보고 인상파 미술관을 들른 후 서둘러 떠나곤 한다. 파리에서는 지베르니와 에트르타, 알루빌 같은 두세 곳을 묶어 당일치기 여행을 하기도 한다. 물론 그런 여행 상품을 고르면 편한 점이 있다. 혹은 기차를 타고 베르농Vernon까지 가서 그곳에서 관광열차나 다른 교통수단으로 지베르니로 올 수도 있다. 베르농도 아주 예쁘장한 마을이어서 둘러볼 만하다. 이렇게 간단히 하루 관광 일정으로 다녀올 수 있지만, 하루 저녁 이 마을에 머물 수 있다면 최고다.

이 마을은 저녁이 되면 완전히 다른 곳으로 변모한다. 오전 9시가 넘으면 벌써 모네의 집에 관광객이 몰려들어 북적거리고 마을 여기저기에 사람들이 돌아다니기 시작한다. 마을 자체가 소음을 흡수하는지 관광객이 많아도 차분한 분위기를 잃지는 않아서 파리 시내 한복판처럼 시끌벅적하지는 않다. 다들 수련을 감상하고 인상파 미술관의 전시를 보든지 혹은 인근 지역을 둘러보고는 밀물처럼 빠져나간다. 저녁이 오면 마치 모네가 처음 집을 보러 왔던 그날처럼 본래의 조용한 시골 마을로 돌아간다. 마을은 사실 몇 집 안 된다. 마을 한복판을 가로지르는 큰길을 따라 가면 곧 마을 전체를 볼 수 있다. 저녁 혹은 아침 일찍 일어나 산보하면 선선한 노르망디 마을 분위기를 느낄 수 있고, 그 범용한 시골 마을이 어떻게 모네의 눈과 손을 거쳐 아름다운 그림으로 화했는지 느껴볼 수 있다.

사람 없는 새벽에 일어나 마을을 한 바퀴 돌아보았다. 작은 시청이 있고, 시골 학교 건물도 정겹다. 마을 뒤 언덕길로 가면 풀밭이

인상파 미술관.

펼쳐진다. 여름이면 그곳에 붉은 양귀비꽃들이 지천으로 피어서 모네 그림에 나오는 그 붉은 점들을 직관할 수 있다고 한다. 나도 그런 것을 기대하며 언덕길을 올라갔다. 그런데 이게 웬일 … 내가 갔을 때는 양귀비꽃이라고는 그 넓은 풀밭에 겨우 몇 송이뿐이다. 해마다 다른 걸까? 대신 마을의 다른 쪽에 해바라기의 멋진 향연이 펼쳐져 있다. 순간 모네의 마을이 고흐의 마을로 변신한 느낌이다.

이 마을 내부와 근처에 관광객들을 위한 레스토랑과 카페, 호텔이 있다. 시내의 보디 호텔Hôtel Baudy은 세잔이나 로댕 등 모네를 만나기 위해 찾아온 예술가들이 자주 머문 곳이다. 현재는 카페-레스토랑으로만 운영한다. 인상파 미술관Musée des impressionnismes Giverny 역시 단아한 건물에 아름다운 정원을 갖추고 있다. 인상파 예술의 역사, 이 유파의 국제적 공헌, 다음 세대에 미친 영향 등을 조명하는 전시를 주로 한다.

마을 외곽을 향해 산보하다 보면 모네가 묻혀 있는 교회에 이른다. 그리 특별한 것 없는 작고 소박한 시골 교회라서 오히려 반갑다. 거기에 모네의 묘가 외롭지 않게 마을 사람들 묘와 함께 자리 잡고 있다. 특이한 점이라면 이 묘지에 영국군 추모비가 서 있다는 것이다. 노르망디에서는 제2차 세계대전의 비극을 잊을 만하면 상기시키곤 한다.

모네는 1883년 지베르니에 정착한 이후 안정을 찾고 활발하게 작품 활동을 했다. 이곳에서 포플러, 건초 더미 등을 소재로 여러 작품을 그렸지만 지베르니 시대를 대표하는 작품, 또 사람들이 많이 기억하는 작품은 단연 〈수련〉 연작이다. 1900년부터 236점의 〈수련〉을 그렸으나 같은 그림은 당연히 하나도 없다. 사실 후기에는 백내장이 생겨 색채가 바뀌어 보이고 형태도 일그러져 보였다고 한다. 게다가 사랑하는 부인 알리스가 1911년 백혈병으로 세상을 떠나 심적으로 매우 고통스럽던 시기다. 그런 가운데에도 꿋꿋이 대작들을 그려 갔다. 이 작품들 중에서도 오늘날 파리 오랑주리 미술관에 걸려 있는 대작은 모네가 국가에 헌납한 명작이다.

인류 역사상 최대의 비극 중 하나인 제1차 세계대전에서 프랑스는 힘겹게 승리를 거두었다. 노화가 역시 이 기쁨을 나누고 국가에 영광스러운 기여를 하고 싶었다. 1918년 11월 12일, 모네는 제1차 세계대전 당시 국방장관이 되어 전쟁을 승리로 이끈 클레망소에게 편지를 보냈다. '소중한 내 옛 친구' 클레망소를 '승리의 아버지le Père la Victoire'라 부르면서 그를 마음 깊이 찬미한다는 인사를 한 후 자신이 그리고 있는 그림 두 점을 국가에 넘겨주겠다고 약속했다. "이는 아주 작은 것에 불과하지만, 내가 승리에 참여하는 유일한 방식입니다." 그림의 제목도 〈수련les Nymphéas〉으로 벌써 지었다. "승전 그리고 우리가 되찾은 평화에 대한 헌정의 꽃다발을 프랑스에 바친다"는 것이다.

당시 그의 나이는 78세. 모든 사람이 존경해 마지않는 대가였다. 물론 이 시기면 인상주의는 지고 큐비즘 같은 다른 유파가 떠오르고 있었지만, 모네가 누구인가. 관례를 깨고 살아 있을 때 그의 그림이 루브르에 걸릴 정도로 대접을 받고 있었다. 특히 그의 수련 작품들은 당대에 이미 찬탄의 대상이었다. 그런 화가가 작품을 국가에 헌정한다고 하지 않는가. 닷새 뒤인 11월 17일 클레망소는 미술 평론가 귀스타브 제프루아Gustave Geffroy를 대동하고 지베르니로 향했다. 클레망소는 그림을 볼 줄 알았고 특히 모네를 좋아했다. 아마도 이날 클레망소는 모네에게 단 두 점만이 아니라 더 큰 연작을 만들고 그것을 특정 장소에 설치하여 대중에게 공개하자는 아이디어를 제시했을 것이다.

어디에 대작을 설치할 것인가? 모네와 클레망소의 친구인 건축가 루이 보니에Louis Bonnier가 기획안을 내놓았다. 로댕 박물관 정원에 원형 건물rotonde을 짓자는 것이다. 그러나 이 안은 60만 프랑이라는 막대한 비용이 들 것으로 예상되어 포기했다. 대신 튀일리Tuileries 정원에 있는 오랑주리 건물의 큰 방 두 개를 사용하자는 아이디어가 나왔다. 이곳은 이때까지 농산물 전시 장소로 사용하고 있었다. 이 공사는 루브르 건축가인 카미유 르페브르Camille Lefèvre에게 맡겼다. 그런데 막상 시작하자 공사가 쉽지 않았다. 모네가 이 방이 꼭 타원형이어야 한다고 주장했기 때문에 공사도 힘들고 비용도 계속 늘어났다. 공사비는 결국 78만 프랑에 이르렀다. 완벽주의자 모네의 주장이 하도 강해서 작품 설치도 보통 일이 아닐 것으로 보였다.

1922년 4월 12일, 모네는 작품을 넘긴다는 문서에 정식으로 서명을 했다. 그런데 아무리 부탁하고 탄원하고 별 이야기를 다 해도 그

는 죽기 전에는 작품을 내놓으려고 하지 않았다. 1926년 12월 5일
모네가 사망했다. 장례식에 온 클레망소의 이야기가 전한다. 장례
식에서 관 위에 검은 천이 덮여 있는 것을 보고 클레망소가 그것을
치워버리며 '모네에게 검은색은 안 돼Pas de noir pour Monet!' 하고 소리
쳤다고 한다. 하여튼 모네가 사망하고 나서야 아들 미셸 모네가 수
련 작품을 국가에 넘겼다. 오늘날 오랑주리 미술관에서 볼 수 있는
이 작품은 22개의 패널로 된 8개 작품이다. 1927년 5월 17일 새롭게
단장한 오랑주리 미술관 개관식을 했다. 클레망소가 진지하게 대화
하고 설득하지 않았다면 끝내 이루어지지 않았을 일이다.

2000~2006년 프랑스 정부는 오랑주리 미술관을 개축했다. 훨씬
더 나은 장소에서 이 작품을 전시하기 위해서다. 자연광이 〈수련〉

모네의 대형 수련을 전시하고 있는 파리 오랑주리 미술관.

연작에 이르도록 하는 것이 중요한 목적이다. 원래 모네가 원한 것은 자신의 그림들이 빛이 통과하는 공간에 걸려 있어야 한다는 것이다. 실제 이 그림들은 하늘의 빛의 변화에 따라 다른 느낌을 준다. 이곳에서 〈수련〉 연작을 보면 압도적인 크기와 분위기 때문에 일종의 경외감을 느낄 것이다.

오랑주리 미술관에는 다른 좋은 작품들도 많다. 르누아르, 세잔, 마티스, 피카소 등 기라성 같은 거장들의 작품을 감상할 수 있다. 튀일리 정원 한가운데에 위치한 깔끔한 미술관 안에 사람들이 좋아할 만한 작품들이 많으니 당연히 많은 관광객이 몰린다. 여름에는 대기 줄이 엄청 기니 예약은 필수다.

02

에라니

'아나키스트' 피사로의 아틀리에

지베르니에서 멀지 않은 곳에 또 다른 중요한 인상파 화가 카미유 피사로Camille Pissarro(1830~1903)가 살았다. 모네가 살아생전 그리고 사후에도 엄청난 카리스마로 인기를 누리는 데 비해 피사로는 그와는 대조적인 삶을 살았다.

피사로는 1884년 에라니쉬르엡트Éragny-sur-Epte(흔히 줄여서 '에라니'라 칭한다)에 정착한 후 1903년 죽을 때까지 이 지역 풍경을 그림으로 그렸다. 〈에라니 풀밭의 봄의 태양Soleil de Printemps dans le pré à Eragny〉(1887), 〈에라니의 풀밭Le Pré à Eragny〉(1894), 〈에라니에서 풀 베기Fenaison à Éragny〉(1901) 등이 대표적인 작품이다. 이 시기를 '에라니 시기Période d'Eragny'라고 한다.

피사로는 1884년에 이 집을 빌렸다가 1892년에 모네에게 돈을 빌려서 집을 구매했다. 이 집은 '에라니의 아틀리에(원래 에라니성이라는 의미다)'라고 불렸는데, 약 30킬로미터 떨어진 지베르니의 모네

◀ 피사로, 〈에라니 풀밭의 봄의 태양〉(1887).

의 집과 마찬가지로 이곳 역시 세잔, 모네, 시슬레, 르누아르 등 많은 예술가들이 방문했다. 현재 이 집은 낡은 티가 나지만 보존은 잘되어 있는 편이다. 그러나 지베르니가 오늘날까지 수많은 사람이 찾는 인상파 화가의 성지처럼 된 것과 달리, 많은 사람들이 즐겨 찾는 곳은 전혀 아니다. 여러 면에서 피사로와 모네는 대접이 다르다. 르아브르 항구를 20점 넘게 그렸고, 루앙 시내 모습과 항구, 파리 시내 모습 등을 그린 그는 분명 당대 인상파 화가들과 궤를 같이 하고 있다. 그럼에도 다른 화가들만큼 유명세를 얻지는 못했다.

그의 그림은 평화로운 풍경을 단아하게 그린 것이 많다. 루앙 항구를 그린 작품이 많으나, 모네의 루앙 성당과 비교되는 게 싫어서 내놓지 않았다고 한다. 그럴 정도로 조용하고 소박한 성품이었다. 그는 에라니에서 은거하듯 살아가며 풀밭, 건초 베는 여인, 암소, 구름 낀 하늘, 가을의 숲 등을 그렸다. 아주 느린 속도로 작업하여 일년에 8~10개 작품을 그리는 수준이었기에, 빠른 속도로 그릴 수 있는 수채화를 동시에 그리기도 했다. 인상파 화가들 중에서는 가장 나이가 많고 다른 화가들을 뒤에서 잘 돌봐준 것으로 알려져서, 말하자면 맏형 노릇을 하는 겸손한 예술가였다.

피사로, 〈에라니에서 풀 베기〉(1901).

이것이 통상 피사로를 이야기할 때 거론하는 내용이다. 그런데 그런 이면에 아주 색다른 면모가 숨어 있다. 우리를 놀라게 하는 또 다른 피사로, 그것은 아나키스트 피사로다! 피사로를 이야기할 때 아나키스트라는 말이 떠오르지는 않는다. 그렇지만 놀랍게도 이 화가는 에라니의 집에서 프루동, 바쿠닌 같은 급진적인 작가들을 탐독했으며, 자신을 급진 사회주의 인사로 생각하고 있었던 것 같다. 이런 점을 보여주는 작품집이 《파렴치한 사회Turpitudes sociales》(1889~1890) 연작이다.

이 작품은 서른 장의 펜화를 책으로 묶은 것인데, 각 펜화에 제목과 설명을 단 후 일정한 순서로 종이에 붙였다. 책으로 묶는 작업은 런던에서 에라니 프레스Eragny press를 운영하던 장남 뤼시앵이 맡았다. 원래 이 출판사는 플로베르, 페로 등 프랑스 고전 작품에 삽화를 많이 넣은 책들을 주로 출판하던 곳이다. 피사로는 이 책을 외부에 알리지 않고 가까운 사람들에게만 공개했다.

이 작품은 당대의 극심한 계급 갈등을 그리고 있다. 마치 에밀 졸라의 소설을 화폭에 옮긴 것 같다고나 할까. 〈장 미제르Jean Misère〉('미제르'는 비참할 정도의 가난을 뜻하는데, 급진 사회주의 신문《라 레볼트La Révolte (봉기)》에서 빌려온 이름이다)는 황량한 거리에서 기진맥진한 사람이 벽에 기댄 채 가로등을 노려보고 있는 모습이다. 〈봉기〉는 총을 쥐고 쓰러진 사람 후면에서 동료들이 아직 싸우고 있는 모습이다. 질

병, 매춘, 자살 등의 주제들이 이
어져 나온다. 책은 격렬한 계급
갈등이 폭발하는 비참한 사회 현
실에서 시작해 곧 진압당하게 될
'봉기'로 끝난다. 부르주아에 대
한 프롤레타리아의 힘겨운 투쟁
을 거칠게, 그렇지만 감정을 최대
한 억제한 채 그린 것이다. 평소
그의 그림과는 달라도 너무나 다
른 이 작품이 일찍 공개되었다면
미술계는 정말로 놀랐을 것이다.

피사로, 〈장 미제르〉(1890).

1972년이 되어서야 스위스의 미술 편집자 알베르 스키라에 의해 이
책의 복제판이 출간되었다. 훌륭한 풍경화가로만 알려졌던 피사로
가 얼마나 복합적인 예술가였는지 처음 알려진 것이다.

　피사로는 왜 이런 그림을 '남몰래' 그렸을까?

　피사로가 《파렴치한 사회》를 그리던 당시는 파리코뮌이라는 엄
청난 비극의 기억이 아직 생생하게 남아 있는 시대였다. 나중에 에
밀 졸라의 《제르미날Germinal》에 영감을 주는 1880년 앙쟁Anzin시 사
건이나 광부들의 시위를 군대로 막은 1886년 드카즈빌Decazeville시
사건 이후 곳곳에서 파업과 시위가 이어졌다. 피사로는 이런 시대
의 흐름에 눈 감고 예쁜 그림에만 몰두하지 않았다. 피사로는《라 레
볼트》나《랑드오르L'En-Dehors('밖으로')》 같은 무정부주의 신문들과 협

력했고, 옥타브 미르보, 에밀 베르하렌, 조르주 다리앵, 펠릭스 페네옹 등 당대의 문제적 작가들과 교류했다. 이들의 열정적 토론은 흔히 테러리즘의 필요성으로 귀결되었다. 그런데 실제로 1894년 이탈리아인 아나키스트 카세리오Sante Geronimo Caserio가 카르노Sadi Carnot 대통령을 암살한 사건이 터졌다. 자신과 직접 연관된 사건은 아니지만 놀란 그는 공연히 벨기에로 피신했다가 돌아왔다.

피사로의 문제의식은 단순히 가난한 사람들에 대한 연민이나 동정에서 비롯한 것이 아니다. 약자들이 스스로 싸워서 자유를 쟁취해야 한다는 것이 그의 신념이었다. 이런 맥락에서 보면 그의 삶도 단순히 목가적이라고 생각할 수만은 없다. 부인 쥘리 벨레Julie Vellay는 원래 부모님 집의 하녀였는데, 피사로는 부모의 반대에도 불구하고 그녀와 결혼했다. 둘 사이에 여섯 명의 아이들이 태어났다. 아이들에게 결코 권위적이지 않았고 함께 일하는 동등한 관계였다. 특히 장남 뤼시앵은 함께 일하는 예술 동료와도 같았다. 지베르니의 정원은 아름다운 꽃과 수련으로 가득한 반면, 피사로의 집에는 과일나무와 채소밭이 있고 한편에서는 토끼와 닭을 쳤다. 사과를 따거나 풀을 베는 일, 부인 쥘리가 채소를 팔러 가는 시장 등이 생생한 그림 소재였다.

피사로의 그림은 시대의 변화를 담고 있었다. 그가 그린 파리는 오스만Baron Georges-Eugène Haussmann(1809~1891)의 시대를 경과한 도시, 특히 오페라 대로l'Avenue de l'Opéra로 대변되는 곳이다. 루앙, 디에프, 르아브르 같은 항구들, 그리고 대서양을 건너는 증기선도 즐겨 그린 소재였다. 거기에는 커피나 면 등의 화물이 보인다. 젊었을 때 그는 르아브르에서 배를 타고 안틸레스 제도의 세인트토마스 섬 Saint-Thomas(버진아일랜드)으로 간 적이 있다. 그의 아버지는 이곳에서 사업을 하고 있었다. 피사로의 가문은 포르투갈계 유대인으로 박해를 피해 이 먼 곳까지 피신한 사람들이었다. 그렇지만 피사로 자신은 편협한 유대주의와는 거리를 두었다.

인상파 화가들을 사회 현실에서 유리된 존재로 생각하는 경향이 있다. 그럴 리가 있겠는가? 인상파의 효시를 알린 모네의 그림 〈인상, 일출〉만 해도 그렇다. 그냥 수평선이 아니라 르아브르 산업 단지의 공장 굴뚝들 위로 태양이 떠오르고 있다. 사회 변화에 완전히 눈 감고 '순수하게' 미학적 태도만 견지하는 화가란 없다.

03

루앙

인상파 화가들의 수도

앞에서 우리는 중세의 루앙, 즉 바이킹과 노르망디 공작의 루앙, 잔 다르크의 루앙을 보았다. 이제 현대 예술의 도시이자 현대 경제 발전을 주도하는 도시 루앙을 살펴보도록 하자.

예술가들이 루앙으로 간 것은 새로운 산업 단지 모습에다가 자연 경관 그리고 시내 여러 곳의 보물 같은 건축물에 매료되었기 때문이다. 화가들은 이곳의 항구, 센강을 떠다니는 배들, 좁은 골목길, 목골 주택들maison à colombage(기둥, 대들보 따위의 목재를 외부에 노출시키고 그 틈새를 석재·흙벽·벽돌 같은 것으로 메우는 건축 방식) 그리고 산업혁명 이후 생겨난 노동자들의 삶을 그렸다. 인상파 화가들이 사랑하던 루앙은 지붕이 없는 아틀리에였다. 가장 흥미로운 사례 중 하나는 모네가 특유의 집요함으로 그린 〈루앙 성당〉 연작(1892~1904)이다.

모네는 빛의 변화에 따라 형상이 바뀌는 것을 탐구했다. 80세가 넘어서도 화구를 들고 몇 킬로미터씩 빛과 물을 찾아 돌아다녔다.

◀ 모네, 〈성당 정문, 아침 효과〉(1894).

1885년 모파상이 모네에 대해 쓴 글을 보자.

나는 빛을 추적하는 모네를 따라가곤 했다. 사실 그는 화가가 아니라 사냥꾼이다. … 같은 대상이지만 다른 시간에 다른 효과를 내는 5~6개의 캔버스를 가지고 그린다. 하늘의 변화에 따라 차례로 일부를 그리고 또 떠난다. 화가는 대상 앞에서 태양과 그림자를 기다렸다가 포착하며 몇 차례의 붓질로 떨어지는 빛과 지나가는 구름을 얻어낸다.

그런 모네에게 성당 파사드는 빛의 놀이를 가장 잘 보여주는 무대였다. 교회 전면은 그냥 평평한 돌판이 아니라 온갖 형상이 튀어나왔다 들어갔다 하는 입체적인 곡면을 이루고 있다. 모네는 시시각각 변화하는 공기의 색채를 표현한 루앙 성당의 모습을 30점 이상 그렸다. 이 그림들을 그리기 위해 성당 앞 상점의 2층 건물 한편을 빌렸다. 사실 그 상점이 여성복 파는 가게이고 모네가 들어앉은 곳이 탈의실 옆이라 손님들이 불편해 했다는데, 모네는 칸막이를 하고 그 안에 숨어 그림을 그렸다. 화창한 날과 흐린 날, 성당 전면의 돌은 색깔이 판이했다. 다른 시간대, 다른 기후에서 시시각각 변화하는 모습을 파악하기 위해서 모네는 때로 14개의 캔버스를 놓고 동시에 작업하며 하루 11시간씩 그림을 그렸다. 그 결과가 〈성당 정문, 아침 효과Le Portail, effet du matin〉, 〈루앙 성당, 한낮의 정문La Cathédrale de Rouen, portail plein midi〉, 〈루앙 성당. 정문과 생로맹 탑, 한낮, 청색과 황금색의 조화La Cathédrale de Rouen. Le portail et la tour Saint-Romain, plein soleil; harmonie bleue et or〉, 〈안개 속의 성당La Cathédrale dans le brouillard〉 같은 작품들이다.

오늘날 루앙 성당 파사드는 또 다른 종류의 '빛의 놀이'를 선보인다. 매년 6월 초부터 9월 중순까지 여름밤에 펼쳐지는 화려한 조명 쇼는 놓치기 아까운 빛의 축제다. 통상 이런 종류의 조명 쇼는 겉보기에만 눈부셔 보이기 십상인데, 내 판단으로는 그런 조명 쇼들 중에서도 수준이 가장 높은 작품이다.

내용은 잔 다르크, 윌리엄 정복왕, 바이킹 같은 역사적 소재다. 모네가 화폭에 담은 파사드 그 자체가 거대한 캔버스로 변모해 빛과 소리의 어울림으로 역동적인 그림들을 제공한다. 흥미로운 것은 기술이 발달하여 관객들이 단순히 쇼를 보는 데 그치지 않고 '참여'도 할 수 있다는 것이다. 관객들이 자기 아바타를 쇼 안에 출연시키는 방식이다. 과학기술 발전이 실로 놀랍다. 중세에 많은 사람들이 벽돌을 쌓아 성당을 지어 올렸듯이, 이제 현대인들은 자신의 기술적 터치를 통해 현대 예술 작품에 부분적으로나마 참여하면서 즐길 수 있다. 물론 이 조명 쇼는 해가 져야만 가능한데, 알다시피 유럽에서 여름 해는 아주 늦게 진다. 그래서 6월에는 금요일과 토요일 밤 11시에 시작하고, 7월부터 9월 중순까지는 매일 밤 하되, 7월에는 밤 11시, 8월 전반에는 10시 반, 8월 후반에는 10시, 9월에는 9시 반에 시작한다. 어둠 속의 루앙 성당은 50분 동안 역사와 미래를 그리는 빛나는 무대로 변모한다.

루앙 성당의 조명 쇼.

조명 쇼는 멋있었으나 결국 탈이 났다. 11시까지 기다리느라 루앙 시내를 돌아다녔는데 부슬부슬 비가 내리는 바람에 감기에 걸린 모양이다. 옷을 너무 가볍게 입은 게 화근이었다. 유럽 날씨는 햇볕에 있으면 엄청 덥지만, 그늘에만 들어가면 더위를 느끼지 않는다. 그래서 대개는 얇은 긴 옷을 준비했다가 살짝 추우면 입고 더우면 벗는 게 좋다. 이걸 깜빡 잊고 반팔 옷만 걸친 채 오랜 시간 비바람을 맞다 보니 탈이 나고 말았다. 여행 가서 그렇게 심하게 앓기는 처음이다. 밤새 엄청난 고열과 구토, 설사로 고생깨나 했다. 이러다가 타국에서 한 많은 인생 마치는 거 아닌가 걱정할 정도였다. 다음 날 미술관을 다니다가 화장실을 열댓 번은 간 모양이다.

구석구석 좋은 작품들이 즐비한 루앙 미술관

루앙에는 좋은 미술관과 박물관이 많은데, 루앙 미술관Musée des Beaux-Arts은 반드시 가볼 곳이다. 인상파 작품들이 많을 뿐 아니라 푸생, 다비드, 들라크루아, 제리코, 코로 등 프랑스의 대가들, 그리고 베로네제, 벨라스케스, 카라바조, 루벤스 등 외국 대가들의 작품도 다수 보유하고 있다. 게다가 입장료가 화끈하게 무료다. 박물관 말로는 프랑스 내 최고 수준 미술관 중 하나라고 말한다. 물론 루브르나 오르세 정도는 아니지만 분명 구석구석 좋은 작품들이 즐비하다. 병으로 악전고투하는 와중에도 주마간산으로나마 볼 것은 다 보고 나왔다. 컨디션이 좋았다면 훨씬 좋았을 것이다.

사람마다 좋아할 작품은 다르겠지만, 개인적으로 인상에 남는 작품 몇 점을 소개하면 이러하다. 우선 카라바조의 〈기둥에 묶인 그리스도〉(1607)가 있다. 카라바조의 작품들은 워낙 강렬하고 인상적이다. 로마 여행을 했을 때 이 도시 각지에 있는 카라바조 작품들을 다 찾아다닌 적이 있다. 급기야 나폴리의 카포디몬테 미술관Museo di Capodimonte에 있는 작품 세 점을 보기 위해 새벽에 기차를 타고 나폴리를 찾아갔는데, 뜻밖에 그 세 점 모두 전시를 위해 다른 미술관에 가 있어서 아쉽게 발길을 돌린 경험이 있다. 그러던 차에 이곳에서 뜻하지 않게 카라바조의 작품을 만나게 되니 횡재했다는 느낌이다. 루벤스의 〈목동들의 찬미〉(1615?)나 벨라스케스의 〈데모크리토스〉(1629)도 17세기 대가들의 명품이다. 프랑수아 부셰의 〈프시케와 에로스의 결혼〉(1744)도 관심이 가는 작품이다. 폴 들라로슈의 〈감옥에서 윈체스터 추기경의 심문을 받는 잔 다르크〉(1824)는 역사 교과서에 자주 등장하는 그림인데, 매번 작은 사진으로 보던 그림의 원작을 보니 감회가 새롭다. 인상파의 고향답게 이 시대 주요 화가들 작품도 꽤 많은데 그중에서는 시슬레의 〈마를리항의 홍수〉(1876)와 모네의 〈생드니 거리〉(1878)가 대표적이라 할 수 있다. 모딜리아니의 〈창 앞의 폴 알렉상드르〉(1913), 르누아르의 〈거울을 보는 젊은 여인〉(1915)도 놓치면 안 되는 작품이다. 시간을 내서 찬찬히 둘러보면 이런 명품들을 만나는 호사를 누리게 될 것이다.

1894년 귀스타브 카유보트Gustave Caillebotte, 1848~1894는 평생 모은 인
상파 작품 컬렉션을 국가에 유증했다. 밀레, 드가, 마네, 모네, 시슬
레, 피사로, 르누아르, 세잔 등 최상급 작품들을 포함한 카유보트 컬
렉션La collection Caillebotte이다. 오르세 미술관의 소장품 중에서도 대표
작에 속하며 르누아르의 최고 걸작 중 하나로 알려진 〈물랭 드 라
갈레트의 무도회Bal du Moulin de la Galette〉(1876)도 그중 하나다. 오늘날
오르세 미술관에 가 보면 이 그림 앞에 늘 한 떼의 사람들이 서 있
게 마련이다. 그렇지만 놀랍게도 처음에 당국은 이 작품들의 인수에
대해 머뭇거렸다. 당시 미술계를 장악하고 있던 주류 집단의 무지와
악의 혹은 공무원들의 관료주의 때문이라는 것이 그동안 전해지는
이야기였다. 정말 그럴까? 흔히 우스갯소리처럼 전해오는 이 이야
기는 많은 부분 사실과 다르다. 진실은 무엇일까?

　카유보트는 우선 그 자신이 좋은 화가였다. 오르세 미술관에서
볼 수 있는 〈자화상〉이나 〈마룻바닥 벗겨내는 사람들des Raboteurs de
parquet〉 같은 작품들, 혹은 가장 인기 있는 〈비 오는 날 파리 거리Rue

르누아르, 〈물랭 드 라 갈레트의 무도회〉(1876).

de Paris, Temps de Pluie)를 보면 알 수 있다. 그는 화가 이전에 복 받은 금수저였다. 부모로부터 큰 재산을 물려받아 고생하지 않고 잘 살았고, 머리도 좋은 데다가 최상의 교육을 받아서 변호사 면허를 땄다. 그렇지만 잘 먹고 잘 살 수 있는데 굳이 변호사 일을 왜 하랴. 대신 1873년 파리 국립고등미술학교(에콜 데 보자르)에 입학하여 그림을 배우면서 르누아르, 모네, 마네, 드가와 같은 화가들을 친구로 사귀었다. 젊은 화가들은 가난하고 거칠었지만 열정만은 뜨거웠다. 나는 파리에서 유학할 때 그림 그리는 친구들과 자주 만나곤 했다. 이들이 얼마나 자존심이 강한지, 얼마나 고집 세고 술 많이 마시고 싸움 잘하는지는 직접 겪어보지 않으면 모른다. 부잣집 도련님 카유보트는 이런 화가들과 어울리면서 가끔 돈도 보태주고 또 이들의 그림을 사 주었다. 자신도 인상파 전시회에 참여하면서 동시에 찬조 비용도 꽤 많이 내곤 했다. 하지만 나중에는 점차 그림에 취미를 잃어서 우표 수집과 보트에 열을 올렸다. 잘 풀리는 사람은 무슨 일을 해도 잘 되는지 그가 수집한 우표 컬렉션은 영국박물관에 전시돼 있고, 그가 설계한 보트 구조는 지금까지도 쓰인다고 한다. 그가 인상파 화가 친구들의 그림을 구매해 준 것은 나중에 큰돈이 되리라는 생각으로 투자한 것은 결코 아니었고, 단지 부유한 친구로서 도움을 주려는 의도였다. 결과적으로는 천문학적인 가치가 될 컬렉션이 되었지만 말이다.

아무리 운 좋은 사람도 모든 게 완벽할 수는 없는 법, 그에게 큰 고민은 집안 식구들의 단명 체질이었다. 1874년에 아버지, 1876년 동생, 1878년 어머니가 세상을 떠났다. 부모님이 돌아가신 거야 그렇다 하더라도 동생 르네Reré의 죽음이 그에게 충격을 주었다. 그는 가족들처럼 자신도 이른 나이에 요절할 거라 믿었고 미리 유서를 작성했다. 아직 20대였을 때의 일이다. 유서 내용은 자신의 컬렉션을 국가에 기증한다는 내용이다. 실제로는 1894년까지 살았으니 46세에 죽은 건데, 장수는 아니지만 그렇다고 요절도 아니다. 하여튼 이때까지 그가 모은 작품들은 요즘 기준으로 보면 국보급에 속한다. 피사로 18점, 모네 16점, 시슬레 9점, 르누아르 8점, 드가 7점, 세잔 5점, 마네 4점, 밀레 2점, 폴 가바르니Paul Gavarni 1점 등 모두 70점에 이른다. 그와 친했던 르누아르가 유언 집행인 역할을 맡았다. 기부 조건은 이 작품들을 '다락방grenier'이나 '지방 미술관'이 아니라 뤽상부르 미술관Musée du Luxembourg으로 보내고, 나중에는 루브르로 보내라는 것이다. 뤽상부르 미술관은 살아 있는 화가들 작품을 전시했고, 루브르는 죽은 화가들 작품만 전시가 가능했다. 말하자면 최고 수준의 전시를 해달라는 요구였다. 지방 미술관은 안 된다는 말은 지방을 무시하는 표현 아니냐고 할지 모르겠지만, 당시 사정이 그랬다. 파리 외에 다른 곳들의 시립미술관이나 주립미술관 등은 전시 시설이나 식견이 형편없는 경우가 많았다.

지금까지 흔히 떠돌던 이야기와 달리 미술계 사람들 태반은 이 기부에 대해 호의적이었다. 결코 거부하려는 의도는 없었다. 뤽상부르 미술관 관장인 레농스 베네디트Léonce Bénédite나 보자르 아카데미 수장인 앙리 루종Henry Roujon 같은 인물들도 이 그림들의 가치를 알아보았다. 사실 비용 안 쓰고 힘 안 들이고 좋은 작품들을 얻을 수 있는 기회 아닌가. 세기 말에 인상파는 분명 대중들과 미술계의 지지를 받았고, 이미 언론도 컬렉션 전체를 수용하라는 의견을 제시했다. 물론 일부 부정적인 의견이 전혀 없지는 않았다. 예컨대 장레옹 제롬Jean-Léon Gérôme(1824~1904)은 인상파 화가들을 강하게 비판했는데, 사실 그는 인상파 이전에 활동했던 늙은 화가로서 아카데미의 전통을 굳게 지키려는 성향이 강한 인물이었다. 그렇지만 전반적인 의견은 긍정적이었다. 뤽상부르 미술관 관장은 국립미술관 자문회의를 소집하여 의견을 구했는데, 여기에서 나온 의견은 밀레의 두 작품은 루브르로, 나머지는 뤽상부르로 보내자는 것이었다.

그렇다면 뭐가 문제였을까?

작품들을 걸 공간이 부족하다는 것이다. 공간 부족은 못된 핑계가 아니라 실제 그랬다. 처음 루브르에 갔을 때 놀란 것 중 하나가 벽에 그 좋은 그림들을 다닥다닥 건다는 것이다. 눈 나쁜 나로서는 맨 위에 걸린 그림들은 도저히 볼 수가 없다. 유럽 각국에 사정이 비슷한 곳이 많다. 예컨대 마드리드의 프라도 미술관도 예전에는 그림들을 무질서하게 전시했는데, 현재의 미술관 건물을 지어 잘 배치하게 되었다고 한다. 당시 파리도 전시 공간이 부족했던 것이다. 드가의 파스텔 소품 정도라면 문제가 안 된다. 그러나 모네 16점, 피사로 18점, 르누아르 8점 등을 다 걸 수는 없었다. 당시 규칙은 한 작가당 3점 이상 걸 수 없다는 것이었다. 결국 규칙을 변형시켜서 모네 8점, 피사로 7점, 르누아르 6점 등 전체 70점 중 40점을 수용한 후 38점은 뤽상부르, 모네의 그림 2점은 루브르가 수용했다. 이로써 모네는 살아 있는 동안 작품이 루브르에 전시된 첫 화가가 되었다. 이렇게 하여 뤽상부르는 38점에 이르는 최고의 작품들을 전시했는데, 이는 정상급 인상파 화가들의 작품을 일반 대중이 볼 수 있는 귀중한 기회가 되었다.

남은 30점 중 한 점(드가 작품)은 르누아르가 유산 기증 절차 집행 일을 맡아서 해 준 대가로 가지고 나머지는 유족에게 돌려주었다. 그 후 1904년과 1908년 두 차례에 걸쳐 다시 국가에 기증하는 절차를 밟았지만, 국가와 유증자 사이에 갈등의 잔재가 남았고 법적 문제도 있었다. 나중에 1928년에 이르러 국가가 다시 이 작품들을 요청했을 때는 마음이 상한 카유보트의 제수(동생 마르시알 카유보트의 미망인)가 거절했다. 일부 작품은 다른 미술관으로 가고 국외로 판매되기도 했다.

현재 오르세에 가면 이 컬렉션의 명품들을 볼 수 있다. 에두아르 마네의 〈발코니〉, 클로드 모네의 〈생라자르역〉, 에드가 드가의 〈무대 위 댄서〉, 폴 세잔의 〈목욕하는 사람들〉, 밀레의 〈풍경〉 등이 대표적인 그림이다.

04

그레빌아그

밀레의 고장

그레빌아그

카유보트 컬렉션에 포함된 화가 장 프랑수아 밀레Jean-François Millet, 1814~1875는 인상파 본류의 화가는 아니나 관련이 없지는 않다. 바르비종(퐁텐블로 숲 인근 지역)에 자리 잡고 활동하여 바르비종 화파라는 이름이 붙지만, 사실 그는 노르망디 출신이고 그가 그린 농민들은 쉽게 말해 노르망디 농민들이다. 그는 한때 미술 애호가들이 가장 좋아하는 화가 중 한 명이며, 인상주의의 선구자로 거론된다. 〈만종 L'Angélus〉, 〈이삭 줍는 여인Des Glaneues〉 등 세계적으로 유명해진 이 그림들은 도자기나 포도주 병에 많이 복제되었다. 전 세계의 달력에도 엄청나게 많이 등장했을 터다.

밀레는 1814년 10월 4일 셰르부르Cherbourg 근처 그레빌아그 Gréville-Hague 인근의 그뤼쉬Gruchy라는 마을에서 출생했다. 이곳에 현재 그의 생가가 복원되어 있다. 돌로 만든 생가는 당시 모습 그대로 완벽하게 재현되어 있어서 밀레와 가족들이 어떤 삶을 살았는지 볼 수 있다. 꽃이 가득한 소박한 작은 마을은 아름답기 그지없다. 주변 지역은 화강암질 박토로, 위험하지만 멋진 풍광을 보이는 해안이 가깝다. 밀레의 집은 가난한데 기이할 정도로 교양 수준이 높았다고 한다. 농민인데 라틴 작가들을 읽는 수준이었다. 시골 마을에서 아들이 미술 공부를 하겠다고 하면 이 시대에는 보통 일손 하나를 잃기 때문에 싫어할 만도 한데 이 집은 매우 기뻐했다. 밀레는 셰르부르 미술관에서 지난 시대 화가들의 그림들을 베끼며 공부하다가 시에서 장학금을 받고 파리로 갔지만, 여름이면 꼭 고향을 찾아왔다. 이곳에서 고향 처녀를 만나 결혼했지만 애석하게도 3년 후 부인이 사망했다. 두 번째 결혼에서는 아홉 명의 자녀를 얻었다. 1849년 바르비종Barbizon에 정착했기 때문에 밀레가 그린 그림의 배경이 바르비종 벌판이라고 하지만, 그는 마음속으로 고향을 생각하며 그렸다고 한다. 유명한 〈만종〉의 주인공은 그의 할머니로 알려져 있다. 할머니는 종소리를 들으면 아이들에게 일을 중단하고 돌아가신 분들을 위해 모자를 손에 들고 삼종기도를 하도록 시킨 아주 신실한 사람이었다고 밀레는 회고했다.

사실 이 그림에는 숨은 수수께끼가 있다. 현재 우리가 보는 그림에는 기도를 드리는 남녀 사이에 감자바구니가 있지만, 원래 밑그림에는 관으로 추정되는 작은 나무 상자가 있었다. 1932년 한 정신이상자가 칼로 이 그림을 찢는 사고가 일어난 것을 계기로 이런 사실이 알려졌다. 그림을 복원하는 과정에서 X선 촬영으로 발견한 것이다. 원래 밀레는 농촌의 피폐함을 나타내기 위해 죽은 아기를 묻

밀레, 〈만종〉(1857~1859).

는 모습을 그리려 했으나, 그렇게 하면 너무 사회적 충격이 클 것으로 생각해서 감자 바구니로 바꾸어 그렸으리라 추정한다. 흥미로운 것은 에스파냐의 초현실주의 화가 살바도르 달리가 이 그림을 좋아하여 패러디 작품을 만들기도 했는데, 이 그림의 감자바구니 아래 아기의 관이 느껴진다는 글을 썼다(X선 촬영 이전의 일이다). 뛰어난 예술가의 촉은 그토록 예민한 걸까? 하여튼 노르망디 농촌 세계의 노동과 애잔함, 성스러움을 화폭에 옮긴 밀레 또한 노르망디 예술가의 목록에 포함시켜도 무방할 것이다.

코탕탱반도의 모래언덕

혹시 밀레 생가를 찾아 이 먼 땅끝 마을까지 일부러 찾아갔다면 간 김에 코탕탱반도의 경관을 둘러볼 만하다. 매우 높은 절벽들, 작은 모래사장, 매력적인 소항구들이 이어지는 곳이어서 드라이브를 해도 좋고 차에서 내려 해변 모래언덕을 올라가 보는 것도 멋진 일이다. 특히 카르트레Carteret와 아탱빌Hatainville 사이의 모래언덕들이 멋진 풍광을 자랑한다. 시간을 조금 더 내서 카르트레곶Cap de Carteret 같은 곳을 방문하면 아름다운 야생의 풍광을 만끽할 것이다. 도중에 시인 자크 프레베르Jacques Prévert, 1900~1977가 만년을 보낸 집을 개조하여 만든 자크 프레베르 기념관La Maison Jacques-Prévert을 들러도 좋다. 프레베르는 인근 오몽빌라프티트Omonville-la-Petite의 묘지에 부인과

아탱빌의 모래언덕.

자크 프레베르 기념관.

딸, 친한 친구 트로네르Alexandre Trauner와 함께 묻혀 있다. 초등학교만
졸업하고 파리 시내 봉마르셰 백화점 직원으로 일했던 시인, 단순
하고 명료하면서도 서정적인 작품으로 사랑받는 시인 프레베르는
주옥같은 작품들을 많이 남겼다. 우리에게 잘 알려진 것 중 하나는
이브 몽탕이 부른 노래 〈고엽枯葉, Les Feuilles mortes〉의 가사이리라.

　오! 네가 기억해 주기를
　우리가 친했던 행복한 나날을
　그때 삶은 더 아름다웠고
　태양은 지금보다 더 뜨거웠지

낙엽을 삽 속에 담으며
나는 잊지 않았지
낙엽을 삽 속에 담으며
우리의 추억과 후회 또한 담네

북풍은 그것들을 몰아
망각의 차가운 밤으로 보내지만
나는 잊지 않았지
네가 불러주었던 그 노래를
우리를 닮았던 그 노래를
나를 사랑했던 너 너를 사랑했던 나
우리는 함께 지냈지
나를 사랑했던 너 너를 사랑했던 나

그리고 삶은 사랑하는 사람을 갈라놓네
부드럽게 소리도 없이
그리고 바다는 모래 위
헤어진 연인들의 발자국을 지우지

×

4부

노르망디 해안 도시 기행

파리를 통과해 수백 킬로미터를 달려온 센강은 르아브르와 옹플뢰르 사이에서 대서양으로 들어가는 만灣과 만난다. 이 만을 중심으로 북동쪽인 위가 알바트르 해안Côte d'Albâtre(석고 해안)이고 남서쪽인 아래가 플뢰리 해안Côte fleurie(꽃 해안)이다. 두 지역 모두 특이하면서도 아름다운 해안, 절벽, 그 사이사이 자리 잡은 고풍스러운 항구 도시들이 있어 정말로 매력적인 곳이다.

먼저 르아브르에서 알바트르 해안을 따라 북동쪽으로 올라갔다가 다시 옹플뢰르에서 플뢰리 해안을 따라 남서쪽으로 내려가며 노르망디의 해안 절경을 하나하나 만나보자.

01

르아브르

프랑스 대서양 경제의 중심지

르아브르는 프랑스에서 가장 특별한 곳이다.

이 도시의 개발은 프랑스가 대서양 방면으로 팽창하던 시기인 1517년으로 거슬러 올라간다. 이때는 프랑스 역시 영국만큼이나 강한 해양 국가의 면모를 띠고 있었다. 원래 중요 항구 역할을 하던 옹플뢰르Honfleur와 아르플뢰르Harfleur 항구가 침니 현상으로 큰 배의 입항이 어려워지자, 국왕 프랑수아 1세재위 1515~1547는 새로 항구를 건설하기로 결정했다. 당시 제독이었던 보니베Bonnivet가 선택한 곳이 오늘날 르아브르다. 이곳 앞바다는 만조 시간이 두 시간 이상 지속되어 큰 배의 출입이 가능하기 때문이다. 도시 이름은 국왕에게 아첨하는 사람들이 멋지게 지어 올린 프란시스코폴리스Franciscopolis(프랑수아의 도시)다. 그러다가 르아브르 드 그라스Le Havre-de-Grâce(은총의 항구)로 개명하고, 결국 단순하게 르아브르가 되었다. 프랑스혁명 당시에는 일시적으로 이름이 또 바뀌었다. 1793년 11월 19일, 혁명의 순교자 마라Jean-Paul Marat를 기념한다며 아브르 드 마라Havre de Marat라고 불렀다. 인위적으로 항구 도시를 신축하더니 이름도 신축성 있게 오락가락했다. 이후 프랑스 대서양 경제의 주요 축을 담당했다. 미국 독립전쟁 시기에는 프랑스 정부의 지원 물자를 이 항구에서 내보냈다. 19세기 후반이 되자 파리지앵의 멋진 여름 휴가지가 되었다. 모네도 이곳을 자주 방문했는데, 인상파의 시작을 알리는 1872년 작품 〈인상, 일출〉은 바로 이곳 풍경을 그린 것이다. 제1차 세계대전 이후에도 프랑스의 경제 부흥을 위해 중요한 항구 역할을 했다.

엄청난 변화를 겪은 것은 제2차 세계대전 때다. 르아브르는 다른 어느 도시보다도 큰 파괴를 겪었다. 노르망디 상륙작전 당시 독일군이 끝까지 고수하려 했기 때문에 연합군 또한 오랫동안 공격을 퍼부었다. 히틀러는 르아브르를 '요새Festung'라고 명명하고 마지막 한 사람까지 싸우라고 독려했다. 이 도시에 주둔해 있던 독일군 1만 1,000명은 노르망디의 모든 지역이 연합군에게 넘어가는데도 끝까지 싸웠다. 이 도시는 삼면이 바다, 센강, 늪지로 둘러싸여 있고 북쪽만 열려 있는데, 독일군은 이곳에서 지뢰, 기관총, 토치카 등으로 무장하고 강력하게 저항했다. 1944년 8월 말, 영국 해군과 공군의 엄청난 포격과 폭격으로 주민 2,000명 이상이 목숨을 잃었다. 9월이 되어서도 계속 저항하자 영국 육군이 총공격을 가했다. 이때 독일군 사령관이 민간인 소개를 제안했으나 연합군은 작전상 허락하지 않았다. 주민 6만 명은 지옥에서 버텨야 했다. 9월 5~6일 소이탄 등으로 시 중심부는 완전히 파괴되었다. 연합군은 아스토니아 작전Operation Astonia이라는 이름으로 탱크, 화염방사기 등을 동원해 총공격을 시도, 9월 12일이 되어서야 르아브르를 해방시켰다. 그동안 도시는 85퍼센트 이상 파괴되었고 많은 주민이 사망했다.

'색의 언어'를 완벽히 재현한 생조제프 성당

해방 이후 르아브르는 총체적인 재건 사업을 했다. 세계적인 건축가 오귀스트 페레Auguste Perret가 총책임을 맡았다. 그는 정말로 혁신적인 재건축 프로젝트를 수행했다. 100명의 건축가가 블록을 나누어 '공장식으로' 건물을 올렸다. 페레는 르 코르뷔지에의 스승으로 간주되는 건축가로, 철근 콘크리트를 건축에 도입한 혁신적인 인물이다. 철근 콘크리트는 가격이 쌀 뿐 아니라 여러 효과를 낼 수 있다. 전후 궁핍하고도 급박한 상황과 맞물려 이 방식이 빛을 발했다. 결과는 아주 대담하고 거대하다. 그렇게 다시 태어난 르아브르는 프랑스의 다른 어느 도시에서도 볼 수 없는 면모를 띠게 되었다. 좌우대칭의 광장, 곧게 뻗은 도로, 별다른 장식 없이 비슷한 높이로 어깨를 맞춘 건물 단지들 …. 그 결과는? 흉악한 디스토피아 도시 혹은 거대한 빈민굴로 변모하지 않았을까? 그렇지 않다. 모던한 계획도시는 깔끔한 면모를 띤다. 자칫 무미건조할 것 같으나 각 블록마다 다른 모양의 건물들이 건축되었고, 서로 조화를 이룬다. 이 모던한 신도시 구역은 유네스코 세계유산으로 지정되었다.

총지휘자 페레 자신의 역작은 생조제프 성당Eglise Saint-Joseph이다. 1951~1957년에 콘크리트로 지은 107미터 높이의 성당이 하늘 높이 솟구쳐 있다. 멀리서 보면 등대 같기도 하고, 어쩌면 촛불 같기도 하다. 당연히 프랑스 여느 도시의 고딕 성당과 전혀 다른 모습이다. 성당의 기본 구조가 라틴 십자가(세로가 가로보다 긴 모양)가 아니라 그리스식 십자가(가로 세로가 길이가 같은 모양)이며, 4개의 기둥 다발이 팔각형의 높은 탑을 받치고 있다.

아침 9시에 성당을 찾아가 보았다. 성당의 본래 모습을 보고 싶으면 아침 일찍 가는 게 좋다. 스테인드글라스를 통해 들어온 아침 햇살이 사람 없는 텅 빈 성당 공간을 신비롭게 물들이는 때가 이때다. 콘크리트로 조성한 사각형의 아파트 단지들, 그것을 배경으로 서 있는 거대한 콘크리트 탑 모양의 성당, 이건 분명 우리에게 익숙한 프랑스 도시의 모습이 아니다. 아직 여는 시간이 안 되었는지 문들이 전부 굳게 닫혀 있다. 일단 문을 두드려 본다. 그러자 빼애곡~ 하고 할머니가 문을 열어주신다. 갑자기 차가운 콘크리트 성당에 시골집 분위기가 느껴진다. 첫 방문객으로 들어가 아무도 없을 때 자유롭게 성당 내부를 돌아다녀 본다. 성당 내부는 너무나 간결한 나머지 오히려 경이로운 분위기다. 예수의 아버지인 목수 조셉을 기리는 교회라 그런지 재료가 콘크리트임에도 일부러 목제 느낌이 들도록 했다. 눈으로 보면 목제 성당 같다. 눈을 들어 높이 올려다본다. 탑은 까마득한 높이까지 팔각형을 반복하며 이어지는데, 수작업으로 제작한 1만 2,000개의 빨강, 파랑, 주황, 초록 스테인드글라스를 통해 빛

생조제프 성당.

이 들어와서 뭐라고 형언하기 힘든 단순하면서도 신비로운 느낌을 자아낸다. 스테인드글라스를 만든 장인은 마르그리트 위레Marguerite Huré라는 여성이다. 위레는 '색의 언어'를 완벽하게 이해하는 기술자로서, 옛날 방식의 글래스 블로잉glass blowing(유리를 불어서 만드는 기법)을 이용해 두께가 다른 유리들을 만들어 붙였다. 거의 무한의 느낌을 줄 정도로 반복되는 작은 네모 모양의 빛의 조각들이 공중에 그득하다. 오직 그뿐, 성당 내부에는 아기 예수를 안은 마리아와 성 요셉 동상만 있고 그 외 다른 장식, 조각, 그림 같은 것이 없다. 그래서 더욱 깔끔하다.

그때 독일 할머니 할아버지 단체 관광객이 들어오기 시작한다. 유럽을 여행하다 보면 각지에서 독일 노인들을 태운 단체 여행 관광버스를 자주 만난다. 70년 전 이곳을 불바다로 만들었던 바로 그 나라의 관광객들은 이곳에서 어떤 생각들을 할까. 지난날의 광기와 폭력이 이 성스러운 공간에서 스르르 녹아 빛과 함께 아득한 공중으로 사라지면 좋겠다는 생각이 들었다.

시민의 산소통 역할을 하는 '오스카 니마이어' 광장

르아브르 시내에는 특별한 건축물과 기념물이 많다. 브라질의 세계적 건축가 오스카 니마이어Oscar Niemeyer가 건축한 '볼캉le Volcan(화산)'이 대표적이다. 온통 직선과 사각형으로 가득한 도시의 한복판에 둥

생조제프 성당의 내부.

그런 곡선의 건물 두 채가 솟아나 있다. 이 건물의 이름은 '르아브르 국립극장·도서관'이지만 생긴 모양을 따라 대개 '화산'이라고 부른다. 처음 지을 당시에는 큰 화산이 대극장, 작은 화산이 소극장이었으나 2015년 리노베이션을 통해 작은 화산이 도서관으로 변했다. 사실 사각형 모양의 아파트 건물로 도시 전체를 채우니 암만해도 꽉 막힌 분위기를 피할 수 없었는데, 시내에 적당한 광장을 두고 그 안에 둥그런 모양의 건물 두 채를 배치하니 숨통이 트인다. 그렇다고 너무 엄청난 크기의 화산을 만들면 조화를 깰 우려가 있어서 큰 화산 하나, 작은 화산 하나를 주변 건물 크기에 맞추어 지었다. 오늘날 '오스카 니마이어 광장'이라고 부르는 이 지역은 여러 면에서 르아브르 시민들의 산소통 역할을 하는 것으로 보였다. 아쉬웠던 점은 가는 때가 공휴일이라 내부 입장을 할 수 없었다는 것. 별 수 없이 겉모습만 볼 수밖에 없다. 귀국 후 자료를 찾아보니 도서관은 내부 시설과 데코레이션, 가구 등 모든 것들이 천장에서 듬뿍 들어오는 자연광을 받아 밝고 세련된 분위기다. 이런 멋진 도서관과 극장 시설을 시민들이 향유하는 것이 부럽다.

여기에 르아브르시는 곳곳에 재미있는 요소들을 더하고 있다. 영불해협을 보는 요트 마리나, 긴 페블 비치의 화사한 색깔의 비치파라솔, 적당한 지점들에 배치한 설치 미술품들이 재미를 더한다. 항구 도시답게 컨테이너로 만든 조형물도 눈에 띈다.

이런 멋진 도시에 미술관이 빠질 수 없다. 이 도시가 자랑하는 앙드레 말로 근대 미술관, 즉 무마MuMa, Musée d'art moderne André Malraux가

오스카 니마이어가 건축한 '볼캉(화산)'.

그것이다. 1961년에 바닷가 가까이에 건축한 이 미술관 또한 콘크리트와 유리를 주재료로 만들었다. 현지에서는 르 시냘Le Signal(표식)이라고 부르는 이 미술관의 특징은 바다를 향한 통창이다. 푸른 바다가 바로 보이는 빛의 갤러리는 다른 어느 곳에서도 찾아보기 힘들 것이다. 알루미늄 차일을 댄 6개 유리창으로 만든 천장은 최대한 많은 빛이 내부로 들어가는 효과를 낸다. 많은 작품을 기부한 컬렉터 엘렌 센 풀Hélène Senn-Foulds 덕분에 인상주의 작품을 가장 많이 보유한 미술관 중 하나가 되었다(굳이 등수를 따지자면 오르세가 1등이고 이곳이 2등이다). 부댕, 쿠르베, 코로, 시슬레, 피사로, 르누아르, 그리고 후기 인상파 화가 작품들도 많아서 루앙 미술관에 필적한다는 이야기를 듣는다. 특히 부댕의 작품은 세계 최대의 컬렉션을 이룬다. 한 면에 부댕이 연습 삼아 그린 소 그림들이 엄청 많다. 어떻게 저렇게 소를 많이 그렸을까? 그런데 그 옆에 오랜 연습 끝에 완성한 소 그림은 솔직히 걸작이라고 할 수는 없어 보인다. 그 외에 마티스, 페르낭 레제 같은 현대 작가들이나 후세페 데 리베라, 존 컨스터블 같은 이전 시대 대가들 작품도 보유하고 있다. 그리고 라울 뒤피의 작품도 눈에 띤다. 2023년 우리나라에 뒤피 전시회가 동시에 두 번 열린 적이 있다. 하나는 파리 퐁피두 미술관의 작품들을 가져왔고, 다른 하나는 바로 이 앙드레 말로 근대 미술관의 작품들을 가져왔다. 그래서 이곳을 방문하면 우리에게 익숙한 그림들을 다시 볼 수 있을 터이다.

르아브르는 늘 바다를 향해 열린 도시였다. 그런 세계를 약간 슬프면서도 익살맞게 그린 작품 중 하나가 모파상의 〈쥘 삼촌〉이다. 이것은 르아브르에서 약간 궁상맞게 살아가는 어느 가난한 가족의 이야기다. 이 가족이 그나마 가진 희망이 쥘 삼촌이다. 주인공 아이에게 아버지의 동생, 즉 작은아버지는 어릴 때 공포의 대상이었다. 품행이 안 좋고 돈을 낭비하여 집안 재산을 많이 축내는 사람이었는데, 어느 날 기선을 타고 미국으로 가버렸다. 그런데 쥘 삼촌이 미국에 자리 잡고 돈을 꽤 벌어서 조만간 고향에 돌아와 형님에게 그동안 끼친 손해를 배상하겠다는 편지를 보내왔다. 얼마 후 보낸 두 번째 편지는 남미로 사업을 하러 가니 한동안 연락을 못하지만, 한 재산 마련하면 르아브르로 돌아가겠다는 내용이었다.

이후 이 집안사람들은 일요일이면 항구로 가서 기선들을 보며 언젠가 쥘 삼촌이 돌아오는 모습을 그려보는 게 일이 되었다. 아버지는 동생이 주는 돈으로 시골집 한 채를 사는 구상도 했다. 무엇보다 딸 둘을 시집보내는 데도 편지가 도움이 되었다. 지금은 돈이 없지만 언젠가 큰돈을 가져올 동생이 보낸 편지를 둘째 딸의 구혼자에게 슬쩍 보여주어 결혼식을 올린 것이다. 결혼식 후 온 가족이 제르지 Jersey섬으로 가족 여행을 떠났다. 이 섬은 가난한 사람들의 이상적인 해외 여행지였다. 노르망디 해안에 붙어 있다시피 한 섬이라 멀지는 않으면서도 영국령인지라, 여객선을 타고 두 시간만 가면 이웃 나라로 '해외여행'이 가능하다.

온 가족이 탄 기선이 바다로 미끄러져 나갔다. 이 배에는 선원이 여행객에게 굴을 팔고 있어서 이 가족도 굴을 사려 했는데 ⋯ 아버지가 돌연 얼굴이 창백해진다. 굴 껍데기 까는 사람이 암만 봐도 동생 쥘과 똑같이 생겼기 때문이다. "동생이 미국에서 잘살고 있다는 것을 알지 못했다면 저 사람이 쥘이라고 믿었을 거야." 이번에는 어머니가 멀찍이서 훔쳐보고 온다. 늙고 더럽고 주름투성이인 그 남자는 암만해도 시동생이 틀림없다.

사실 쥘은 미국에서 한때 돈을 조금 벌었지만 결국 다 날리고 차마 고향에는 돌아가지 못해서 배에서 허드렛일을 하며 살고 있었던

영국령 제르지섬 전경.

것이다. 희망은 날아갔고 쥘은 다시 망할 놈이 되었다. 그리고 가족
들이, 무엇보다도 사위가 이 사실을 알아차리지 못하도록 멀리 배
뒤쪽으로 몰래 옮겨간다. 제르지섬에서 돌아올 때 가족은 삼촌을 다
시 만나는 일이 없도록 생말로로 돌아가는 배를 타야 했다.

02
에트르타
수많은 예술 작품의 무대가 된 절경

● 에트르타

르아브르를 떠나 북동쪽으로 올라가 보자. 해안을 따라 흰색 절벽이 이어지고 곳곳에 널찍한 모래사장 그리고 항구 도시들이 이어진다. 그중 가장 많은 사람들이 찾는 곳이 에트르타다.

에트르타는 알바트르 해안의 여러 지역 가운데에서도 특히 절묘한 풍경을 자랑하는 곳이다. 그만큼 일반 관광객들의 사랑을 받고 동시에 예술가들의 사랑을 받았다. 탁 트인 대양, 그 옆에 길게 뻗은 기암절벽, 거기에 푸른 숲이 절벽 위를 길게 덮고 있다. 절벽 위로 올라가면 바다와 절벽을 한눈에 조망할 수 있는 장대한 광경이 모습을 드러낸다. 그것을 지켜보는 듯 고졸한 중세 성당이 한 채 자리 잡고 있다.

◀ 에트르타 절벽의 포르트다발과 레기유.

처음 이곳을 찾아왔을 때가 1990년쯤이다. 나와 신혼 당시 아내 모두 한창 젊었던 시절이다. 파리에서 출발해서 노르망디의 유명 관광지 세 곳을 보고 돌아가는 그런 일일 관광 코스였다. 에트르타가 어떤 곳인지 감도 잡지 못하고 다만 예쁜 절벽이 있다는 설명만 듣고 왔다. 그런데 버스에서 내려 해안 절벽을 처음 맞닥뜨렸을 때의 그 놀라운 감정이란 … 세상에 이런 곳이 있을 수 있구나 하는 일종의 경외감을 느꼈다.

30년 뒤에 다시 찾은 에트르타의 절묘한 풍경은 여전하다. 그런데 세상만사가 그런 모양이다. 맨 처음 보았을 때의 그런 어마어마한 느낌은 아니다. 역시나 첫 경험이 가장 감동적인 모양이다. 그렇지만 단지 그뿐만은 아니다. 30년 전 이곳은 오늘날처럼 붐비는 관광지는 아니었다. 그때도 호텔 있고 음식점 있고 기념품 가게도 있었지만 이렇게 인파가 넘쳐나는 정도는 아니었다. 게다가 마침 도착한 날이 프랑스 최고의 국경일인 혁명기념일(7월 14일) 전날이어서, 테러 위험 때문에 교통 통제를 하여 더욱 혼란스럽다.

주차부터 난망이다. 도심에서 상당히 먼 곳에 주차 자리를 겨우 찾아서 차를 대고 먼 거리를 걸어서 바닷가로 내려간다. 예쁜 집들 구경하는 재미가 있어서 그 정도 걷는 것은 즐거운 일이다. 그렇지만 시내 곳곳을 경찰들이 통제하여 통상 사람들이 올라가는 명소로 가는 길도 출입금지! 절벽 위로 가려면 먼 곳으로 돌아가야 한다고 지시한다. 의도치 않게 하이킹코스를 따라서 가는 것도 그리 나쁘지는 않으나, 역시나 갑자기 먼 거리를 걸으니 힘에 부친다. 그래도 높은 절벽 위로 올라와서 바다를 향해 솟아 나온 바위 기둥들을 보니 가슴이 뻥 뚫리는 시원한 느낌은 여전하다.

육지에서 바다를 볼 때 오른쪽(북동쪽)에 있는 절벽이 아몽Amont이고 왼쪽(남서쪽)에 있는 절벽이 아발Aval이다. 어느 쪽이든 절벽까지 올라갔다가 돌아오려면 한 시간 정도는 생각해야 한다. 특히 인상적인 것은 아발 절벽에 붙어 있는 거대한 아케이드 모양의 바위인 포르트다발Porte d'Aval(아발의 문), 그리고 그 앞에 있는 바다에 박힌 거대한 바늘 모양의 바위인 레기유L'Aiguille다. 많은 화가들이 이 모습을 화폭에 담았다. 모파상은 이 모습을 《여자의 일생》에서 이렇게 묘사했다.

그들은 해안에서 멀리 나아갔다. 수평선 쪽으로는 하늘이 낮아지면서 대양과 하나로 합쳐졌다. 육지 쪽으로는 깎아지른 듯한 높은 절벽이 그 아래에 커다란 그림자를 던지고, 햇빛을 가득 받은 비탈진 잔디밭들이 절벽 군데군데 박혀 있었다. 저 멀리 뒤쪽에서는 페캉의 하얀 방파제로부터 갈색 범선들이 출항하고 있었다. 그리고 양쪽 저 멀리에는 괴상한 바위가 솟아 있었는데, 중간에 구멍이 훤히 뚫린 그 둥그스름한 바위는 물속에 코를 처박은 거대한 코끼리와 비슷한 형상이었다. 그것이 에트르타의 작은 관문이었다.

모네, 〈에트르타의 거친 바다〉(1868~1869).

이곳이야말로 수많은 화가들이 캔버스에 옮긴 문제의 장면이다. 에트르타를 그린 화가들이 매우 많으나 대표적인 사람들만 언급해 보자면 모네, 부댕, 코로, 쿠르베, 들라크루아, 이사베, 용킨트, 마티스를 들 수 있다. 쿠르베만 해도 이 지역 해안을 50점 이상 그렸고, 모네 또한 80점 이상 그렸다. 그 가운데 특히 널리 알려진 작품은 모네의 〈에트르타의 거친 바다Grosse mer à Étretat〉다. 모파상이 묘사한 그 모습이 바로 모네가 그린 이 그림과 유사한 것으로 알려져 있다. 에트르타의 절벽 위로 난 계단을 올라가다 보면 화폭에 자주 등장했던 장면이 눈에 들어온다. 그림을 먼저 보고 똑같은 풍경을 실제로

확인하는 것이 재미있고 신기하다. 아몽 절벽의 정상에 올라가 보면 로마네스크와 고딕 양식이 합쳐진 노르트담 드 라 가르드 성당 Chapelle Notre-Dame-de-la-Garde이 있다. 이곳에 서면 모네가 아니라 누구라도 장엄한 색과 빛의 향연을 마음에 담게 된다. 푸른 바다, 흰 절벽, 초록색 식물들, 흰 구름 …. 그런데 혹시 가는 날 흐리거나 비가 온다면? 걱정할 것 없다. 거친 파도가 이는 에트르타 또한 멋진 풍광이다. 그리고 사실 노르망디 날씨는 변화무쌍해서 맑은 날씨가 하루 종일 계속되지 않고, 반대로 비가 와도 하루 종일 오지는 않는다. 유학 때 동료였던 노르망디 출신 학생은 이렇게 말했다. 노르망디는 매일 비 오고 매일 맑다!

골프를 좋아하는 사람이라면 귀가 번쩍 뜨일 이야기가 있다. 에트르타만 쪽으로 기울어진 절벽 위에 멋있기로 소문난 골프장이 있다. 20세기 초 영국인들이 만든 이 골프장의 코스는 까다롭기로 유명하지만, 이곳에서 볼 수 있는 풍경은 장관이다. 골프장의 초대 회장은 버나드 포브스 자작Viscount Bernard Forbes이고, 1908년 코스를 디자인한 사람은 브리티시 오픈에서 외국인으로 처음 우승한 프랑스의 아르노 마시Arnaud Massy다. 특히 10번 홀의 풍경이 환상적이라고 알려져 있다.

모리스 르블랑과 앙드레 지드가 남긴 흔적들

그 외에도 에트르타에서 한번 들러볼 만한 곳으로는 '에트르타 정원Les Jardins d'Etretat'이 있다. 리조트 옆에 지은 현대 예술 설치물 정원이다. 1905년 유명 여배우이며 모네의 친구인 마담 테보Madame Thebault가 유명한 조경설계사 알렉상드르 그리브코Alexandre Grivko를 시켜 집과 아방가르드 정원을 조성하여 기괴한 석조 조각품들을 설치했다. 에트르타 시내에는 이 고장 출신 작가인 뤼팽 시리즈의 저자 모리스 르블랑의 집도 있다. '클로 뤼팽Clos Lupin'이라 불리는 이 집은 저자의 기념관으로서 르블랑의 사진, 회화, 원고 같은 기념물과 소설 주인공 뤼팽의 의상과 소품을 전시한다. 뤼팽 시리즈를 재미있게

에트르타 정원의 석조 조각 작품 중 하나인 〈빗방울〉.

읽은 독자라면 한번 들러보면 좋을 곳이다. 뤼팽 시리즈 중에서도 특히 〈기암성L'Aiguille creuse〉은 바로 에트르타가 주요 무대다. 내용은 앞서 소개한 〈칼리오스트로 백작 부인〉과도 연결되는 장대한 스케일의 보물찾기 이야기다. 4개의 수수께끼를 모두 풀어야 보물을 찾는데, 이 작품에서는 뤼팽이 마리 앙투아네트와 칼리오스트로의 두 번째 수수께끼에 도전한다. 이 작품을 읽다 보면 20세기 초 아직 관광객이 몰려오기 전 이 지역 바닷가와 주변 지역의 고즈넉한 모습이 어떠했을지 짐작이 간다.

혹시 앙드레 지드를 사랑하는 사람이라면 이곳까지 온 김에 잠깐 시간을 내서 이웃한 퀴베르빌Cuverville(캉 근처에 있는 동명의 마을과는 다른 곳이다)에 있는 그의 묘지를 방문해도 좋을 것이다. 사실 지드는 1869년 파리에서 태어났고, 다른 작가와 달리 지방에 애착을 가진 타입은 아니다. 단지 노르망디와 인연이 있는 것은 외할아버지가 퀴베르빌과 오주 지방의 라로크베냐르La Roque-Baignard에 두 채의 성을 구입했고, 그 외에 루앙 시내에 건물을 가지고 있어서, 어린 시절 이곳들에 자주 머물렀기 때문이다. 그는 세 명의 사촌 자매와 어울렸는데, 그중 한 명이 마들렌 롱도Madeleine Rondeaux로 《좁은 문》에 나오는 알리사의 모델이다. 지드는 그녀에게 플라토닉한 사랑을 느꼈다. 1895년 지드는 마들렌과 결혼했으나, 사실 이 시기에 이미 동성애 기질이 드러나고 있었다. 동성애적이고 소아성애적 성향이 강한 남성이 사촌 여성에게 플라토닉한 사랑의 마음을 품는 그 복잡미묘한 심정은 도대체 무엇일까? 진정 누군가를 사랑하지만 그것을 눌러

버리고 어디론가 떠나 쓸쓸히 죽음을 맞이하는 알리사의 태도는 어떤 감정일까? 예전에는 그게 뭔지 알 듯도 싶었는데 오히려 갈수록 아리송해진다. 하여튼 지드는 일기에 이렇게 썼다. "마들렌은 중심에 있다, 그녀는 내가 쓰는 모든 것에 대한 설명이다. … 내 책들은 그녀에게 헌정한다." 지드같이 섬세한 작가는 여성의 내밀한 면까지 잘 포착하는 모양이다. 옆의 학과 여교수님이 이렇게 말하는 걸 보면 분명 그럴 것이다. "지드는 정말 천재야, 여성의 마음을 어쩌면 이렇게 절절히 알고 표현할 수 있는지."

지드는 라로크베냐르에 머물기도 하고 심지어 열의는 없지만 시장도 했다. 후보로 나서지도 않았는데 사람들이 이 유명 작가를 시장으로 뽑은 것이다. 사실 그는 라로크베냐르의 집에는 별로 애정이 없어서 매각해 버렸고, 대신 마들렌이 퀴베르빌의 집을 더 좋아한다는 이유로 이곳을 찾아오곤 했다(다만 이곳은 사유지라 일반인이 방문할 수는 없다). 바로 이 집에 있는 정원의 문이 말하자면 지상의 '좁은 문'에 해당한다. 그러나 지드는 1938년 4월 27일 부인 마들렌이 사망하고 나서는 노르망디를 다시 찾아오지 않았다. 그래도 1951년 사망하고 나서 퀴베르빌의 마들렌 옆에 묻혔다. 아마 이 조그마한 마을은 앙드레 지드가 살았고 또 묻히는 일이 없었다면 세상에 전혀 알려질 일이 없어 보인다.

03

페캉

프랑스의 대표적인 어항 도시

에트르타를 지나 해안도로를 계속 따라가면 멋진 항구 도시들을 차례로 만난다. 페캉, 바랑주빌, 디에프 등지는 파리에서 가까운지라 프랑스인이든 외국인이든 많은 관광객들이 방문하는 곳이다.

고졸한 스테인드글라스가 아름다운 성 삼위일체 수도원

이 도시의 기원을 말해주는 전설은 예수의 보혈과 관련이 있다. 중세 전설에 의하면 서기 1세기에 예수의 보혈이 담긴 병이 매달린 무화과나무(라틴어로 ficus) 가지가 강변에서 발견되었고, 그 후 같은 자리에서 보혈이 샘솟아 나왔다고 한다. '무화과나무 가지가 있는 장소'를 가리키는 Fici-campus에서 페캉의 이름이 유래했다는 것이다. 그렇지만 예수의 보혈과는 아무런 관계가 없고 단지 게르만어의 fisc

(영어의 fish에 해당하는 말로 '생선')에서 이름이 유래했다는 설도 있다. 종교계에서는 생선의 도시보다는 무화과의 도시를 더 좋아했을 것이다. 그래서 예수의 피가 솟아 나온 그 자리에 소성당을 지었다고 한다. 노르망디 공작 리샤르 2세(재위 996~1027)가 이곳에 베네딕트 수도원을 건설했는데, 몽생미셸이 성지 순례지로 유명해지기 전에는 노르망디에서 가장 많은 사람들이 찾는 순례지였다. 그런데 이 건물이 번개로 인한 화재로 무너진 뒤 그 자리에 새로운 수도원 건물을 지었다. 이 건물이 성 삼위일체 수도원l'Abbatiale de la Sainte-Trinité 인데 통상 페캉 수도원이라고 부른다. 14세기에 제작한 고졸한 스테인드글라스가 아름다운 이 수도원은 노르망디 초기 공작인 리샤르 1세와 리샤르 2세가 묻힌 곳이기도 하다. 15~18세기에 여러 차례 개축한 이 건물 근처에는 그 이전에 있었던 수도원 유적지, 그리고 지난 시대 공작 궁전의 유적지도 있다. 페캉은 노르망디 공작들이 거주하던 장소여서 이들이 성과 궁전을 건조했던 것이다. 한편 예수의 보혈을 담았다는 성물은 얼마 전 분실했다가 1년 만에 네덜란드에서 되찾았다고 한다.

이 수도원과도 관련된 특별한 특산물로 베네딕틴Bénédictine이라는 '약주'가 있다. 19세기에 포도주 상인으로서 큰 성공을 거둔 알렉상드르 르 그랑Alexandre le Grand(불어로 알렉산더 대왕이라는 뜻이니 이름이 진정 호기롭다)이 개발한 리큐어 종류다. 전해오는 이야기로는 원래 이 술은 16세기에 프랑스에서 만들어진 가장 오래된 리큐어였으며, 당시에는 술보다는 약으로 사용했다고 한다. 그 레시피가 성 삼위일

체 수도원에서 전수되다가 프랑스혁명 당시 유실되었다. 그러다가 1876년 알렉상드르가 그동안 잊혔던 16세기의 비법서를 찾아냈다고 주장한다. 중세 베네치아의 수도사 베르나르도 빈첼리Bernardo Vincelli가 쓴 이 책에는 만병통치의 묘약을 만드는 방법이 들어 있었다. 여기에는 27가지 약재가 들어가는 것으로 알려져 있다. 그는 책 내용대로 묘약을 만들어 본 후 베네딕틴이라는 이름을 붙였다. 이 레시피는 철저히 영업비밀로 지켜왔는데, 어느 때나 딱 세 사람만 그 비법을 전수받아 알고 있다고 한다.

그는 초대형 궁전 건물인 베네딕틴 궁전Le Palais Bénédictine을 지었다. 이 건물이 화재로 무너지자 1895년 더 크게 재건했는데, 이때 루앙

베네딕틴 궁전 내의 양조 시설.

대주교가 직접 가서 축복을 해주었다. 이 '궁전'은 건물 자체부터 장비와 시설 등 모든 것이 너무나 화려하다. 방문하면 거대한 구리 증류기, 약초 보관소, 지하의 술 보관소 등을 보게 되고 전 세계에서 만든 가짜 병, 이 리큐어를 흉내 내서 만든 가짜 제품들을 구경한다. 그뿐 아니라 금이나 은 혹은 상아로 만든 예술품 컬렉션도 볼 만하다. 와이너리나 맥주 공장을 견학하면 다 그렇듯이, 공짜로 한 잔을 시음하면서 설명을 듣다 보면 대개 한 병 사게 된다.

사실 베네딕틴 제조 비법에 관한 이야기의 진실성에는 의문이 든다. 전하는 이야기가 맞는지 아니면 알렉상드르가 멋있게 지어낸 것인지 다소 불확실하다. 하여튼 그는 이 술을 베네딕틴이라고 명명했고 더욱 신비화하기 위해 병 라벨에는 'D. O. M.'이라는 말을 붙였다. 'Deo Optimo Maximo', 즉 "가장 선하시며 가장 위대하신 하느님께"라는 말인데, 베네딕토 수사에 대한 존칭이며 또 이 수도사들이 쓰는 문서의 앞에 사용하는 말이라고도 한다. 한편 그가 처음 만든 병의 모양이 하도 위엄이 있어서 이후에도 바꾸지 않고 그대로 유지하고 있다. 알렉상드르는 광고의 대가로도 알려져 있다. 무엇보다 당대 최고 포스터 작가들을 고용해서 아주 멋진 작품들을 만들었다.

1898년 알렉상드르가 사망한 후에도 계속 사업이 잘되었다. 20세기 초에는 거의 매년 150만 병 가까이 팔렸다고 하니 정말 대단한 수치다. 그런데 제2차 세계대전 이후 사람들 취향이 바뀌자 타깃을 영미 고객 대상으로 바꾸었다. 판매량의 절반에 육박하는 양이 미국으로 가고, 또 세계대전 당시 이곳에 머물며 이 술맛을 알게 된 영국인들도 많이 애용한다. 오늘날 이 거대한 궁전 건물에는 월요일 오후, 목요일 아침, 목요일 오후에 영어로 하는 가이드 투어가 있다.

대구 어업

페캉은 오랫동안 프랑스의 어업 중심지였다. 중세에는 청어잡이가 이름을 날리다가 대략 16세기부터 뉴펀들랜드 대구 어업이 발전하여, 이후 300년 동안 대서양 지역 최대 산업 중 하나로 부상했다. 대구는 싸고 보관이 쉽고 단백질이 풍부하여 무엇보다도 가난한 사람들에게 매우 중요한 식량이었을 뿐 아니라, 부자들 역시 금요일 그리고 사순절(부활절 이전 40일) 동안 먹는 음식이어서 필수 불가결한 식량으로 자리 잡았다. 대구는 0~10도의 차가운 바다에 살며, 수심 30~100미터 해역에 많다. 3~7월 중 알을 낳으러 모여드는 때는 엄청난 무리를 이루어서 16~17세기 당시 뉴펀들랜드는 그야말로 물 반 고기 반이었다. 그런데 그 많던 대구도 수가 급격히 줄어서 이대로 가면 조만간 멸종할 수도 있다고 과학자들은 경고한다. 특히 피시 앤드 칩스Fish & Chips를 즐겨 먹는 영국인들은 벌써부터 걱정이 태산이다.

역사적으로 대구 어업에는 두 가지 방식이 있었다.

하나는 유랑流浪 조업pêche errante이다. 이 방식으로 잡은 대구를 녹색 대구morue verte라 불렀다. 난바다에서 잡아 선상에서 바로 보존 처리한다. 비교적 작은 규모여서, 한 배에 30명 정도 타는 수준이다. 10~12명의 어부들이 낚시를 하는데 숙련된 사람은 대구를 하루 100마리 이상 낚아 올린다고 한다. 바다낚시를 좋아하는 사람들은 하루에 100번 손맛을 보는 이런 일이 부럽지 않을까? 이 막노동을 막상 해보면 생각이 바뀔 것이다. 잡은 대구는 선상에 테이블을 설치하고 내장을 따내고 소금을 뿌리는 식으로 처리한다. 간은 따로 보관하여 나중에 간유肝油 생산에 사용한다.

다른 하나는 정착 조업pêche sédentaire이다. 연안에서 잡아 육상에서 보존 처리하는 방식이다. 덕장에서 소금 치고 말리고, 이렇게 하여 몇 달 후 말린 대구를 가지고 귀환한다. 이 상품은 보존이 더 잘 되어서 안틸레스제도 같은 더운 지역에서도 팔린다. 이 경우는 배도 크고 인원도 더 많아서 100~150명이 승선한다.

출항 전에 제일 먼저 준비할 일은 에스파냐와 프랑스 산 소금 확보다. 소금에 따라 생선 질이 달라지므로 좋은 소금 확보가 매우 중요하다. 식량으로는 말린 돼지고기, 빵과 비스킷, 잠두, 돼지기름, 대구 등을 싣고, 포도주와 시드르도 챙긴다. 원칙적으로 독주는 개인이 알아서 준비한다. 물론 해적에 대비해 무기도 확보해야 한다.

4월 중순~6월 중순이 생선이 많은 때이므로 2~3월에 출항한다. 이때가 마침 참회의 화요일Mardi Gras(사육제의 최종일) 시기이므로 떠나기 전에 엄청나게 때려 마신다. 이 어업은 위험이 크다. 특히 안개 때문에 길을 잃고 잔뜩 쌓아놓은 대구 사이에서 목말라 죽을 수도 있다. 어부들은 몇 달 동안 하루 몇 시간 못 자면서 고된 노동을 해야한다. 부식이 부실해서 괴혈병에도 잘 걸리며, 치명적 사고도 자주 당한다.

뉴펀들랜드 대구 어업을 '대大사업grand métier'이라고 불렀다. 여기서 잡는 대구는 모뤼morue, 나머지 저질 대구는 '가짜 생선faux poisson'이라 부른다. 특히 콜랭colin이 그런 멸칭의 대상이다. 예전에 불어를 배울 때 여러 단어들morue, lieu, colin이 사전에는 모두 '대구의 일종'이라고 나와서 도대체 그 차이가 무엇일까 궁금했는데, 엄청나게 다른 대접을 받는다는 사실을 이제 알게 되었다. 그랑빌, 셰르부르, 그랑캉Grandcamp, 쿠르쇨Courseulles, 옹플뢰르, 르아브르, 페캉, 디에프의 어부들이 16세기부터 오랜 어업 전통을 유지해 왔다. 이들은 보조적으로 10~12월 청어잡이, 3~6월 고등어잡이를 하지만 주업은 대구 어업이다. 그런데 대구잡이가 점차 쇠락하여 19세기에 이르면 페캉 정도만 명맥을 유지하고 있었다. 20세기 들어와서는 대구 수가 더 줄어들었다. 1970년대까지만 해도 900명의 어부들이 탄 대형 트롤 어선이 매년 2만 톤 정도의 대구를 잡아 가지고 왔다. 그러나 그 이후에는 노르웨이로 '잡고기', 즉 콜랭을 잡으러 가는 신세가 되었다. 이제 페캉에는 대구잡이 어선보다 유람용 보트가 더 많다.

하여튼 페캉은 대구잡이로 인해 남녀 없이 부지런히 일하는 도시였다. 남자들이 바다에서 고기를 잡고, 여자들은 염장 작업을 했다. 그 전통이 이어져서일까, 19세기부터 직물업 공장에서 여성들이 많이 일했다. 이곳의 직물업이 1990년대에 중단되면서 경제 위기가 찾아왔는데, 관광업으로 그 위기를 벗어나려고 노력하는 중이다.

과거의 어업에 대해 알고 싶으면 늙은 어부들이 모여 옛날의 화려한 기억을 들려준다는 부 망퇴Bout Menteux('거짓말쟁이들이 모이는 구석')로 가면 된다. 원래는 그렇다고 하나 이 자체도 이제는 옛말이고, 지금 그곳은 신선한 어패류를 직접 구매하는 장터처럼 되었다. 그러니 지난날 어업의 실상에 대해 자세히 알고 싶은 분들은 허풍쟁이 어부들 이야기에 귀 기울일 필요 없이 옛날 대구 건조 시설이 있던 곳을 재개발하여 2017년에 개장한 어업박물관Musée des Pêcheries을 방문하시라. 그런 일들까지 시시콜콜 알 필요는 없다는 생각이 들더라도, 유리 루프탑에서 아름다운 어촌 페캉의 시내와 바다를 바라보는

페캉의 어업박물관.

전망이 훌륭해서 한번 올라가 볼 만하다. 여기에서 조금 더 높이 절
벽으로 올라가면 더 멋진 뷰를 감상할 수 있다. 이곳은 노르망디에
서 절벽이 가장 높은 곳 중 하나다. 절벽 위에 서면 페캉 시내뿐 아
니라 인근의 르아브르까지 한눈에 담을 수 있다. 유명한 어업 도시
에 왔으니 이 지역의 신선한 해산물 요리를 즐기는 것은 필수다. 르
비콩트Le Vicomte, 다니엘스Daniel's, 르바르비캉Le Barbican, 라마린La Marine
같은 음식점들이 유명하다.

04

디에프

예술과 역사의 도시

디에프 역시 페캉과 유사한 역사를 공유한다. 중세 이래 오랜 역사를 자랑하고, 근대에 중요한 어항으로 발전했으며, 19세기 이후 해수욕과 카지노를 동시에 즐길 수 있는 휴양 시설이 들어선 것이 페캉과 판박이다.

디에프는 이미 바이킹 시대부터 중요한 항구였고 그 후로도 오랫동안 영국과 프랑스 사이를 오가는 사람들이 이용했다. 물이 깊어서 큰 배들도 정박할 수 있다는 게 장점이었다. 디에프Dieppe라는 이름 자체가 '깊은 물'이라는 뜻인데, 영어 단어 'deep'과 관련이 있다. 16세기부터는 뉴펀들랜드 대구 어업의 중심지였고, 또 이곳 선원들이 세계 각지를 탐험했다. 이 지역 출신으로서 역사상 유명한 항해인이 여럿 있다. 16세기에 아프리카와 아메리카 바다를 항해했고, 리스본 항구를 봉쇄했으며, 향신료와 상아 교역으로 크게 성공한 장앙고Jean Ango, 루이 14세 시절 강력한 해군을 지휘했던 아브람 뒤켄

◀ 디에프의 풍경.

Abraham Duquesne 같은 인물들이 대표적이다. 한때 디에프 해적들이 이웃 국가들에 큰 위협이 되어서 1694년 잉글랜드-네덜란드 연합 해군이 이 도시를 공격해 온 적도 있다. 우리는 프랑스가 늘 해적의 공격을 받기만 했을 거라 생각할 뿐, 프랑스 해적이 이웃 국가 상인들을 어지간히 괴롭혔다는 사실은 잘 모른다. 장 앙고가 대표적인데, 포르투갈이 아프리카 해안 교역을 독점하기 위해 프랑스 선박들을 나포하자 프랑수아 1세가 앙고에게 적선 나포 허가증을 발행해 주었고, 앙고는 몇 년 동안 포르투갈 선박 300척 이상을 잡아들였다. 그쪽 입장에서 보면 악당 중의 악당이리라. 그의 부하 중에 유명한 인물로는 후일 뉴욕이 될 땅을 발견한 조반니 다 베라차노Giovanni da Verrazzano, 1485~1528가 있다.

19세기에는 파리지앵의 여름 해변 휴양지로 발전했다. 1822년 프랑스 최초의 해수욕 시설Etablissement des Bains이 들어섰다. 1824년부터 디에프는 해수욕 명소로 탈바꿈했고, 벨에포크Belle Époque(19세기 말부터 제1차 세계대전 발발까지의 호시절)에는 영국인들도 많이 놀러 와서 편안한 분위기를 즐겼다. 그러다 보니 자연스럽게 화가들의 발길도 이어져 터너, 이사베, 쿠르베, 들라크루아, 모리조, 피사로, 르누아르 등이 방문했다. 모네는 디에프와 바랑주빌 사이 지역을 100점 이상 그렸다. 홍합 감자튀김 세트와 해산물 요리를 즐길 수 있는 테라스와 부둣가의 카페들에는 관광객의 발길이 끊이지 않는다.

이곳도 제2차 세계대전 중에는 엄청난 비극을 피하지 못했다. 무엇보다 역사에 남을 재앙으로 기록된 것이 디에프 상륙작전이다. 연합군이 노르망디 상륙작전을 하기 전에 디에프를 선제공격했다가 엄청난 실패를 겪었는데, 이에 관해서는 5부에서 자세히 보기로 하자. 시내에는 이 비극적 사건을 추념하는 모뉴먼트가 세워져 있다.

디에프는 공식적으로 '예술과 역사의 도시Ville d'Art et d'Histoire'로 등록되어 있다. 그만큼 시내 곳곳에 흥미로운 유적들이 많다. 디에프 성 박물관Château-musée de Dieppe은 백년전쟁 이후인 15세기에 지은 것으로 현재는 이 지역 역사, 특히 해군 관련 사항들과 해외 교역 관련 컬렉션을 전시하는 시립박물관을 겸하고 있다. 특히 상아 컬렉션이 볼 만하다. 해양과학기술문화관인 에스트랑 해양도시Estran Cité de la Mer도 관심 있게 볼 만하다. 구도심 복판에는 소금물 우물 광장La Place du Puits Salé이라는 장소가 있다. 이곳 우물은 조수 수위가 올라가면 바닷물이 흘러 들어가 짠물이 나오기 때문에 붙은 이름이다. 그렇지만 현재 볼 수 있는 우물은 이전의 우물이 아니라 순전히 장식용이다. 이곳은 지금은 가장 활기찬 도심 구역이 되었다. 생자크 성당 같은 오래된 교회 건물들도 들어가 볼 만하다.

토요일에 열리는 장터도 흥미롭다. 프랑스에 지역색 가득한 장이 서는 도시가 많지만, 디에프는 노르망디에서 가장 큰 장터로 알려져 있으며, 2020년 프랑스 국영 텔레비전에서 '프랑스에서 가장 멋있는 장터' 중 한 곳으로 공식 선발되었다. 토요일에는 아침 8시부터 많은 사람들이 모여드는데 신선한 해산물과 농산물을 구경하며 사는 재미가 있다. 큰 어항답게 온갖 생선과 가리비 같은 것들이 즐비하고, 과일과 채소, 캐러멜(사과 향기가 난다), 크림, 그리고 치즈(특히 이

소금물 우물 광장.

곳 특산품 뇌샤텔Neufchâtel 치즈)도 살 수 있다. 원래 주변 농촌 지역 주민들이 모여들어 물건도 사고 사람들도 오랜만에 만나는 곳이지만, 여행객들도 한자리에 끼어서 분위기를 즐기지 말라는 법은 없다.

이 도시에 엄청난 인파가 몰리는 때는 짝수년도 9월이다. 이때 세계 연 페스티벌International Kite Festival이 바닷가에서 열린다. 불행히도 코로나 시기에는 개최하지 못했으나 그 이전 2018년에는 1,000개 팀이 참가하고 관광객 50만 명이 운집했다. 40개국에서 온 팀들이 준비한 형형색색의 연들이 고성을 배경으로 하는 바닷가에서 하늘을 수놓는 장관을 연출했다. 코로나19가 끝나서 이제 다시 행사

모파상이 태어난 미로메닐성.

를 개최할 예정이다. 원래대로면 2024년에 해야 하지만 2024년 파리 올림픽을 배려하여 다음 페스티벌은 2025년 여름에 열기로 합의했다.

디에프 근처에는 기 드 모파상이 태어난 미로메닐성Château de Miromesnil이 있다. 16세기부터 지방 귀족들의 거처였다가 19세기 들어서는 여러 차례 팔리거나 세를 주었는데, 모파상의 가족이 빌려서 살다가 1850년에 모파상을 낳았다. 하루 몇 차례 가이드를 따라가는 투어가 있어서 화려한 성 내부를 관람할 수 있다.

05

바랑주빌

숨어 있는 아름다운 명소

디에프까지 보고 나서 남서쪽으로 돌아가는 길에 디에프에서 7킬로미터 떨어진 바랑주빌을 들르면 좋다. 바랑주빌은 이 근처에 숨어 있는 정말 아름다운 곳이다. 개인적으로는 가장 인상에 남는 곳 중 하나다.

앞서 이야기한 장 앙고는 이곳에 여름 주거를 건축하고 부유하게 살았으나 프랑수아 1세의 다음 왕 앙리 2세(재위 1547~1559) 시기에 세금을 제대로 납부하지 않았다는 이유로 구속되었고, 거의 파산한 상태로 1551년 사망했다. 그가 생전에 살던 저택이 앙고 저택Le manoir d'Ango이다. 이탈리아 장인들이 1530~1545년 건축한 이 저택에서 자기 배들이 디에프항을 드나드는 것을 지켜보았다. 1534년에는 프랑수아 1세를 이곳에서 맞이한 적도 있다. 19세기에 이 저택이 화재로 황폐해졌다고 하는데, 20세기 들어와서 다시 잘 복원되었다. 집에 들어가 보면 뜰에 있는 상당히 큰 다소 기이한 건축물을 볼 수

앙고 저택의 비둘기 집.

있다. 기하학적 무늬 장식을 한 11미터 높이의 꽤 큰 둥근 집 모양의
구조물이 뭘까 싶은데, 다름 아닌 비둘기 집이다! 1,600개의 구멍이
있는 이 비둘기장에서 3,200마리가 살 수 있다고 한다. 비둘기 키우
는 게 무슨 대단한 일이냐고 할지 모르겠지만, 그 시대에는 권력과
신분이 높은 사람만 누릴 수 있는 특권이었다.

　사실 바랑주빌의 가장 유명한 명소는 해변 묘지다. 매년 전 세계
에서 많은 사람들이 바랑주빌을 찾아오는 건 이 조용하고 아름다운

모네, 〈바랑주빌의 세관원 집〉(1882).

묘지 때문이다. 해변 묘지는 하늘과 바다 사이, 공중에 떠 있는 것만
같다. 이곳의 고즈넉함은 형언할 수 없을 정도다. 많은 화가, 음악가,
작가 들이 이곳에 와서 큰 영감을 얻었다. 그림 중에는 1882년 모네
가 그린 〈바랑주빌의 세관원 집La maison du douanier de Varengeville〉이 유
명하다. 그림을 보고 이 풍경을 보면 분위기를 어쩌면 이토록 실감
나게 표현했을까 싶다. 그림 속의 집은 사라졌지만 영원히 우리 기
억에 남아 있을 것이다. 모네의 〈생발레리 성당〉 또한 잊을 수 없는

조르주 브라크의 묘.

강렬한 느낌을 주는 명화다.

이곳에 묻힌 사람 중 가장 유명한 사람은 큐비즘 예술가 조르주 브라크Georges Braque, 1882~1963다. 브라크는 노년에 바랑주빌에 정착했고 이곳에서 생을 마쳤다. 자신의 묘지를 직접 디자인했는데, 푸른 바탕에 새 모양의 모자이크로 되어 있다. 이 묘지가 둘러싸고 있는 생발레리 성당Eglise Saint Valery을 장식하는 섬세한 스테인드글라스가 다름 아닌 조르주 브라크의 작품이다. 아래에 바다, 그 위에 해안 절벽, 그 위에 하늘이 있고, 다시 그 위로 선박 모양의 3단 구성을 한 그리스도의 나무(가계도)가 그려져 있다. 큐비즘 스타일의 이 삼단 구성은 아래로부터 이새(다윗의 아버지), 마리아, 예수를 나타낸다. 대표적인 스테인드글라스만 소개했으나, 다른 구성물들 역시 말로 설명할 수 없을 정도로 차분하고 정결한 느낌이 든다. 이 성당에 들어오면 잠시 세상의 모든 번뇌를 잊고 조용히 침잠하게 된다. 성당에서 도로 나와 묘지를 기웃거려 본다. 여러 사연들이 있을 테지만 그중 어느 묘비에 쓴 글이 눈에 들어온다. '인생은 아름다워La vie est belle!'

이곳에 오니 폴 발레리의 〈해변의 묘지Le Cimetière marin〉가 생각난다. 사실 이곳 이름은 발레리의 이 시에서 유래했다고 한다.

비둘기들 노니는 저 고요한 지붕은
철썩인다 소나무들 사이에서, 무덤들 사이에서.
공정한 정오는 저기에서 화염으로 합성한다
바다를, 쉼 없이 살아나는 바다를!

생발레리 성당의 3단 구성 스테인드글라스.

이렇게 시작하여 마지막 연에 이르면

바람이 인다! … 살아보아야겠다!

이런 구절이 나오는 이 유명한 시의 깊은 의미를 나는 잘 모른다. 단지 그 분위기가 너무나 절묘해서 마음이 끌린다. 그런데 폴 발레리가 그린 해변의 묘지는 지중해의 세트^{Sète}에 있다. 지중해의 정서와 대서양의 정서가 다르지 않을까, 바랑주빌의 해변 묘지가 훨씬 더 고즈넉한 게 아닐까, 그리고 여기에서 시를 쓴다면 분위기가 확연히 다른 작품이 되지 않을까 하는 생각을 해 본다.

저 아래 내려다보이는 해안으로 가보고 싶다면? 아주 색다른 길이 하나 있다. 이름하여 발뢰즈 드 바스트리발^{Valleuse de Vasterival}. 발뢰즈^{Valleuse}란 해안 절벽에 난 작은 계곡을 말한다. 두 개의 해안 절벽 사이에 생긴 아주 작은 협로를 따라 바닷가로 내려가는 환상적인 길이다. 마치 꼭꼭 숨겨놓은 듯한 이 비밀의 길을 따라 해안으로 내려가서 해 지는 풍경을 보시라. 누구라도 시인이 될 것이다.

06

그랑드 랑도네 21

세상에서 가장 아름다운 트레킹 코스

지금까지 알바트르 해안의 일부 도시와 어촌을 소개했다. 사실 이곳을 차로 돌며 빠르게 지나갔는데, 멋진 드라이브 길인 건 분명하지만, 저 멋있는 절벽 길을 걸어보면 얼마나 좋을까 하는 아쉬움이 남았다. 해안 절벽을 따라가는 이 해안 길은 세상에서 가장 아름다운 트레킹코스 중 하나이리라. 그 길이 GR21이다. GR은 그랑드 랑도네Grande Randonnée의 약자로, 전국적으로 트레일코스를 정리하여 고유번호를 붙인 것이다. 2019년에 실시한 프랑스 전국 하이킹루트 콘테스트에서 GR21은 가장 사랑받는 코스 8개 중 하나로 꼽혔다. 이 트레킹코스는 르아브르에서 뵐레트쉬르메르Veulettes-sur-Mer까지 93킬로미터, 뵐레트쉬르메르에서 르트레포르Le Tréport까지 101킬로미터, 이렇게 두 부분으로 나뉜다. 르아브르에서 북동쪽으로 가도 좋고, 르트레포르에서 남서쪽으로 가도 좋다. 전 구간을 완주하는 데 통상 9일이 걸린다고 하니 기운 좋고 여유 있고 운치 있는 젊은

◀ 해안 절벽을 따라가는 GR21.

사람이라면 전 구간을 답파해도 좋겠으나, 그런 정도가 아니라면 이 중 가장 맘에 드는 코스를 골라 걸어보는 것도 한 방법이다. 예컨대 르아브르에서 출발하여 에트르타를 거쳐 몽티빌리에Montivilliers로 올라가고, 코 지방Pays de Caux의 백악질 절벽을 바라보며 걷는 길은 환상적이리라. GR21은 도중에 리조트나 작은 마을도 있으니 중간에 잘 이용하면 좋을 것이다.

노르망디교

이제 방향을 바꾸어 플뢰리 해안으로 넘어가 보자. 르아브르에서 남쪽으로 향해 가려면 우선 아주 멋진 다리를 건너게 된다. 르아브르와 옹플뢰르를 연결하는 노르망디교Pont de Normandie가 그것인데, V자 모양의 구조물들이 독특한 다리로 꼽힌다. 그야말로 예술성과 고급 기술이 조화를 이룬 걸작이다.

미셸 비를로죄Michel Virlogeux가 설계한 이 다리는 1995년 1월 20일 개통했다. 이로써 상부 노르망디와 하부 노르망디가 연결되는데, 더 크게 보면 파리를 거치치 않고 북유럽에서 남유럽으로 가는 길 중 하나다. 길이가 2,150미터에 달하여 당시로서는 세계 최장의 사장교斜張橋, cable-stayed bridge였다(이 기록은 1998년 1만 2,345미터에 달하는 리스본의 바스쿠다가마교가 개통되면서 빼앗겼다). 이 다리는 원래 차량용이지만, 도보나 사이클링도 가능하다. 노르망디교 건설 과정에서 최대

노르망디교.
착시 현상으로 교량이 급경사인 듯 보이지만 실제 운전해 보면 평탄한 도로이다.

문제는 하중을 견디는 것보다도 바람이었다. 이 문제를 해결하기 위해 바닥판을 비행기 날개 뒤집은 형태로 만들었다. 그 결과 바람이 다리를 위로 올리는 것이 아니라 밑으로 누르는 힘으로 작용한다. 시속 440킬로미터의 바람에 견디고, 더불어 대형 화물선이 충돌해도 안전하도록 설계했다.

이 다리를 넘어가면 석고해안과는 빛깔이 또 다른 새로운 세계, 이름도 빛나는 '꽃 해안'이 펼쳐진다. 해안선을 따라 옹플뢰르, 도빌, 트루빌, 카부르, 그랑빌 등 그림 같은 해안 도시들을 만난다.

07

옹플뢰르

노르망디의 보석

옹플뢰르

플뢰리 해안에서 처음 도착하는 곳은 노르망디의 보석이라 일컫는 옹플뢰르다. 정말 꽃처럼, 보석처럼 빛나는 곳이다. 이 도시 자체도 볼거리가 많지만, 이곳을 베이스로 하여 오주 지방을 다녀오거나 해안 지역을 산보하는 것도 좋다.

옹플뢰르는 예술가들의 천국이다. 150년 전 인상파 화가들이 모여들던 아기자기한 항구 도시의 모습이 거의 그대로 남아 있다. 구항구Vieux Bassin 지역에는 그 옛날에 지은 고색창연한 건물들이 빽빽이 들어서 있다. 청회색 슬레이트로 지은 건물들이 물 위에 어른거리는 모습은 이 도시를 찾는 사람들의 탄성을 자아낸다. 낮에 볼 때도 멋있으나 밤에 등불의 빛이 아롱거리는 모습은 인상파 회화가 따로 없다.

원래 이 도시에는 배를 대는 아주 협소한 항구가 있었는데, 성벽 뒤에 자리 잡고 있어서 이름도 '안쪽 항구havre du dedans'였다. 이곳이

◀ 옹플뢰르 해안 풍경.

너무 비좁아서 깊이 준설할 필요가 생겼다. 성벽 일부를 부수면서 공사를 벌여 1684년에 완공한 것이 오늘날 '구항구'라고 부르는 시설이다. 길이가 고작 130미터이고 폭은 70~80미터에 불과하여 오늘날 관점으로는 원양 항해 배들이 드나드는 항구라고 하기에는 너무 작아 보인다. 현재는 주로 요트들이 정박해 있다.

과거에는 선박들이 들어오고 나가는 것을 지켜볼 수 있는 이 구역에 집을 짓는 것이 부와 특권의 상징이었다. 좁은 땅에 많은 건물을 올리려다 보니 건물 폭이 놀라울 정도로 좁다. 지금은 미술 갤러리와 식당으로 변모했는데, 자리가 부족해서 가게마다 거리에 테이블을 내다 놓았다. 그 북적대는 풍경도 이 도시의 특색이다. 여름이면 관광객들이 인산인해를 이루어서 인심이 각박해질 만도 한데, 일하는 사람들은 대부분 아주 친절하다. 파리에서 웨이터들의 행패에 가까운 불친절을 너무 많이 겪었던 터라 아직 시골 사람들의 친절함이 남아 있는 이곳 분위기가 정겹고 심지어 고마운 느낌마저 든다. 항구 지역에는 호텔과 레스토랑이 자리 잡고 있다. 신선한 생선이나 새우 요리, 무엇보다도 옹플뢰르의 특산물인 홍합과 감자튀김 요리인 물 프리트moules-frites도 많이 팔아서 부담 없이 즐길 수 있다.

항구 한쪽에 있는 리외트낭스Lieutenance라는 건물은 과거 시내로 들어오는 두 입구 중 하나였다. 이제는 사라졌지만 지난날 시를 둘러싸고 있었던 성벽의 마지막 남은 흔적이다. 리외트낭스로 불리는 이유는 1684년부터 프랑스혁명까지 이 건물의 위층을 국왕 대리관 lieutenant général du royaume이 사용했기 때문이다.

리외트낭스.
과거 성벽의 마지막 남은 흔적이다.

이곳에서 멀지 않은 곳에 생트카트린 성당Église Sainte-Catherine이 있다. 서유럽의 다른 어느 지역에서도 보기 힘든 고색창연한 목조 성당이며, 프랑스에서 가장 큰 목조 성당이다. 그 고졸한 모습이 실로 인상적이다. 종탑 건물은 약간 떨어진 거리에 별도로 세웠다. 땅이 비좁은 데다 화재 위험 때문에 건물들을 가급적 따로 분리한 결과라고 한다. 여기에서 말하는 '생트카트린'은 '알렉산드리아의 카타리나' 성녀를 가리킨다. 참혹한 고문 끝에 참수당해 순교한 성녀여서 고난의 상징인 바퀴와 칼을 든 모습으로 표현하는데, 종탑 위에 이 성녀의 목상이 있다. 이 성당은 15세기에 백년전쟁이 끝난 것에 감사하는 의미로 시민들이 궁핍한 형편에도 어렵게 만들었다고 한다. 성당을 지은 사람들은 조선 기술자들, 곧 '도끼 마스터'들이다. 이들은 전적으로 도끼만 가지고 나무를 다루며 톱을 사용하지 않는다. 〈바이외 태피스트리〉에 나오는 조선 작업 장면에서 볼 수 있는 그 방식 그대로다. 말하자면 바이킹 선조들의 배 만드는 기술이 전수되어 온 것인데, 이들이 배를 건조하는 방식을 원용해서 목조 성당을 지은 것이다. 과연 성당 내부에서 보면 선체를 거꾸로 뒤집은 듯한 모양이 확연하다. 천장이 M자 모양을 이루고 있는데, 배 두 척을 지어 거꾸로 뒤집어 천장으로 쓴 것 아닌가 하는 느낌이 들 정도다. 성당 안에서 엄청난 크기의 기둥을 볼 수 있는데, 이런 정도로 큰 참나무는 이제 더는 찾기 어렵다고 한다.

생트카트린 성당 내부.
천장에 선체를 거꾸로 뒤집은 듯한 모양이 확연하다.

이 성당은 15세기 모습에서 약간씩 변화해 왔다. 예컨대 현재 보이는 지붕은 19세기에 원래의 지붕 위에 덧붙인 것이다. 내부의 소성당 자리에는 최근의 조각상들을 두었는데, 특히 이 지방 출신인 테레즈 성녀가 대표적이다. 생트카트린 성당은 다른 지역에서는 좀처럼 볼 수 없는 희귀한 유형의 건축물이고, 먼 과거의 향기를 머금은 고졸함이 오히려 빛나 보이는 명품 중의 명품이다. 그래서 늘 관광객들이 가득하지만 교회는 교회다. 나처럼 멋모르고 모자 눌러쓰고 돌아다니면 엄한 인상의 할머니 집사가 오셔서 야단치신다. 그럴 때는 말대꾸하지 말고 꼭 공손하게 모자를 벗으시라.

그 외에도 몇 채의 소슬한 교회 건물들이 있다. 그라스 언덕 위에 있는 노트르담 드 그라스 소성당Chapelle de Notre-Dame de Grâce은 그 소박하고 우아한 모습을 보기 위해 일부러 찾아가 볼 만한 가치가 있다. 행정구역상으로는 옹플뢰르를 벗어나 에크모빌Équemauville에 속하는데, 옹플뢰르 시내를 굽어보는 언덕에서 보는 바다를 향한 뷰가 멋지다. 이곳에는 원래 11세기에 지은 성당이 있다. 노르망디 공작 리샤르 2세가 항해 중에 죽을 뻔한 위험에 처했을 때 자신이 생명을 구하면 교회를 짓겠다는 서원을 하여 지은 것이다. 현재의 성당은 언덕 붕괴 사태가 일어난 후 17세기에 옹플뢰르 시민과 선원들이 주도하여 대체한 것이다.

시내는 정처 없이 돌아다니며 구경해도 마냥 좋은 예쁜 구역들이 이어져 있다. 아기자기한 골목길들이 거미줄처럼 나 있고, 그 안에 사랑스러운 가게들, 카페와 레스토랑, 목골 주택들이 있다. 살짝

노트르담 드 그라스 소성당.

트리포 공원의 벽에 그려진 염색업자들.

휘어져 돌아가서 끝부분이 사라지는 이런 골목길은 정말 꿈속의 길 같다. 그런 길들을 걷다 보니 돌연 숨겨진 보석처럼 예쁜 공원이 나타난다. 트리포 정원Le Jardin du Tripot은 시가 2013년에 새로 조성한 공원이다. 번잡한 시내의 한복판에 이런 고요한 공간을 만들어 놓다니, 그거 참 감각이 신선하다. 아니크 르루아Annick Leroy라는 예술가에게 위임해서 시내의 작은 개천이 흐르는 곳에 정원을 조성하고, 이곳저곳에 염색업자들, 우산 쓴 아이, 오리 같은 재미있는 조형물을 배치하여 아기자기한 장면들을 만들었다.

시내에 위치한 유서 깊은 옛 건물로 소금창고Greniers à sel가 있다. 옹플뢰르는 지금은 그저 예쁘장한 작은 항구 도시 정도로 보이지만, 과거에는 프랑스의 해양 부문에서 중요한 역할을 했다. 신대륙 발견과 개발에 적극적으로 참여한 중요 항구로, 많은 탐험가들이 이 항구에서 새로운 대륙을 찾아 떠났다. 예컨대 1608년에는 사뮈엘 드 샹플랭Samuel de Champlain, 1567~1635이 조직한 탐험대가 캐나다로 가서 지금의 퀘벡시를 건설했다. 항구 옆에는 그의 기념비가 있다. 옹플뢰르는 원양 어업 활동도 활발히 수행했다. 그러다 보니 청어 및 대구 어업에 필요한 소금을 많이 확보해야 했다. 그 흔적을 볼 수 있는 역사 유산이 소금창고다. 1670년 성을 허물고 그 돌을 재활용하여 1만 톤의 소금을 보관할 수 있는 소금창고 세 채를 지었는데, 그중 두 채가 보존되어 있다(한 채는 1892년 화재로 사라졌다). 이 멋진 공간은 현재는 전시, 음악회, 콘퍼런스에 이용한다. 예컨대 내가 방문했을 때는 바다 괴물을 테마로 전시회를 하고 있었다.

생시메옹 여관

옹플뢰르만큼 많은 화가들이 찾아오고 또 화폭에 옮긴 곳은 없을 듯하다. 모네는 이곳 출신 화가 부댕과 만난 후 쿠르베, 코로, 시슬레, 피사로, 르누아르 같은 다른 많은 화가들을 이끌고 옹플뢰르를 찾아오곤 했다. 이 화가들의 작품 속에 생시메옹Saint-Siméon이라는 이름이 자주 나온다. 예컨대 부댕의 〈생시메옹 농가. 식탁에 자리 잡은 사람들La Ferme Saint-Siméon. Les gens à table〉(1855~1857), 뒤부르의 〈생시메옹 농가에서의 식사Dejeuner à la Ferme Saint Siméon〉, 모네의 〈생시메옹 농가로 가는 눈 덮인 길 위의 수레Charette sur la route enneigée avec la Ferme de Saint-Siméon〉(1867) 등이 있다. 여기에서 말하는 생시메옹은 대체 어떤 곳일까?

화가들에게 너무나도 소중한 아지트 역할을 했던 여관이다. 옹플뢰르 시내에서 약간 벗어나 언덕을 오르면 나온다. 1825년 투탱Pierre-Louis Toutain이라는 사람이 세워서 원래 이름은 투탱 아주머니 여관auberge de la mère Toutain이지만, 더 흔히는 생시메옹 농가ferme Saint-Siméon라고 불렀다. 당시 여관auberge은 숙박만 제공하는 게 아니라 식당 역할도 겸했다. 오늘날 고급 호텔이 유명 레스토랑을 운영하는 것과 유사한데, 다만 소박한 수준이라고 보면 된다. 원래는 지방 어민들이 성당에 기도하러 갈 때 이용하던 곳으로 음식이 싸고 맛있다고 소문이 나 있었는데, 가난한 화가들이 애용하게 된 것이다. 이미 1827년에 외젠 이사베Eugène Isabey, 1840년에 카미유 코로Camille Corot가 들른 기록이 있다. 1854년에는 부댕이 처음 장기 투숙을 했다. 먹고 자는 비용이 매달 4프랑이라고 하는데 그 가치가 현재로 치면 어느 정도인지는 알기 어렵다. 그 후 부댕이 친구들에게 소개하여 예술가들이 모여드는 집합소가 되었다. 쿠르베도 이곳에 방을 잡았고, 도비니, 용킨트, 뒤부르Louis-Alexandre Dubourg, 모네, 게다가 시인인 보들레르도 자주 들러서 특선 요리인 새우 요리에 시드르를 마셨다.

부댕, 〈생시메옹 농가〉(1867년경).
용킨트, 마르크, 모네, 아샤르 등 당대 예술가의 모습을 담았다..

뒤부르가 그린 〈생시메옹 농가에서의 식사〉 같은 작품에서 그런 모습을 상상해 볼 수 있다. 모네가 그린 그림을 보면 당시 이곳이 얼마나 소박한 시골 지역이었는지 알 수 있다. 한 가지 덧붙이자면, 지금은 아마 거의 볼 수 없는 눈 덮인 풍경으로 보아 당시 기후가 현재와 다르지 않았을까 하는 생각이 든다.

많은 화가들이 이 여관의 텃밭, 만에 지는 석양, 옹플뢰르 절벽

등을 그렸다. 화가들은 돈이 떨어지면 술값으로 작품을 맡기기도 했다. 이 정도면 '생시메옹 유파'가 만들어졌을 법하다. 그런데 세상 만사가 생각대로 되지는 않는 법, 1865년 이 여관이 팔려버렸다. 예술가들로서는 미칠 노릇이었으리라! '노르망디의 몽마르트르'가 사라진 것이다. 오늘날 그곳에는 이름은 여전히 생시메옹이지만 5성급 고급 호텔이 자리 잡고 있다. 가난한 예술가, 빈한한 관광객은 찾아가면 안 되는 곳이 되어버렸다.

이 화가들의 작품은 각지의 미술관에 분산되어 큰 인기를 누리고 있다. 다만 이 지역 화가인 부댕의 경우에는 특별히 외젠 부댕 미술관Musée Eugène Boudin이 있어서 많은 작품이 수집되어 있다.

옹플뢰르에 모여든 예술가 집단에는 세기말의 시인 보들레르도 한몫한다.《악의 꽃Les Fleurs du mal》으로 유명한 그도 옹플뢰르를 자주 찾았다. 보들레르가 수시로 옹플뢰르로 향한 것은 의부 오픽Aupick 장군이 죽고 어머니가 이곳의 별장 '메종 주주Maison Joujou'로 이사 왔기 때문이다. 시인은 돈 떨어지고 정신적으로 괴로우면 어머니를 찾아오곤 했다. 이곳에 오면 마음이 안정되고 작품 구상도 잘 되었던지 "옹플뢰르는 언제나 내 꿈속에서 제일 귀한 곳"이라고 썼다.

보들레르의 의부는 그가 법률가가 되기를 바랐으나 그에게는 그런 마음이 눈곱만큼도 없었다. 아들로부터 정녕 시인의 길을 가고자 한다는 말을 들은 어머니의 반응이 애처롭다. "가슴 아픈 일이야. 샤를이 아버지 뜻을 따랐다면 경력이 완전히 달라졌을 텐데. 그러면 문학사에 이름을 올리지는 못했겠지만 우리 모두 훨씬 더 행복했을 걸 …." 그러거나 말거나 '영원히 고독할 운명의 느낌'을 가졌던 시인은 여행을 꿈꾸었고, 또 그것을 시로 썼다.

…

보세요, 저 운하 위에
방랑자 기질의
배들이 잠자는 것을
그들이 세상의 끝에서 온 것은
그대의 사소한 욕망을
충족시켜주기 위해서예요.
─ 저무는 태양이
히아신스 빛과 금빛으로
들판을, 운하를
도시를 물들이면
세상은 잠이 들지요
따뜻한 빛 속에서.

거기엔 모든 것이 질서와 아름다움,
사치와 고요, 그리고 쾌락일 뿐.

─ 〈여행으로의 초대〉(부분)

옹플뢰르의 바다가 이런 시상을 떠올리게 하지 않았을까. 보들레르는 이 작품을 바다가 보이는 슈발 블랑Cheval Blanc('흰 말') 호텔 방에서 썼다고 한다. 슈발 블랑? 그게 어디더라 … 한국에 돌아와서야 깨달았다. 옹플뢰르에서 내가 머물렀던 그 호텔이 다름 아닌 보들레르가 머물며 시를 썼다는 그 호텔이라는 사실을.

에릭 사티의 고향

옹플뢰르는 에릭 사티Erik Alfred Leslie Satie, 1866~1925의 고향이기도 하다. 그가 태어난 집은 현재 메종 사티Maisons Satie라는 이름의 기념관이 되었다.

사티만큼 일상적으로 기행을 시전하는 인물도 드물 것이다. 똑같은 옷을 한꺼번에 여러 벌 주문해서 같은 옷을 입었고, 늘 우산을 들고 다녔지만 정작 비가 오면 우산이 비에 젖을까 봐 코트 속에 고이 넣은 채 걸어 다녔다. 하얀 샐러드, 흰 생선살, 백색 소시지 등 하얀 음식만 먹었다. 무엇보다 생긴 모습부터 특이하다. 키가 182센티미터 정도로 상당히 컸지만, 몸무게는 60킬로그램이 채 안 되는 매우 마른 체격이어서 실제 보면 삐삐로처럼 길었을 것 같다.

사티는 어린 시절 어머니가 사망한 후 아버지가 재혼하여 조부모 밑에서 성장했다. 1878년 12세에 아버지가 있는 파리로 갔지만 새어머니와 불화를 겪었다. 그렇다고는 해도 피아노 선생인 새어머니가 그에게 피아노 치는 법을 가르쳐 주었다. 다음 해인 13세에 파리 음악원Conservatoire de Paris 예비학교에 입학했으나 작곡 선생님은 피아노를 전공하라 하고, 피아노 선생님은 작곡을 전공하라고 권했다. 서로 상대방에게 미룬 것을 보면 당시 선생님들은 사티가 피아노 연주와 작곡 모두 재능이 없다고 평가한 것 같다. 나중에 그가 작곡하고 연주한 걸 보면 결코 그래 보이지는 않으나, 하여튼 당시 사티는 이런 평가를 받고 학교를 그만두었다.

1882년 16세에 입대했지만 이런 인간이 군 생활을 잘할 수야 없다. 알몸으로 보초를 서는 등 반항적인 행동을 하다가 기관지염에 걸려서 조기 제대했다. 이후 그는 몽마르트르 언덕의 카바레 '검은 고양이'Le Chat Noir'에서 일자리를 얻어 연주하며 생활했다. 그의 작품 중 가장 유명한 〈사라방드Sarabandes〉, 〈짐노페디Gymnopedie〉, 〈그노시엔Gnossienne〉 등이 이 시기의 작품이다.

세기말 몽마르트르는 낭만적 예술가들이 모여드는 곳이었다. 사티는 이곳에서 말라르메, 베를렌, 콕토, 드뷔시, 스트라빈스키, 피카소 등 당대 최고의 예술가들과 우정을 쌓으며 영향을 주고받았고 함께 작품을 만들었다. 예컨대 세르게이 디아길레프가 세운 발레 뤼스Ballets Russes(러시아 발레단)가 발표한 발레 작품의 경우, 대본은 장 콕토가 쓰고 무대와 의상은 피카소가 맡았으며, 음악 담당은 에릭 사티였다. 그야말로 별들의 모임이다.

몽마르트르의 카바레에서 살며 활동하던 화가로 로트레크Henri de Toulouse-Lautrec, 1864~1901가 있다. 사티는 로트레크를 통해 운명의 여인

수잔 발라동Suzanne Valadon, 1865~1938을 만났다. 그러나 그 사랑은 고작 몇 달밖에 지속되지 않았다. 이 시기에 쓴 곡이 〈난 당신을 원해요Je te veux〉다. 사티가 1903년에 작곡한 이 느린 왈츠곡은 사티가 한때 반주를 해준 가수 폴레트 다르티Paulette Darty에게 주었으나, 아마도 수잔 발라동을 마음에 두고 작곡한 것으로 보인다. 왈츠 형식의 간단한 반주에 멜로디가 쉬워 금방 마음에 와 닿는 이 곡은 아마 누구나 들어봤을 것이다. 개인적으로는 조수미 선생이 부른 곡이 운치 있어서 좋아한다. 사티는 앙리 파코리Henry Pacory의 가사를 약간 개사하여 곡을 붙였다.

당신의 고뇌를 이해해요
내 사랑이여
그리고 나는 당신이 원하는 대로 따를 거에요
나를 당신의 애인으로 삼으세요.
현명함에서 멀어져
더욱 슬픔이 커질수록
나는 소중한 순간만을 원합니다
우리가 행복한 그 순간을
나는 당신을 원해요.

후회는 없어요
내 바람은 오직 한 가지

당신 곁에, 아주 가까이에서

평생 살아가는 것.

내 심장이 당신 것이 되고

당신 입술이 내 것이 되는 것,

당신 몸이 내 것이 되고

내 모든 육체가 당신 것이 되는 것

네, 당신 눈에서

신성한 약속이 보여요

사랑에 빠진 당신 심장은

내 애무를 찾네요.

영원히 포옹하고

같은 불길에 타고

사랑의 꿈속에서

우리는 영혼을 교환할 거에요.

    수잔 발라동의 원래 이름은 마리 클레망틴 발라동Marie Clémentine Va-
ladon. 세탁 일을 하는 어머니의 사생아로 태어나 서커스 단원으로 일
하다가 부상을 입고 서커스를 떠나 몽마르트르에 정착한다. 그녀가
처음 몽마르트르에서 만난 사람은 화가 르누아르다. 많은 르누아르
그림의 주인공이 수잔 발라동이라고 한다. 이후 로트레크, 드가, 샤
반 등의 모델이 되기도 하고 사랑에 빠지기도 했다. 그러는 동안 그

녀는 그림에 대한 재능을 발견했고, 자신도 그림을 그리게 된다. 화가들의 모델을 하면서 알게 모르게 배우고 영향을 받았던 것 같다. 결국 그녀는 프랑스 최초로 여성 국립 예술원 회원이 된다.

카바레에서 피아노를 연주하던 사티는 1893년 로트레크와 같이 있는 발라동에게 반해 청혼했으나 거절당했다. 그러나 수잔이 사티가 살고 있던 곳의 옆방으로 이사하면서 연애를 시작했다. 이때 사티는 창작욕이 불타올라 그림을 그리거나 새로운 곡을 썼다. 이때 발라동은 사티의 초상화를 그려주었다. 그러나 이들의 연애는 오래가지 못했다. 몇 개월 후 수잔이 이사 가며 영영 헤어졌고, 큰 슬픔에 빠진 사티는 죽을 때까지 두 번 다시 다른 여인과 사랑을 나누지 않았다. 27세에 만나 6개월을 같이 살았던 그녀를 59세에 세상을 떠날 때까지 잊지 못했다. 그녀와 헤어진 후 아무도 발을 들이지 못하게 했던 그의 작은 방에는 피아노와 발라동이 그린 사티의 초상화, 그리고 그녀에게 쓴 보내지 못한 편지들이 있었다고 한다.

사티가 남긴 곡 중 우리에게 잘 알려진 것으로는 1888년 22세에 쓴 〈짐노페디〉가 있다. '짐노페디'는 사전에 없는 단어다. 문학을 즐겼던 사티는 플로베르의 소설 〈살람보Salammbô〉와 고대 그리스 춤에서 영감을 얻어 〈짐노페디〉를 만들었다. 고대 그리스의 토기 암포라에 그리스 소년들이 나체로 춤을 추면서 디오니소스를 찬양하는 모습이 그려져 있는데, 그 그림을 보고 만든 곡이라고 한다. 3개의 〈짐노페디〉 중 1곡은 '느리고 고통스럽게', 2곡은 '느리고 슬프게', 3곡은 '느리고 엄숙하게'라는 지시어가 있다. 느리면서도 고통스럽고 슬프고 엄숙한 이 곡은 영화와 드라마의 배경음악으로도 많이 사용되어 음악에 관심이 없는 사람도 들으면 바로 알 수 있다.

사티는 자신이 음악을 연주할 때 청중들이 와서 자유롭게 돌아다니기도 하고 의자에 앉아 대화도 하면서 편하게 들을 수 있기를 원했다. 그래서 그의 음악을 '가구음악'이라고 말한다. 집안의 가구처럼 그냥 그 자리에 있으면서 방해되지 않는, 생활 속에 있는 음악이라는 뜻이다. 그는 카페의 손님들이 자신의 연주에 귀를 기울이면 "제 음악은 집중해서 듣지 않아도 됩니다. 계속 말하세요"라고 말했다. 청중들에게 부담 없이 자유롭게 듣기를 권하는 그의 음악은 간결하고 쉽고 감미로우며, 반복되는 동기의 연주로 현대 미니멀리즘의 선구라고 불리기도 한다. 그의 음악이 오늘날 더욱 사랑받는 것을 보면, 그는 자신의 말대로 '너무 늙은 시대에 너무 젊게 세상에 온 사람'인지 모른다.

반복성 강한 그의 음악 가운데에서도 가장 기이한 곡은 누가 뭐라 해도 〈벡사시옹Vexation(짜증)〉이다. 연주자에게 주는 메시지는 이렇다. "840번 반복 연주하시오. 미리 준비하고 절대적인 침묵 속에서 미동도 없이 연주하시오." 실제로 20시간 넘게 이 곡을 연주한 사람은 존 케이지였다. 사실인지는 모르겠으나, 이 음악회에 끝까지 앉아 있었던 사람은 앤디 워홀이었다고 한다(그리고 다른 청중 한 명이 잠자고 있다가 연주가 끝나자 일어나서 '앙코르~'를 외쳤다고 하는데, 암만해도 지어낸 이야기 투가 물씬하다).

오늘날 파리의 몽마르트르에서는 사티의 흔적을 거의 찾을 수

〈장례식을 위한 춤(서양배)〉.

없다. '검은 고양이'도 사라졌다. 이제 그의 흔적을 찾으려면 메종 사티로 가야 한다. 1998년 음악제를 기념하여 이 집을 박물관으로 꾸몄는데, 사티의 본성을 잘 아는 사람들인지 입구에 이렇게 썼다. "이곳은 박물관이 아닙니다. 그냥 즐기세요." 사티의 삶과 천재성, 그가 만든 시적이고 창의적이며 괴팍한 세계를 기리는 곳인 만큼 이박물관 역시 개성이 넘친다. 기계장치 서양배pear는 날개를 펴서 날

아올랐다가 다시 내려앉고, 메트로놈은 '사티는 죽었다, 사티는 살았다'를 반복하며, 한쪽에는 기계장치 원숭이 조나Jonas가 우리를 맞이한다. 가구, 그림, 문학 노트, 신문 그리고 그가 생전에 수집했던 유명한 우산들도 쌓여 있다. 기계장치 피아노가 〈짐노페디〉와 〈그노시엔〉을 연주하는 방에는 뭔가 기이하고도 애잔한 그의 흔적들이 음악을 타고 있다.

오주 지방을 돌아다니다가 서둘러 간다고 갔는데도, 사티의 집에 도착한 것이 오후 5시가 약간 넘었을 때다. 티켓을 사려고 하니 직원이 안 된다고 한다. 적어도 한 시간 이상 봐야 하는데 이미 늦었다는 것이다. 약간 서두르면 충분히 볼 수 있다고 말해도 내일 다시 오라고 한다. 내일 한국으로 돌아가야 해서 오늘 꼭 봐야 한다고 하자 한숨을 푹 쉬더니 표를 준다. 파리 같은 곳에서는 이런 말을 해도 웬만해서는 표를 주지 않는다. 냉큼 들어가서 기계장치 원숭이부터 기계장치 피아노까지 다 보고 나니 문 닫는 시간이 되었다. 퇴근하지 못하고 기다리는 사람에게 미안한 마음이 들어서 급히 나가려고 하는데, 직원이 청소하다 말고 한쪽 방에서 사티 관련 영화를 상영하니 그것도 보고 가라고 한다. 옛날 필름인데 꽤 재미있는 내용들이다. 마지막까지 볼 건 다 보고 나니 뿌듯하다. 매번 느끼는 것이지만 이 동네는 사람들이 참 친절해서 좋다.

08

도빌, 트루빌, 카부르

파리지앵이 많이 찾는 휴양지

옹플뢰르를 지나 해안을 따라 가면 또 다른 특색 있는 항구 도시들을 만나게 된다. 첫 번째 볼 곳은 여름에 파리지앵이 많이 찾는 고급 휴양지 도빌Deauville이다. 럭셔리라는 게 뭔지 제대로 느끼고 싶으면 도빌을 찾아가 보시라!

오늘날 찬란한 모습을 자랑하는 이 도시도 원래는 황량한 모래언덕과 늪지투성이의 빈 땅이었다. 개발이 시작된 것은 1860년대 이후다. 늪지를 배수하고 호텔을 세우고 해수욕 시설을 만들고 곧이어 파리와 기차 노선을 연결하자, 4년 만에 완전히 탈바꿈해서 파리지앵의 우아한 휴식처로 변모한 것이다.

19세기 사람들은 어떻게 해수욕을 했을까? 특히 여성들은 … ? 1865년 부댕이 그린 〈도빌에서 해수욕 하는 시간Echelle de temps à Deauville〉이라는 작품을 보자. 바닷가에 하얀 천막이 보인다. 일명 '해수욕 기계'다. 여성들이 이 안에 들어가 치렁치렁한 드레스를 벗고 해

부댕, 〈도빌에서 해수욕 하는 시간〉(1865).

수욕 복장으로 갈아입으면 말이 이 '기계'를 끌고 바다로 들어간다. 그러면 여성이 바다로 들어가 남자들 눈을 피해 해수욕을 즐긴다. 그 후 다시 '기계'에 들어가 옷을 갈아입은 후 바깥에 깃발을 꽂으면 말이 해안으로 끌고 온다.

도빌, 연중 화려한 오락거리를 제공하는 도시

제1차 세계대전 이전 벨에포크 시절에는 화려한 호텔과 카지노 들이 들어섰다. 제1차 세계대전 때 부상자 진료소로 변했지만 간전기에 다시 개발되었고, 제2차 세계대전 후 국제적인 명성을 얻었다. 이런 장기적 발전의 결과 이제 도빌은 연중 화려한 오락거리를 제공하는 장소가 되었다. 바다 쪽에 장대한 건물들이 들어섰고, 시가지에는 최고급 브랜드 매장들이 즐비하다. 골프용품 매장, 아트갤러리, 상점이 있고 카지노와 화려한 나이트클럽도 많다.

노르망디는 말 사육과 경마로도 유명하다. 도빌이나 이웃 도시 카부르Cabourg의 경마장에 많은 사람들이 몰린다. 클레르퐁텐 경마장 Hippodrome de Clairefontaine과 투크 경마장Hippodrome de la Touques에서 유명한 국제 경주마 대회가 교대로 열린다. 외국 관광 안내 자료를 보다 보면 야외 활동으로 승마에 관한 것들을 자주 접한다. 완전 초보라도 약간의 교육을 받은 후 말을 타고 한 시간 정도 느린 속도로 주변 지역을 다녀올 수 있다는 식이다. 한번 시도해 볼까 하는 마음이

도빌 해변에서 승마를 즐기는 사람들.

들다가도 무서워서 아직 해보지는 못했지만, 얼마나 짜릿할까 상상
하곤 한다. 그중에서도 특히 내 상상을 자극하는 것은 새벽에 말을
타고 바닷가를 달리는 모습이다. 도빌에서는 아침 햇살 아래 바닷물
을 튕기면서 신나게 말 타고 달리는 장면을 볼 수 있다. 젊은 사람들
에게는 기회 있으면 승마를 배워보라고 권하고 싶다. 부의 발전 단
계마다 사람들의 오락도 변하는데, 어느 수준에 이르면 승마가 널
리 보급된다고 한다. 실제 우리 주변에 승마를 배우는 사람들이 적
지 않다. 말의 보급에서 중요한 것이 한 가지 더 있다. 소위 말 치료
법hypotheraphy이다. 예컨대 자폐 증상이 있는 아이가 말타기를 배우면

도빌 해변의 판자길.

말과 교감하면서 상당히 좋은 효과를 얻는다고 한다. 이 분야는 우리나라에서도 발전하는 중이다.

　나는 이번 생에는 승마나 경마 게임과는 인연이 없을 듯하다. 새벽에 바닷물 튕기며 말 타고 질주하는 건 다음 생에 시도해 보기로 하고, 지금은 도빌 바닷가의 풍광을 보는 것으로 족하다. 알록달록한 파라솔이 세워져 있는 해변은 도빌의 상징이다. 이곳에는 목재로 만든 신비롭고도 이색적인 산책로가 있다. 이것이 그 유명한 판자길이다. 사실 요즘 우리나라의 해변 관광지도 이런 식의 판자길이 잘 정비되어 있어서 도빌의 판자길이 감탄스러울 정도는 아니다. 그렇지만 이미 100년 전에 이런 아이디어를 냈다니 실로 멋진 일이다. 1923년에 만들어진 이 아르데코Art Déco 양식의 판자길은 해변을 따라 길게 뻗어 있는데, 총 길이는 643미터에 이른다.

특히 장루이 트랭티냥과 아누크 에메가 출연한 영화 〈남과 여Un homme et une femme〉에서 선보이며 도빌 판자길은 세계적으로 유명해졌다. 〈남과 여〉라고 했을 때 머릿속에서 '샤바라바라 샤바라바라' 하는 음악 소리가 들린다면 연식이 좀 되는 분이다. 1966년 작품으로 한때 전 세계 팬들의 마음을 흠뻑 적신 고전이다.

여기 한 남자와 한 여자가 있다. 둘 다 사랑하는 사람과 사별했고, 둘 다 아이가 도빌의 기숙학교에 다니고 있다. 주말이면 두 사람 모두 파리에서 도빌로 아이를 보러 온다. 영화 스크립터인 여자는 기차로 오고 카레이서인 남자는 자신의 차로 온다. 여자는 파리로 돌아가는 기차를 놓쳐서 남자의 차를 타게 된다. 파리 아파트에 데려다주면서 남자는 여자의 남편이 이미 죽었다는 이야기를 듣는다. 얼마 후 이번에는 여자가 남자의 아내에 대해 묻고 아내가 정신적으로 불안한 상태였다가 자살했다는 이야기를 듣는다. 두 사람은 이제 새로운 사랑에 빠진다. 도빌의 호텔에 방을 잡은 남자와 여자는 사랑을 나누지만 여자는 죽은 남편을 떠올리고, 여자의 슬픔을 깨달은 남자는 여자를 보내주기로 한다. 그렇지만 차마 운명적인 사랑을 놓칠 수 없다. 여자가 혼자 기차를 타고 파리로 올라가는 동안 남자는 차를 몰고 달려간다. 기차 역에서 나오던 여자는 남자를 보고, 두 사람은 껴안는다. 클로드 를루슈Claude Lelouch 감독은 '영화 같은 사랑

이야기가 아니라 실제 삶에서 있을 수 있는 사랑 이야기'를 만들고 자 했다고 말하지만, 암만 봐도 영화 같은 사랑 이야기 그 자체다.

도빌은 영화와 관련이 깊다. 1975년부터 매년 9월에 미국 영화 페스티벌이 개최되고 있는데, 1996년부터는 아시아 영화도 포함되 었다(이와 함께 이웃 도시 카부르의 로맨틱 영화제, 셰르부르의 영국 영화 주 간, 루앙의 노르딕 영화제 등도 유명하다). 이 영화제에는 할리우드 스타 들이 휴가도 즐기고 영화 홍보도 할 겸 많이 오기 때문에 이때가 되 면 팬들로 북적거린다. 해변 길에는 유명 배우들의 사인을 새긴 명 판들이 있어서, 자신이 아는 배우들 이름을 찾는 재미가 있다. 도빌 판자길은 오늘날까지도 많은 이들에게 사랑을 받는, 꼭 들러 보아야 할 유명 관광지로 남았다.

소박하고 아기자기한 트루빌

도빌과 바로 이웃한 곳에 마치 쌍둥이 형제처럼 트루빌Trouville-sur-Mer이 있다. 도빌에서 다리 하나 건너면 바로 트루빌이다. 도빌은 어 딜 가나 럭셔리를 자랑하는 듯한 분위기지만 트루빌은 훨씬 소박하 고 아기자기하다. 노르망디의 절벽 지형이 고도를 낮추어서 투크강 어귀에서 황금빛 모래사장으로 변신한다. 19세기에 '프랑스에서 가 장 아름다운 해변'의 명성을 누렸던 곳으로, 부댕, 모네, 카유보트를 비롯한 수많은 화가들이 이곳 풍경을 그렸다. 프랑스 작가 마르그리트 뒤라스Marguerite Duras, 1914~1996가 특히 이곳을 사랑해서 30년 동안 매년 여름 한철을 이곳에서 보냈다. 언덕 방향으로 천천히 길을 따라 올라가 보면 '저런 집 하나 있으면 좋겠다'는 생각이 드는 멋진 집들이 단정하게 늘어서 있다. 그 길을 따라가다가 트루빌 해안이 잘 보이는 끝 지점에 이르면 '레 로슈 누아르Les Roches Noires(검은 돌)'라는 건물이 보인다. 1866년에 방이 300개인 화려한 호텔이었는데, 당시에는 최고의 시설과 멋진 풍광으로 '노르망디 해안의 왕'이라 불렸고, 잘 나가는 부르주아, 귀족, 명사 들이 들르는 명소였다. 그래 봐야 전쟁 중에는 정부에 징발되어 병원 건물로 쓰이다가 독일군에게 점령당하는 운명을 맞이했다. 제2차 세계대전 후인 1959년부터는 호텔이 아니라 아파트로 매매되었다.

뒤라스는 어린 시절부터 이 지역을 사랑해서 자주 오다가 1963년 이 건물 105호의 주인이 되었다. 그러고는 죽을 때까지 매년 여름 이곳에서 지냈다. 해안을 산책하고 상트랄 레스토랑brasserie Le Central의 '지정석'에서 저녁을 먹었는데, 특히 굴을 즐겨 먹었다고 한다. 이 자리는 오늘날 관광객들이 경쟁적으로 앉으려는 곳이 되었음은 물론이다. 그녀는 트루빌에서 바다를 보며 작품을 구상하곤 했다. 뒤라스의 작품에 이런 장소들이 자주 등장한다. 흔히 이 작가의 소설 주인공들이 와인과 위스키를 폭음하곤 한다. 분명 작가 자신의 모습이 투영되었을 터다. 뒤라스는 소문난 알코올중독자였다. 아침에 눈 뜨면 술 마시고, 점심 때 토한 다음 오후에 보르도 와인 8리터를 마시고 나가떨어졌다. "나는 진짜 알코올중독자였다. 나는 자려고 레

트루빌 해변과 레 로슈 누아르(맨 왼쪽 건물).

드 와인을 마셨다. 밤이 깊으면 코냑을 마셨다. 매시간 와인을 마셨고 아침에는 커피 다음에 코냑을 마신 뒤 글을 썼다. 돌이켜 보면 그런데도 글을 쓸 수 있었다는 게 놀라울 따름이다." 그렇다, 내가 생각해도 그저 놀라울 따름이다.

트루빌은 중요한 어항이어서 1935년에 문을 연 생선 시장이 있고, 당연히 좋은 생선 레스토랑이 많다. 생선 시장은 노량진 수산시장만큼 크지는 않아서 귀여운 수준이다. 이곳에서는 가게에서 굴 같은 것을 골라 이웃 천막에서 화이트 와인과 함께 먹을 수 있다.

이 도시는 또한 유명한 포스터 화가 레몽 사비냐크Raymond Savignac (1907~2002)의 고장이다. 그는 이곳에서 노년을 보내다 2002년 사망했다. 도시 어디랄 것 없이 그가 그린 유머러스한 작품이 넘쳐나지만, 특히 트루빌의 빌라 몬테벨로 미술관Musée Villa Montebello에 가면 멋진 컬렉션을 볼 수 있다.

멋진 리조트 도시, 카부르

트루빌에서 멀지 않은 곳에 카부르Cabourg가 있다. 이곳 역시 멋진 리조트 도시이며, 바닷가를 따라 산책을 즐기고 벨에포크 시절에 지은 건축물을 감상할 수 있다. 그중에는 마르셀 프루스트Marcel Proust (1871~1922)가 머문 곳으로 유명한 그랑 호텔Grand Hôtel도 있다. 그는 매년 카부르를 방문하다가 1913년 자기 운전사의 부인이며 자신을

카부르의 그랑 호텔 앞에 서 있는 마르셀 프루스트 조각상.

돌보아 주던 셀레스트 알바레Céleste Albaret와 약혼했다. 도저히 안 어울릴 것 같은 두 사람이지만 그 후 평생 떨어지지 않았다. 말년의 프루스트를 지킨 사람도 셀레스트다. 죽기 전 망상에 시달리던 프루스트가 '저기 검은 부인이 또 찾아왔네' 하고 말하면 셀레스트가 쫓아내 주곤 했다. 카부르에는 지평선을 따라 펼쳐지는 4킬로미터의 해변이 있는데, 그의 작품에 영감을 주었다. 로맨틱한 해변이 있고, 거기 걸맞게 로맨틱 영화제가 열린다. 물론 카지노가 있고 미술 갤러리가 있고, 탈라소테라피도 가능하고, 해양 스포츠나 해변 승마가 가능하다. 세상에 좋은 곳은 참 많다.

09

그랑빌
크리스티앙 디오르의 고향

그랑빌 ●

플뢰리 해안을 따라 항구 도시들을 본 김에 더 찾아보고 싶은 곳은 코탕탱반도 서해안에 위치한 그랑빌Granville이다. 고지대에 지어진 지리적 이점 때문에 한때는 주요 군 요새지였다. 도심에서 언덕을 따라 올라가면 그랑빌의 구시가지에서 그 흔적을 찾아볼 수 있다. 도시를 둘러싸고 있는 성벽, 성문, 마찻길 등이 그대로 보존되어 있다. 이 아름다운 곳이 군사 도시였다는 게 어울리지는 않아 보인다. 현재는 휴양지로 거듭나 카지노, 리조트 등 해변 휴양 시설이 아주 잘 갖춰져 있다. 특히 바닷물과 갯바닥 흙 등을 이용한 해수 요법으로 유명하다. 그 점에서는 도빌, 트루빌, 카부르와 같다. 시내는 아주 깔끔하고 잘 정돈되어 있어서 '북쪽의 모나코'라고도 부른다.

그랑빌을 찾아간 이유 중 하나는 디오르 박물관을 보기 위해서다. 바다가 바라보이는 언덕에 옅은 분홍색 집이 서 있다. 전설적인 디자이너 크리스티앙 디오르가 어린 시절을 보낸 이 집은 박물관이 되

◀ 디오르 박물관.

그랑빌 해안.

언덕을 따라 집과 과거의 성벽이 보인다.

었다. 디오르의 어머니는 이 집 마당에 영국식 정원을 조성하고 꽃을 가꾸었는데, 이 정원이 그에게 깊은 영향을 주었다. 옷 디자인이나 보석 디자인, 혹은 자기 이름을 딴 향수도 여기에서 영감을 얻었다고 한다. 나중에 디오르 자신이 이렇게 말한 바 있다. "내 삶, 내 스타일은 거의 전적으로 이 집의 입지와 건축에 빚지고 있다. … 회색 자갈과 섞인 부드러운 장미, 이 두 색깔이 내가 좋아하는 색으로 남았다." 디오르는 여섯 살 때 파리로 갔지만 가족이 이 집을 계속 소유하고 있었기 때문에 매년 여름이면 이곳을 찾아왔다. 후일 아버지의 도박 빚 때문에 그랑빌시에 팔렸는데, 1990년대에 독지가들이 디오르 박물관으로 만들고 장미꽃 밭도 조성했다. 이곳에서는 매년 주제를 바꾸어 전시를 한다. 내가 방문했을 때는 '크리스티앙 디오르, 창조의 천재'라는 주제로 그의 삶과 작품에 관한 내용을 전시하고 있었다. 사실 패션에 큰 관심을 두지 않아 잘 모르는 내용이지만 차분히 둘러보니 이 사람이 진정 천재이고, 또 매년 발표한 스타일들이 그 당시에 어느 정도로 큰 영향을 주었을지 상상이 갔다. "쿠튀리에Couturier의 직업을 건축가 및 화가의 직업과 같은 수준으로 끌어올려, 드레스를 만들 때 구조와 건축의 개념을 자신의 것으로 만들었다"는 식의 설명도 듣고 보니 수긍이 된다. 하여튼 내가 'H 라인'(1954년 파리 패션쇼에서 디오르가 발표한 패션 스타일), '뉴룩New-Look 혁명' 같은 내용을 유심히 살펴볼 줄은 몰랐다. 여행하다 보면 몰랐던 내용을 조금씩 알아가는 기쁨이 있다. 늙은 개도 새로운 재주를 배울 수 있고, 중늙은이도 패션에 눈뜰 수 있다.

5부

✕

노르망디 평화 기행

천국처럼 평화로웠던 노르망디는 제2차 세계대전 때 지옥으로 변했다. 1939년 9월 1일, 독일은 폴란드 침공을 시작으로 덴마크와 노르웨이, 네덜란드와 벨기에, 급기야 프랑스까지 굴복시켰다. 서유럽에서 나치 독일에 저항하는 국가는 영국뿐이었다. 동부 전선에서 나치 독일과 홀로 맞서 싸우던 소련은 연합군에게 하루빨리 서쪽에서 새로운 전선을 열어 자신의 부담을 덜어달라고 아우성쳤다. 1943년부터 연합군은 나치 독일을 끝장내는 최후의 전투를 준비했다. 공격 포인트를 어느 지역으로 정할 것인가? 최종적으로 결정된 것은 노르망디 지역으로 상륙하여 밀어붙인다는 계획으로, 1944년 6월에 거행한 '오버로드 작전Operation Overlord'이다. 유럽 본토 침공 작전 전체를 일컫는 이 작전계획 중 노르망디 해안에 상륙하는 세부 전략은 '넵튠 작전Operation Neptune'이지만, 흔히 노르망디 상륙작전이라고 부른다. 역사적으로 노르망디에서 벌어진 전쟁이 없지 않지만, 노르망디 상륙작전은 이전 사건들에 비해 파괴의 규모가 압도적이다. 1944년 여름, 노르망디를 불지옥으로 만든 전쟁의 현장을 더듬어가면서 오늘도 계속되고 있는 전쟁의 비극을 곱씹어 보자.

01

디에프

작전 실패의 교훈

　노르망디 상륙작전은 늦게 결정되었다. 수백만 명의 군 병력과 엄청난 양의 물자를 해안에 상륙시켜 강력한 적을 향해 공격해 들어간다는 것은 보통 복잡한 문제가 아니어서 결코 쉽게 결정할 일이 아니다. 노르망디 상륙작전을 최종 결정한 것은 테헤란 회담(1943. 11. 28~12. 1)이다. 총사령관을 맡은 아이젠하워 장군은 상륙 시점을 1944년 5월 1일과 6월 1일 사이로 열어두고 여러 사항들을 고려하며 작전 준비를 했다.

　이때 참고해야 할 중요한 선례가 하나 있었으니, 1942년 8월 19일에 거행한 디에프 상륙작전이다. 이 작전은 참담한 실패로 끝났다. 그렇지만 세상만사가 그렇듯이 실패로부터 배워야 다음 승리를 기약할 수 있다. 정식 명칭은 주빌리 작전Operation Jubilee이지만 흔히 디에프 공격Dieppe Raid이라고 부른다. 이 작전을 거행한 데는 우선 서부 전선에서 나치군을 공격해달라는 스탈린의 요구 때문이지만 동시에 영국에서 2년 동안 공격 명령을 기다리다 지친 캐나다군의 요구도 계기가 되었다. 연합군으로서는 장래 대규모 공세를 위한 테스트도 하고 독일군의 기세를 꺾어 자신들의 힘과 의지를 과시하려는 의도도 있었다.

상륙군은 캐나다군 4,963명, 영국군 1,075명 그리고 미군 특수공격대원Rangers 50명으로 구성되었다. 디에프 항구가 다른 항구보다 독일군의 수비가 약하다는 점을 이용하여 캐나다 탱크부대와 영국 해군 및 공군의 지원을 받으며 독일군의 방어 시설을 파괴하고 항구를 차지하는 것이 목표였다. 하지만 목표 달성은 모두 실패했고 작전은 대재앙으로 끝났다. 독일군의 반격은 예상보다 훨씬 거셌다. 우선 독일 해군의 상륙 함정 공격으로 많은 선박들이 아예 상륙조차 못했고, 일부가 상륙 지점에 올랐지만 장비가 따라오지 못했다. 새벽에 작전을 시작했는데, 오전 9시에 이미 1,050명이 사망하고, 2,000명 이상이 포로가 되었다. 영국 공군도 항공기 106기를 잃는 최악의 피해를 입었다. 결국 연합군은 10시간 만에 엄청난 피해를 입고 후퇴하는 수밖에 없었다. 당분간 프랑스 해안을 상륙해 공격하는 것이 지극히 어렵다는 점을 확인했을 뿐이다.

이 작전 결과 원래 의도와 정반대로 독일군의 기세가 오히려 더욱 살아났다. 그렇지만 역설적이게도 이때 승리를 거둔 것이 장차 독일군에게 독이 되었다. 사기가 오르다 못해 오만해진 것이다. 독일군은 자신들의 방어 체제에 대해 지나치게 자만하게 되었다. 히틀러부터 그랬다. 너무 기쁜 나머지 프랑스군 포로들을 석방하기까지

했다. 이제 연합군은 큰 항구를 장악해야만 상륙이 가능하며 큰 항구가 없는 곳으로는 상륙이 불가능하다고 판단했고, 그 점을 간파한 독일군도 큰 항구가 있는 지역만 집중적으로 지키면 된다고 생각했다. 후일 연합군은 이 점을 역이용한다.

연합군은 비록 디에프 공격에서 큰 패배를 겪었으나 대신 소중한 정보를 얻었다. 선제 공습과 낙하산 부대의 중요성을 깨달았고, 자갈 해변에서는 전차가 기동하지 못하므로 상륙작전 지역은 모래 해변이어야 한다는 사실도 파악했다. 인력과 물자를 상륙시킬 수 있는 천연 항구를 확보할 수 없다면 '인공 부두 시설'을 만들어 이용해야 한다는 창의적인 아이디어도 냈다. 독일군은 파드칼레, 르아브르, 셰르부르 같은 항구가 큰 지역을 중심으로 방어를 할 테지만, 연합군은 오히려 이런 지역을 피해 다른 지역을 공격 지점으로 정하게 될 것이다.

디에프 공격 참패의 아픈 기억이 서린 장소는 캐나다군 전사자 묘소다. 사망자들을 처음에는 한곳에 집단 매장했다가 시 외곽 베르튀Vertus 숲의 병원 부지에 재매장했다. 그런데 이 묘지에 가면 약간 이상한 모습을 보게 된다. 묘석이 하나씩 줄 맞춰 있는 게 아니라 두 묘석이 등을 대는 식으로 짝을 지어 서 있다. 이것은 독일군 방식이지 연합군 방식이 아니다. 후일 디에프가 해방되었을 때 영연방 묘지 관리위원회The Commonwealth War Graves Commission가 묘석들을 교체했으나, 두 묘비가 등을 대고 있는 원래의 방식은 바꾸지 않았다. 영면에 들어간 시신들을 들쑤셔서 다시 옮기는 사태를 피하기 위해서다.

02

위스트레암과 롱그쉬르메르

대서양 방벽

롱그쉬르메르● ●위스트레암

　독일은 연합군이 서쪽에서 침략해 올 것을 감지하고, 해상에서 연합군을 격퇴시킨 다음 소련 쪽으로 집중하여 전쟁을 끝장내리라 생각하고 있었다. 그래서 대서양 방어 준비에 전력을 다했다. 그것이 노르웨이 최북단부터 시작하여 프랑스 서부 해안을 포괄하는 대서양 방벽Atlantikwall이다. 1941년부터 이 작업을 수행한 기관은 '토트 조직Organisation Todt, OT'이다. 창립자인 나치 엔지니어 프리츠 토트Fritz Todt의 이름을 따서 명명했는데, 사실 이 이름(토트, Todt)이 독일어로 '죽음Tot'과 발음이 같다는 게 기묘하다. 실제로 이 집단은 강제노동을 동원해서 악명 높은 강제수용소를 건설하기도 했다. 1942년에 토트가 죽은 후 이 조직을 지휘한 인물이 유명한 알베르트 슈페어 Albert Speer(히틀러의 주임 건축가)다.

　OT는 파드칼레Pas-de-Calais에 강력한 포대를 구축하고 대 항구들을 요새화했으며, 잠수함 기지들을 만들고 총 연장 4,000킬로미터에 달

◀ 롱그쉬르메르의 독일군 해안 포대.

하는 강력한 방어선, 즉 대서양 방벽을 구축했다. 이 엄청난 과업을 완수하기 위해 피지배 국가의 시민들을 강제 동원했으며, 해당 국가의 사기업들을 이용했다. 1944년에 OT는 프랑스에서 30만 명의 인력을 동원했고 60만 톤의 콘크리트를 사용했다.

대서양 방벽의 '그랑 벙커'

캉에서 가까운 해안 지대인 위스트레암Ouistreham에 가면 대서양 방벽의 핵심 시설인 벙커를 볼 수 있다. 대서양 방벽 박물관인 '그랑 벙커Le Grand Bunker'가 그것이다. 정식 이름이 '리바벨라 사격 통제소Le poste de direction de tir de Riva-Bella'인 높이 17미터의 이 벙커는 50킬로미터 범위의 해안을 감시했다. 6개 층으로 나누어 각종 시설과 무기고를 두었고, 대공포도 갖추고 있었다. 이곳은 오른Orne 지역 해안 방비의 핵심을 담당하는 본부였다.

현재 이곳은 대서양 방벽의 실체를 보여주는 박물관으로 개비했다. 오리지널 벙커의 모습을 최대한 그대로 재현했다고 한다. 이곳을 방문하면 노르망디 상륙작전 직전 독일군의 내부 사정이 어떠했는지, 독일군의 방어 상태와 병사들의 생활이 어떠했는지 자세히 알 수 있다. 전시가 매우 흥미롭게 되어 있어서 군사 문제에 큰 관심이 없는 사람이라도 한번 들러 볼 만하다.

벙커 안으로 들어가 보자.

대서양 방벽 박물관, '그랑 벙커'.

벙커에서 가장 긴급한 고려 사항은 무엇보다 환기다. 많은 병사들이 지내며 난로를 사용하므로 비좁은 공간 내 산소를 소진시키는 경향이 있다. 게다가 가스 공격에도 대비해야 한다. 따라서 환기 장비실을 두고 필요한 장비들을 운용하여 맑은 공기를 확보하고, 가스 공격을 받았을 때는 즉각 공기 흡입을 차단했다. 벽에는 가스 공격을 받았을 때 따라야 하는 조치들을 빼곡하게 적어놓았다. 벙커용 난방 장치에는 산소가 부족해지지 않도록 조절하는 기능이 달려 있고, 자칫 일산화탄소 중독이 일어나지 않도록 예방하는 조치들도 벽에 쓰여 있다.

통신 또한 중요한 요소다. 벙커가 지휘 본부 기능을 제대로 수행하려면 매우 정밀한 통신 시스템을 구축하고 있어야 한다. 여기에는 단순한 음성 전달 튜브부터 시각 신호 전달 장치나 전화 설비까지 다양한 통신 시설들을 포함한다. 벙커에는 다양한 의료 시설도 마련되어 있다. 응급조치를 취할 수 있는 보호처부터 의료 설비를 갖춘 지하공간까지 마련해 두었다.

벙커를 지키는 병사들은 다양한 무기를 사용해 이론상 60일 동안 전투를 하며 버틸 수 있다. 적의 공격으로 보급이 끊어져서 항복하는 사태를 최대한 막기 위해 비상식량도 준비해 두었다. 최후의 순간까지 버티라는 의미다. 연합군의 상륙작전 당시 나치의 저항이 왜 그렇게 집요하고 강력했는지 알 수 있다.

벙커에서의 일상생활은 꽤 고통스러웠을 것이다. 언제 벌어질지 모르는 공격에 대한 대기, 고된 노동과 훈련, 경비, 그러는 도중 가끔

그랑 벙커 내부.
통신 시설을 갖춘 지하 공간의 모습을 재현했다.

의 휴식, 이런 것들의 연속이었다. 워낙 좁으니 편안할 리 없다. 상수
도도 화장실도 없다. 날것의 콘크리트 벽 사이에 3층 침대에서 비좁
게 지낼 수밖에 없다. 침대 역시 필요한 경우 공간을 내기 위해 접이
식으로 만들었다. 작은 사물함에 간직한 물품, 벽에 붙인 그림 같은
것들만이 개인 존재의 흔적일 뿐이다. 60와트의 조명 아래에서 유
령처럼 살아가는 이 공간은 기본적으로 잠수함(유보트)과 비슷했다.
사다리를 타고 옥상으로 올라가면 위장막으로 하늘을 가린 채 멀리
바다를 지켜볼 수 있다. 저 검푸른 해수면 위로 어느 날 정말 거대한
병력이 물밀듯이 닥쳐오지 않을까. 노르망디 상륙작전 직전까지도

이곳에 주둔했던 독일군들은 그렇게 생각했을 것이다.

이곳에서 해안 도로를 따라 약 50분 운전하여 롱그쉬르메르 Longue-sur-Mer 마을 인근 해안 지역에 가면 독일군 해안 포대를 볼 수 있다. 독일군 해안 포대들은 연합군의 상륙작전 때 대부분 파괴되었지만, 이곳 포대는 포와 관측 시설이 거의 완전한 형태로 보존되어 있다. 이런 포대들은 서로 교신하며 보조를 맞추었고, 대형 포 외에도 방공포 세 문과 서치라이트, 그리고 지뢰, 기관총, 박격포를 설치했다. 이 포대는 상륙작전 때 공습을 당했는데, 포대 자체는 큰 손상을 입지 않았으나 통신이 끊어졌다. 고립된 독일군들은 결국 영국군에 항복했다. 당시 이곳에 주둔한 독일군 병사는 절반 이상이 40세 이상의 노병이었다고 한다. 영화 〈라이언 일병 구하기〉를 보면 상륙한 연합군이 이런 포대를 공격하면서 수류탄을 집어넣고 화염방사기로 공격하다가 불길을 피해 포대에서 뛰쳐나온 적군들을 사살하는 장면이 나온다. 하늘에 무심하게 구름 떠가고 서늘한 바람 불어오는 언덕 위에서 멀리 푸른 바다를 보노라니, 인간들은 도대체 왜 그런 끔찍하고도 멍청한 짓들을 할까 생각에 잠기게 된다. 저것들은 왜 먹지도 않을 거면서 서로 죽이지? 승냥이나 사자라면 그렇게 생각하지 않을까. 천지지간 만물지중天地之間 萬物之衆에 사람이 가장 악랄하다고 느껴지는 때가 가끔 있다.

노르망디 상륙작전 당시 눈에 띠지 않게 지대한 공헌을 한 인물로 에스파냐 출신 이중간첩 후안 푸홀 가르시아Juan Pujol García, 1912~1988 가 있다.

그는 나치즘과 히틀러의 대의에 전적으로 공감하므로 독일을 위해 일하려 한다면서 독일 정보 당국에 접근했다. 그들은 푸홀에게 알라릭Alaric이라는 암호명을 주고 적의 동향을 관찰하라고 지시했다. 얼마 후 푸홀은 리스본 주재 미국 대사관을 찾아가서 자신의 정체를 드러냈다. 이중간첩의 효용성을 알아본 미국 측은 그를 런던에서 활동하도록 주선했다. 푸홀은 1942년 4월에 영국으로 건너가 영국 정보부MI5 · Military Intelligence, Section 5에서 가르보Garbo(당시 최고의 여배우 그레타 가르보에서 나온 이름)로 불리며 직원으로 일했다. 그가 독일군을 농락하는 역정보 활동을 수행할 때 중요한 것은 자신이 보내는 정보를 독일군이 계속 믿게 만드는 것이다. 1942년 11월 연합군이 아프리카 북부 해안에 상륙하는 횃불 작전Operation Torch을 펴던 당시, 그는 연합군 해군의 이동 상황에 대한 아주 정확한 정보를 독일군 측에 넘겼다. 다만 마지막 순간에 정보를 넘겨서 사실상 아무런 도움이 되지 못하도록 했다. 독일군은 '정말로 소중한 정보이나 아쉽게도 너무 늦게 도착했다'며 그를 위로했다. 이제 그는 완전히 독일군의 신임을 얻었다.

노르망디 상륙작전이 시작되었을 때 푸홀은 결정적 기여를 했다. 히틀러는 연합군이 상륙작전을 편다면 그 지점은 파드칼레 지역이 될 것이라고 보았고, 전차 부대도 이곳 근방에 주둔시켰다. 따라서 실제로는 노르망디 해안으로 상륙할 것이지만 적에게는 파드칼레로 상륙하는 것처럼 믿게 만들 필요가 있었다. 푸홀은 담대한 작전을 구상했다. 일단 노르망디 상륙작전에 대한 정확한 정보를 넘겨준 다음, 그것은 가짜 작전에 불과하고 본격적인 대규모 상륙 군대가 파드칼레로 갈 것이라는 최후의 역정보를 주어서 적을 혼란에 빠트리는 것이다. 너무 위험한 작전이 아닐까? 연합군 본부는 푸홀을 믿고 시도해 보기로 했다. 다만 정확한 상륙작전 정보를 가급적 늦게 주기로 했다. 디데이D-Day인 6월 6일 오전 3시, 푸홀은 연합군이 노르망디 해안으로 이동하고 있다는 무선을 보냈다. 그런데 놀랍게도 독일군이 밤에 무전기를 닫아둔 상태였다. 몇 시간이 지나 상륙작전이 한창 진행 중일 때 가서야 독일군은 그의 무선을 확인했다. 푸홀은 극도로 분개한 어조로 이런 식으로 하면 자신의 업무를 중단하겠다고 엄포를 놓았다. 자신들의 실수로 결정적 정보를 놓쳤다고 판단한 독일군은 그에게 제발 일을 계속해 달라고 읍소하는 지경에 이르렀다.

상륙작전 개시 이틀 후인 6월 8일 자정 무렵, 그는 최후의 거짓 정보를 독일로 송출했다. "내가 파악한 바로는 현재 진행 중인 연합군 공격은 대규모의 교란 작전이다. 우리의 시야를 완전히 다른 곳으로 돌리기 위한 적의 함정이다." 당시 노르망디 해안에 들이닥친 상륙군은 미끼이고 곧 더 큰 규모의 대군이 파드칼레로 상륙할 터이니 그곳에 방어군을 집중 배치해야 한다는 내용이다. 푸홀이 보낸 '첩보'는 히틀러에게까지 전달되었다. 작전은 성공했다. 롬멜 장군이 이끄는 전차부대는 노르망디 해안으로 향하다가 길을 돌려 파드칼레로 돌아갔다. 이렇게 나치의 대규모 반격이 수포로 돌아갔다. 유능한 장군 롬멜이 강력한 전차부대를 이끌고 상륙 지역에 들이닥 쳤다면 연합군은 훨씬 큰 곤경에 빠졌을 것이다. 6월 말에 이르자 그는 더 이상 거짓 정보를 제공할 이유가 없어졌다. '알라릭 요원'은 영국 정보 당국에 체포된 것으로 처리되었고, 가까스로 석방된 다음 급히 런던을 떠났다는 마지막 인사를 남기고 종적을 감추었다.

푸홀은 어찌나 연기를 잘했는지 1944년 히틀러에게서 '알라릭 요 원'으로서 철십자훈장을 받았다. 몇 달 후에는 영국 정부가 '가르보 요원'에게 연합군에 지대한 공헌을 했다는 이유로 영제국 기사훈장 을 수여했다. 이중간첩 후안 푸홀 가르시아는 나치와 연합군 양측으 로부터 훈장을 받은 극소수 인물 중 한 명이다.

그는 종전 이후 나치 잔당의 보복으로 해를 입지 않을까 걱정 했다. 영국 정보부는 그를 보호하기 위해 아프리카의 앙골라로 보 냈다. 공식적으로 그는 1949년 이 나라에서 말라리아에 걸려 사망 한 것으로 위장한 후 종적을 감추었다. 영국의 국회의원 출신이며

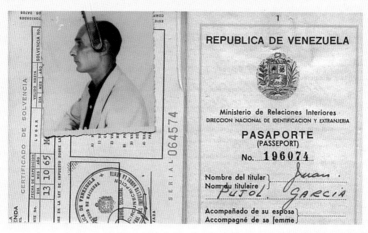

푸홀의 베네수엘라 여권.

나이절 웨스트Nigel West라는 필명으로 글을 쓰던 루퍼트 앨러슨Rupert William Allason이 관심을 가지고 10년 넘게 그의 행방을 추적한 끝에 1984년에 가서야 가르보 요원을 찾아냈다. 그동안 푸홀은 베네수엘라에서 서점과 기념품 가게를 운영하며 평범하게 살고 있었다. 노르망디 상륙작전 40주년 기념행사에 초청받아 처음으로 노르망디 해안을 방문한 그는 상륙작전 당시 숨진 병사들에게 조의를 표하고, 자신이 수만 명의 목숨을 구하는 데 일조하여 자부심을 느낀다고 말했다. 탁월한 에스파냐 거짓말쟁이 한 명이 승전에 크나큰 도움을 주었다.

03
유타, 오마하, 골드, 주노, 소드
노르망디 상륙작전을 펼친 다섯 개 해안

연합군 병력을 어느 지역으로 상륙시킬 것인가?

상륙 지점을 정할 때는 몇 가지 조건을 고려해야 한다. 우선 상륙할 해안 지역이 충분히 넓어야 물자 보급이 가능해진다. 그런 점에서 너무 협소한 벨기에 해안은 제외되었다. 큰 항구가 있어서 독일군 방어가 너무 강력한 곳도 피해야 한다. 객관적 조건은 파드칼레가 가장 좋아 보이지만, 바로 그 이유 때문에 독일군이 강력하게 방어하므로 이곳은 피했다. 결국 낙점된 곳이 노르망디의 오른강 어귀로부터 코탕탱Cotentin 반도 사이 지역이다. 무엇보다도 해안이 평평하고 단단하기 때문이다. 그리고 대 항구들이 없는 이쪽으로는 오지 않으리라고 판단한 독일군이 상대적으로 방비를 소홀히 하는 점도 고려했다. 연합군이 인공 부두 시설을 만들었다는 사실에 대해 나치는 전혀 모르는 상태였다. 상륙 지점이나 상륙 일정 등은 당연히 극비 사항이다. 그런데 영국에 주둔한 미군 장군 한 명이 술에 취해 상륙 날짜를 발설하려다가 제지당하고 강등되어 본국으로 쫓겨난 적이 있다. 늘 술이 문제다.

1944년 2월, 아이젠하워 장군과 몽고메리 장군은 작전을 짜면서 상륙 지역을 동서로 더 넓혔다. 기존 계획에서 40킬로미터였던 작전지역을 콜빌쉬르메르Colleville-sur-Mer에서 바르빌Varreville까지 80킬로미터로 확대했는데, 이렇게 하면 셰르부르반도(코탕탱반도)가 포함된다. 이제 셰르부르 항구의 획득이 오버로드 작전의 주요 전략적 목표로 떠올랐다. 상륙에 성공하면 이 항구를 통해 막대한 전쟁 물자를 들여오는 게 가능해진다.

상륙작전 준비는 영국 남부에서 진행했다. 독일군 방어 시설을 거의 매일 비행기나 잠수함을 이용해 촬영했다. 약 100만 장의 사진을 분석하고, 그 결과를 놓고 장군들이 작전 내용을 결정하는 일은 결코 단순한 작업이 아니다. 레지스탕스 또한 독일군 상황에 관한 정보를 모아서 연합군에 전달하고 있었다.

가짜 정보로 성공한 작전

적의 정보를 수집하는 것도 중요하지만 적에게 가짜 정보를 흘리는 것도 중요한 작전이다. 연합군은 FUSAG First United States Army Group라는 가상의 부대를 만들었다. 패튼George S. Patton 장군이 주도한 이 작전은 고무로 만든 전차, 나무로 만든 대포, 직물과 판자 등으로 만든 가짜 군 기지 등을 영국 남동부 켄트 지역에 설치하고, 독일군 정찰 비행기가 이것들을 카메라에 담도록 유도했다. 후일 이 가짜 부대가 파드칼레로 향하는 척하고 인근 지역을 폭격하기도 해서, 상륙 지역이 노르망디 해안이 아니라 파드칼레라고 믿도록 만들었다. 독일군이 이 가짜 부대를 진짜 부대로 믿도록 서류상에 늘 이 부대 이름을 올렸고, 패튼 장군을 아예 이 지역에 가서 근무하도록 만들었다(사실 성미 급한 패튼이 사병 한 명의 따귀를 때려서 일종의 처벌로 이 가짜 부대 지휘를 맡긴 측면도 있다). 이 교란 작전은 크게 주효했다. 상당 수의 독일 수비대가 파드칼레에 그대로 남아 있었다. 만일 독일군이 전력을 다해 노르망디 해안 지역을 방어했다면, 상륙이 실패로 돌아갔거나 혹은 성공했더라도 실제보다 훨씬 큰 피해를 입었을지 모른다.

1944년 6월 6일, 소위 디데이. 연합군은 상륙 지역을 5개로 나누고 각국이 분담했다. 서쪽부터 유타Utah, 오마하Omaha, 골드Gold, 주노Juno, 소드Sword로 이름을 붙였는데, 미군이 유타와 오마하, 영국-캐나다군이 골드, 주노, 소드를 맡았다.

제일 먼저 야밤에 두 곳으로 공수부대 진입을 시작했다. 영국군이 동쪽의 캉으로, 미군이 서쪽의 생트메르에글리즈Sainte-Mère-Église로 침투를 시도했다. 영국군은 캉에서 북쪽으로 수 킬로미터 지점에 있는 베누빌 교량le pont de Bénouville을 확보하기 위해 침투했다. 이 다리는 오른강과 운하 지점을 통제하는 데 필수적인 곳이다. 영국군은 치열한 전투 끝에 승리를 거두었다. 이 전투는 노르망디 상륙작전 중 중요한 전과로 기록되었는데, 이를 기념하기 위해 후일 신화 상의 천마天馬를 따서 '페가수스 다리'라고 다시 명명했다. 반면 미 군 공수부대는 큰 어려움을 겪었다. 건물에 불이 붙어 하늘이 너무 잘 보인 게 문제였다. 낙하산을 타고 내려오는 부대원들이 쉽게 피 격당하거나 불에 떨어지거나 나무에 걸렸다. 특히 유명한 인물이 존 스틸John Steele이라는 병사다. 그는 하필 교회 꼭대기에 낙하산이 걸 려서 꼼짝 못하는 신세가 되었고 2시간 동안 죽은 척하며 매달려 있 었다. 아마 그 시간이 꽤 길게 느껴졌을 것 같다. 결국 발각되어 포 로가 되었지만 나중에 용케도 탈출하여 자기 사단이 공격해 올 때 합류할 수 있었다. 이곳 성당에는 낙하산이 성당 꼭대기에 걸려 있 는 모습을 인형으로 재현해 놓았다. 낙하산 부대의 공격은 사상자 비율이 10퍼센트에 달할 정도로 위험한 작전이었다. 그럼에도 이들 은 기습 공격으로 적진 배후에서 포대를 파괴하고 교량을 장악하는 등 큰 전과를 올려서 상륙작전에 적지 않은 기여를 했다.

두 번째 단계는 본격적으로 상륙을 시작하기 전에 대서양 방벽 을 무너뜨리는 폭격과 함포 사격이다. 1만 500대의 비행기가 폭격 에 나섰으나 큰 효과를 보지 못했다. 적의 대공포 반격이 무서워서 제대로 공격하지 못한 채 폭탄 전체의 1/3을 바다에 일찍 떨어뜨리 고 도망간 것이다. 대신 상륙함정 보호는 제대로 했다는 평가를 받 는다. 비행기 폭격보다는 함포 사격이 더 나은 편이지만 이 역시 기 대한 만큼은 아니어서 주노 해안의 경우 독일군 포대의 14퍼센트만 파괴했다. 그래도 지뢰 제거에는 큰 성과를 거두었다.

생트메르에글리즈에 매달린 존 스틸을 재현한 모습.

세 번째 단계가 상륙이다. 선박들은 영국 여러 항구에서 출발한 후 피캐딜리 서커스Piccadilly Circus라 부른 해상 지점에 집결한 후 전진했다. 미군은 6시 30분에 상륙을 시작한 반면 영국-캐나다군은 7시 45분에 상륙을 시작했다. 이 해안은 지역에 따라 조석 차이가 크기 때문에 상륙 시간이 서로 달랐던 것이다.

유타 해안

제일 서쪽 상륙 지역인 유타는 셰르부르반도를 목표로 하는데, 핵심은 셰르부르 항구를 확보하는 일이다. 다른 곳에 비해 해안 상륙이라는 목표 자체는 그리 큰 반격을 받지 않고 이루어내서 일단 진격의 교두보를 확보했다. 문제는 그다음부터다. 뒤에 설명하겠지만 이 지역은 늪지대이자 보카주 지대여서 진격 과정에서 엄청난 고통을 겪는다.

오마하 해안

다섯 개 지역 중 가장 큰 희생을 치른 곳이어서 '피의 오마하Bloody Omaha'라고 불린다. 사전 공습이 큰 효과를 내지 못했고, 긴 해안에서 독일군의 반격이 거세어 많은 사망자를 냈다. 독일군의 강력한 저항 때문에 수륙양용 탱크 DDDuplex Drive 32대 중 27대가 해안에 닿기 전에 침몰했다. 바람과 조류가 하필 가장 반격이 거센 곳으로 탱크를 몰고 간 것이다. 브래들리Omar Nelson Bradley 장군은 한때 상륙을 포기하고 후퇴할까 생각했지만 결국 장애를 이겨내고 해안 상륙에 성공

1944년 6월 6일 오마하 해변 상륙.

했다.

한편 더 서쪽에 유타와 오마하의 중간 지점에 있는 30미터 높이의 오크 절벽Pointe du Hoc의 포대에서 독일군이 상륙군을 향해 강력한 화력으로 사격을 가했다. 상륙군은 이곳을 진압하기 위해 기관단총을 쏘는 절벽 위를 향해 밧줄을 타고 기어 올라가는 무모하기 이를 데 없는 공격을 해야 했다. 미군 특수부대는 공격 과정에서 무려 1,000명이 사망하고 2,000명이 부상을 입었다. 그런데 이런 엄청난 희생을 치른 끝에 장악하고 보니 사실 이곳의 무기는 나무로 만든 가짜 기관총이고(교란 작전은 연합군만 하는 게 아니다) 실제 포는 약 1,300미터 내륙에 위치한 매지 포대la batterie de Maisy에서 쏘고 있었다. 이곳 독일군은 상륙군을 향해 사흘 더 극심한 공격을 퍼부은 끝에 진압당했다. 오크 절벽에 가면 그날의 희생을 추모하는 기념비가 서 있다. 포탄 자국 등 당시의 흔적을 있는 그대로 보존하고 있다. 끔찍한 날들의 기억은 이제 희미해지고, 절벽에서 바라보는 바다는 그저 무심히 아름답기만 하다.

골드 해안

골드 해안으로 상륙한 영국군은 바로 다음 날인 6월 7일 바이외를 장악했다. 연합군이 처음으로 해방시킨 도시다. 비교적 쉽게 상륙에 성공했기에 그나마 바이외시가 잘 보존되었고, 앞서 설명한 대로 독일군의 롱그쉬르메르 포대가 바로 항복했기 때문에 이 포대가 현재까지 거의 온전한 상태로 남아 있다.

주노 해안

영국과 캐나다 군이 상륙한 주노 해안 또한 피해가 매우 컸다. 1만 4,000명 중 340명이 사망하고, 600명이 부상당했다. 이들이 종래 13번 국도와 캉 등지를 회복해서 파리를 향한 진격의 거점을 확보했다. 이곳 역시 상륙은 무난했으나 이후 엄청난 피해를 입었다.

소드 해안

가장 동쪽의 소드 해안 또한 암초가 많고 독일군 방어가 강한 곳이라 타격이 컸다. 베누빌 교량, 즉 페가수스 다리 확보를 위한 전투가 벌어진 곳이다. 해안에 상륙한 병사들 중 그린베레Green Berets(미 육군 특수작전부대의 별명) 177명이 위스트레암(앞에서 살펴본 벙커 박물관이 있는 지점)을 장악한 후 교량으로 전진하여 공수부대를 도왔고 결국 두 부대의 협공으로 교량 확보에 성공했다.

이렇게 다섯 지역에서 상륙작전을 편 끝에 이날 저녁까지는 일단 모든 해안의 점령을 마쳤다. 첫날 17만 6,000명이 상륙했고, 차량 2만 대가 들어왔다. 그 과정에서 큰 희생을 피할 수 없었다. 그렇지만 냉정하게 판단할 때 희생자 4,900명은 전체 병력의 2.8퍼센트로 예상보다 적은 비율이었다. 희생자 비율은 작전 지역마다 달랐다. 오마하에서 미군 4만 명이 상륙하면서 2,200명이 사망하여 5.5퍼센트가 희생했고, 골드에서 영국군 2만 5,000명이 상륙하면서 400명이 사망하여 1.6퍼센트가 희생했다.

노르망디 미군 묘지.

해안 지역에는 이날의 희생을 기리는 유적이 많다. 사람들이 가장 많이 찾는 곳은 노르망디 미군 묘지Cimetière américain다. 오마하 상륙 해안 지역에 해당하는 콜빌쉬르메르라는 작은 해안 지역 마을, 바다를 굽어보는 깎아지른 절벽 위에 조성된 이 묘지는 물론 비통한 곳이지만, 이제는 정숙하게 아름다운 지역으로 변모했다. 많은 참배객이 찾는 이곳에서는 안내인들이 영어나 불어로 자세한 설명을 제공한다. 묘지에는 9,388개의 십자가가 줄 맞추어 서 있다. 그동안 9,387개였는데 2018년 6월에 줄리어스 피퍼Julius H. O. Pieper가 자신의 동생 루드비크 옆에 묻혀서 숫자가 하나 늘었다. 십자가는 기독교 신자의 표시이고, 151개의 다윗의 별 모양은 유대인의 상징이다. 신원이 확인되지 않은 병사 304명의 묘석에는 이런 글귀가 씌어 있다. "여기 하느님만 알고 계신 전우가 명예로운 영광 속에 쉬고 있다." 시신의 이름을 확인하지 못한 1,557명의 병사들은 벽에 이름을 새겨 두었다. 그중 19개의 이름에는 청동 장미 문양이 있는데, 이것은 묘지 조성 이후 시신의 이름을 확인했다는 표시다.

이곳에 묻힌 사람 중에 유명한 사례가 있다. 시어도어 루스벨트 대통령의 아들 시어도어 루스벨트 2세가 묻혀 있고, 그 옆에는 제1차 세계대전 때 사망한 또 다른 아들 퀜틴Quentin의 시신을 옮겨와 묻었다. 그리고 나일런드Niland 집안의 두 형제 프레스턴과 로버트는 영화 〈라이언 일병 구하기〉의 모델이다. 영화에서는 라이언 일병이 존 밀러 대위의 묘를 찾아가 경례하는 장면이 나오는데, 사실 이 묘는 영화를 찍기 위해 임시로 만든 것이다.

04

아로망슈와 셰르부르

지옥에서 보낸 한철

디데이 당일 히틀러는 곧바로 병력을 해당 지역으로 이동시키라고 지시하지만 상륙을 저지하기에는 이미 늦었다. 연합군은 하루 만에 해안에 확실하게 교두보를 구축했다. 그러나 문제는 지금부터다. 대개 사람들은 상륙에 성공한 후 곧장 파리로 진격한 줄 알지만, 실상은 석 달간 노르망디에서 지옥 같은 한철을 보내야 했다. 나치 독일도 연합군의 전진을 허락할 생각은 추호도 없었다. 전력을 다해 반격을 가하니, 양측 모두 엄청난 피해를 피할 수 없었다. 특히 7월은 실로 잔인한 달이어서, 공격하는 측이나 방어하는 측이나 가공할 희생을 치렀다.

원래 작전대로라면 상륙 다음 날(D+1) 캉을 점령했어야 한다! 사통팔달의 중심지인 이 대도시를 장악한 후 이곳에서 장갑차 등이 본격적으로 파리를 향해 진군한다는 계획이다. 그러나, 하루 만에 캉을 점령? 그런 일은 일어나지 않았다. 실제로 캉을 점령한 것은 한

◀ 망슈에 있는 라방들레 숲의 보카주 마을.

달 이상 늦은 7월 19일에 가서의 일이다! 영국과 캐나다 군은 캉 북쪽에서 독일군에게 오랫동안 잡힌 채로 격전을 치렀다. 또 원래 작전대로라면 브래들리 장군이 지휘하는 미 육군이 셰르부르반도에서 공격을 가해 곧 셰르부르 항구를 차지하고 이곳을 통해 엄청난 물자를 들여왔어야 한다. 실제로는 20일 후인 6월 26일에 가서야 항구를 점령했지만, 그나마도 독일군이 항구 시설을 모두 파괴하고 나서 항복했기 때문에, 시설을 보수하고 항구가 제대로 기능하게 하려면 더 오랜 시간이 필요했다.

문제의 근원은 이 지역 특유의 보카주bocage 지형이다. 프랑스 서부 지역의 독특한 지형을 가리키는 보카주는 쉽게 말해 작은 숲과 초지와 전답이 혼재하는 곳이다. 이런 지형에서는 대규모 부대가 전진하는 게 힘든 반면 수비하는 쪽에서는 병력을 은폐하고 반격하기가 좋다. 거기에 험한 산길과 늪지가 가로막아 지옥 같은 전투가 벌어졌다. 셰르부르 항구를 점령하러 가거나 그 이후 다시 이웃 지역으로 진격할 때 엄청난 곤경에 빠진 이유다. 이 지역의 중심지 생로Saint-Lô를 확보한 것은 7월 18일이다. 그 이후 7월 말에 가서야 연합군이 코브라 작전(노르망디 바깥으로 진격해 나가는 작전)으로 적의 방어선을 뚫고 브르타뉴 방향으로 돌파해 들어갔고, 이어서 파리 진격로가 열렸다.

해안 지역을 확보한 이후에는 인력과 물자가 속속 반입되었다. 적의 반격을 공습으로 끊으면서 하루 3만 명의 인력, 7,000대의 차량, 3만 톤 규모의 물자를 들여보냈다. 바로 이 물량 공세가 승리의 핵심 요소이다. 그런데 셰르부르 항구를 확보하지 못한 상황에서 어떻게 이런 일이 가능했는가?

연합군이 고안한 신의 한 수는 멀베리Mulberry라는 인공 항구 시설이다. "우리가 쓸 수 있는 항구가 없으니 우리 것을 가지고 가야겠지요." 영국 해군 장성 마운트배튼 경이 윈스턴 처칠에게 한 말이다. 이 설비는 쉽게 말해 이동식 항구 설비portable harbour다. 상륙작전 성공 후 미리 만든 두 개의 시설(각각 Mulberry A, Mulberry B) 부분들을 가지고 와서 오마하와 골드에서 조립했다. 동시에 석유는 파이프라인으로 탱커에서 육상 기지로 직접 보냈다. 상륙 후 열흘 내에 이 일들을 해냈다. 그리하여 100일 동안 22만 명의 병사, 53만 톤의 보급, 3만 9,000대의 차량을 상륙시켰다. 이 덕분에 연합군의 전진이 가능했다.

흔히 이처럼 이야기하지만 이렇게만 정리하면 절반만 이야기한 셈이다. 실상은 훨씬 복잡하다. 멀베리가 정말로 결정적인 역할을 했다고 너무 쉽게 이야기해서는 안 된다. 6월 19일에 엄청난 폭풍우가 일어났다. 최대 시속 120킬로미터, 파도 높이 최대 4미터의 폭풍우가 사흘 동안 이어졌다. 결국 오마하 해안의 멀베리 A가 파손되어 사용 불능 상태가 되었다. 멀베리 B는 그나마 약간의 손상만 입어 수리 후 계속 사용했다(이후 '윈스턴 항Port Winston'이라고 개명했다). 아로망슈Arromanches-les-Bains 앞바다에는 이 인공 항구의 잔해 유적이 아직 보존되어 있다.

이때의 폭풍우로 선박 800척, 차량 2만 대, 물자 14만 톤을 유

아로망슈 해안의 인공 항구, 멀베리의 유적.

실했다. 당장 50만 명을 먹여야 하는 상황이다. 이 문제를 어떻게 풀 것인가? 전시에서 계획이 틀어지면 어떻게든 대안을 찾아내야 한다. 아이젠하워는 제2의 방법, 즉 원래 무시했던 이지니^{Isigny}, 그랑캉, 쿠르쉴 같은 소규모 항구들을 활용했다. 그렇지만 이런 작은 항구들은 큰 배가 닿을 수 없어서 근본적인 해결책은 못 된다. 별수 없이 그냥 해변에 배를 철퍽 하고 대는 방식을 시도했는데, 예상보다 결과가 나쁘지 않았다. 이렇게 해서 항구 없이도 보급 문제를 해결하게 되었으니 멀베리가 결정적인 역할을 했다는 말은 과장이다. 그 후 셰르부르 항구를 안전하게 활용하면서부터는 대량의 물자를 더 안전하게 들여올 수 있었다.

지옥의 묵시록

모래사장에 배를 무턱대고 대는 식은 어디까지나 임시방편이다. 미국의 전략 물자와 차량 등을 빨리 반입하려면 큰 항구를 이용할 수 있어야 한다. 그러므로 셰르부르 항구를 차지하는 일이 급선무다. 이 임무는 브래들리 장군에게 맡겼다.

그런데 이 과정이 쉽지 않았다. 모두 보카주 지형 문제를 과소평가했음이 드러났다. 독일군은 관목 숲에 전차와 포를 은폐했고, 양쪽의 깎아지른 길들과 작은 강들이 장갑차의 진격을 어렵게 했다. 코탕탱 지역에서 독일군 4만 명과 전투를 벌이는 미군은 마치 베트

남전쟁 당시 밀림에서 악전고투하는 느낌을 준다. 이때 미군이 발견한 놀라운 사실은 독일군의 V1과 또 개발 중인 V2 로켓 발포 기지가 여럿 있다는 것이다(V란 독일어로 Vergeltungswaffe, 즉 '복수의 무기'라는 의미다). 만일 V1이나 V2가 본격 개발되어 실전에 광범위하게 사용되었다면 제2차 세계대전이 어떻게 흘러갔을지 모르는 일이다. 그렇게 되기 전에 노르망디를 차지한 것이 연합군으로서는 천만다행이었다.

이 지역 전투가 얼마나 끔찍했는지 말해 주는 사실이 하나 있다. 미군 90보병사단이 코탕탱에 도착하고 6주가 지났을 때 중대마다 100~400퍼센트의 손실을 입었다. 400퍼센트의 손실은 중대원이 전부 죽어 새로 갱신하고 그 중대원들이 또 모두 죽어 다시 갱신하는 식의 일이 네 번 있었다는 의미다. 장교들도 많이 사망했고, 특히 병사들 앞에 서서 돌격을 이끌어야 하는 소위들이 많이 희생되었다(한국전쟁을 겪은 사람들에 따르면 '죽었다 하면 소위'이고, 그래서 총알이 '쏘위쏘위' 하며 날아온다는 이야기가 있다).

이 시기 전투는 제1차 세계대전 양상과 비슷했다. 비행기는 기상 상황 때문에 제대로 힘을 못 쓰고 장갑차도 큰 역할을 하지 못했다. 육군은 한 뼘씩 진격하는 양상이었다. 연합군의 사기는 엉망이었고, 서로 불신했다. 미군은 영국군을 의심했다. 그들이 제대로 싸우지 못해서 미군에게 손해를 입힌다는 식이다. '영광의 전투' 같은 것은 신화에 불과하다고 보면 된다. 어떻게 해서든 빨리 귀국하기만을 바라는 것이 당연지사다. 군인들은 새벽 5시부터 밤 10시까지 전투를 벌였고, 스트레스는 알코올과 섹스(강간)로 풀었다. 미군과 시민 사이의 갈등이 커진 것도 불문가지다.

드디어 6월 21일 셰르부르를 포위 공격하기 시작했고, 며칠 만에 점령을 끝냈다. 그렇지만 독일군은 호락호락하지 않았다. 6월 21일, 독일군 지휘관 폰 슐리벤 중장은 항구 시설 파괴를 명령했다. 당장 이 항구를 이용하는 것이 불가능한 상태로 만들어 놓고 6월 23일에 항복했다. 항구 시설을 다시 이용할 수 있도록 완벽하게 수리하려면 몇 달이 걸리지만, 그래도 부분적인 이용은 가능해서 7월 중순이면 미국의 리버티 선Liberty Ships(미국이 대량 건조한 수송선)이 물자를 가득 싣고 도착했다.

이제 마지막 단계로 생로와 캉을 점령하는 일이 남았다. 강력하게 저항하는 독일군과 싸우며 보카주를 하나씩 점령해 나갈 때마다 많은 사상자가 생겼다. 1미터 전진할 때마다 한 명이 사망하는 비율이었다. 셰르부르반도 복판에 위치한 생로는 보카주 전투(관목 전투) 중 가장 중요한 전투 지역이었다. 생로는 수송 중심지여서 이곳을 차지해야 진격 거점이 생긴다. 그런 만큼 독일군도 생로를 사수하려 했다. 이곳이 '죽음의 그림자가 드리운 골짜기'라는 별명이 붙은 것도 그 때문이다. 한 미군 장군은 "이 전투가 10년은 더 갈 것 같다"고 말했다. 원래 계획대로라면 상륙 후 60일(D+60) 안에 루아르강에 도착하고 브르타뉴 지방을 해방했어야 하는데, 이때까지도 여전히 노르망디의 생로 - 캉 라인에 잡혀 있지 않은가.

결국 미군이 생로 점령에 성공한 것은 7월 19일이었는데 그때까지 이 도시는 90~95퍼센트가 파괴되었다. 프랑스의 문학가 사뮈엘 베케트Samuel Beckett가 명명한 대로 '폐허의 수도The Capital of the Ruins'가 되었다. 이 도시는 1948년 레지옹도뇌르 훈장Legion d'Honeur과 1939~1945년 전쟁의 십자가 훈장Croix de Guerre을 수여했다. 생로에는 하위 소령 기념비Monument Major-Howie가 서 있다. 하위 소령은 생로 공격 당시 최전선에서 부대를 이끌었는데, 자신이 이 도시에 첫 번째로 입성하겠다고 말했지만 생로 점령 하루 전인 7월 18일에 전사했다. 그의 부대는 하위 소령의 관을 들고 도시로 진입하여 생전 소령의 염원을 이루어 주었다. 그는 '생로 소령'이라는 별칭으로 불린다.

마침내 7월 말 브래들리 장군이 코브라 작전으로 독일군의 반격을 뚫고 지옥 같은 상태에서 벗어났다. 이번에는 공습이 제대로 먹혀서 독일 전차가 박살 나고 사병들이 도망가지 못한 채 생매장되거나 항복했다. 독일군 전선이 붕괴되어 연합군은 브르타뉴로 진격해 갔다.

그러는 동안 노르망디에 남은 독일군들은 죽음의 '포켓'에 갇히고 말았다. 수많은 독일군이 학살당하거나 사로잡혔는데, 이때 히틀러의 반격 지시가 사태를 악화시켰다. 8월 초 히틀러는 모르탱Mortain에서 강력한 반격을 하라고 직접 지시했다. 소위 뤼티히 작전Operation Lüttich이다. 이때 독일군이 일시적으로 진격에 성공했지만 오히려 화근이 되었다. 곧 공습을 당해 몇 시간 안에 전차 150대가 파괴되고 전세가 완전히 역전되었다. 너무 멀리 진격한 독일군들은 연합군에

THOMAS D. HOWIE

LE MAJOR LE SAINT-LO

12 AVRIL 1908/17 JUILLET 1944

116ᵉ RÉGIMENT D'INFANTERIE

HE FELL AT THE HEAD   TOMBÉ A LA TÊTE
OF HIS TROOPS   DE SES TROUPES
AS HE WAS LIBERATING OUR CITY   EN LIBÉRANT NOTRE VILLE
HIS LAST WORDS WERE   AU CRI DE RALLIEMENT...
     TO SAINT-LÔ   A SAINT-LÔ !

생로의 하위 소령 기념비.

포위되었다. 미군, 프랑스군이 남쪽, 영국군이 서쪽, 캐나다군과 폴란드군(최근 노르망디 전투에 참여했다)이 북쪽에서 공격을 가해 오자 독일군들이 살길을 찾아 도주한다는 게 '죽음의 회랑'으로 들어가고 만 것이다. 이것이 소위 '팔레즈 포켓'이다. 8월 21일, 무려 15만 명의 독일군이 포위 상태에서 공격을 당했다. 아이젠하워 장군은 "최대의 킬링필드 중 하나"라고 표현했다. 흔히 말하듯 독일군이 전멸한 건 아니고 10만 명이 살아서 도주했다. 그러나 6,000명이 사망하고 5만 명이 포로가 되었으며, 모든 물자를 버려야 했다.

8월 하순, 이제 노르망디 전투는 막바지에 이르렀다. 연합군은 오주 지방을 관통하여 전진해 갔다. 8월 25일에 리지외가 해방되었으나 공습으로 주민 1,000명이 사망했다. 옹플뢰르 8월 25일, 루앙 8월 말, 디에프 9월 1일 하는 식으로 다른 도시들도 점진적으로 해방을 맞았다. 냉철하게 말해서 독일군은 유능하게 잘 싸운 셈이다. 마지막까지 버티던 르아브르가 9월 12일에 해방되어 노르망디 전쟁은 비로소 끝을 맺었다. 다음 단계로 파리 그리고 나머지 유럽으로 전쟁 무대가 바뀌었다. 1944년 여름, 노르망디에서는 모두 200만 명 이상이 싸우고 있었다! 전투가 예상보다 긴 3개월 동안 지속되다 보니 피해가 컸다. 노르망디 각지에 전쟁의 큰 상흔이 남았다.

노르망디 전쟁을 그린 영화
〈지상 최대의 작전〉

오늘날 우리는 특히 영화를 통해 노르망디의 전쟁을 기억한다. 그중 대표적인 작품으로는 영국의 켄 아나킨, 미국의 앤드류 마턴, 독일의 베른하르트 비키 감독의 〈지상 최대의 작전〉(1962)을 들 수 있다.

　이 영화의 원제는 '가장 길었던 하루The Longest Day'다. 독일군의 롬멜 장군이 상륙 개시 24시간이 승패를 좌우할 것이라고 예상하면서, 그날이 연합군과 독일군 모두에게 가장 긴 날이 될 것이라고 말한 데서 나온 말이다. 전설적인 이 영화 자체가 이제는 역사의 한 페이지가 되었다. 당시로서는 엄청난 제작비인 1,200만 달러를 투입하고 1만 1,000대의 전투기와 400척의 전함을 동원해서 상륙작전을 재현한 시네마스코프의 역작이며, 전쟁 세미다큐멘터리 영화의 원조라고 평가한다. 러닝타임이 무려 3시간 가까운 이 영화는 당시 스타들을 거의 망라하다시피 하여 만든 대작이다. 로버트 미첨, 헨리 폰다, 존 웨인, 리처드 버튼, 숀 코너리, 로버트 라이언, 로드 스타이거, 게르트 프뢰베, 쿠르트 위르겐스 등 그야말로 기라성 같은 배우들이 총출동했다. 그러다 보니 대배우들이라 해도 복잡다기한 여러

에피소드에 잠깐 모습을 드러내고 마는 경우가 허다하다. 숀 코너리가 상륙정에 탄 사병으로 잠깐 나오는 식이다. 〈007 살인번호, Dr. No〉를 찍으러 자메이카에 가야 해서 촬영을 빨리 마칠 수 있는 배역을 원했기 때문이다. 영국 공군 조종사 역으로 카메오 출연한 리처드 버튼도 〈클레오파트라〉 촬영이 예정되어 있어서 그야말로 잠깐 짬을 내서 영국 공군 조종사로 출연했다. 파일럿 역을 하기에는 너무 나이가 많지만 말이다. 하긴 55세의 존 웨인은 공수부대장 연기를 했다. 실제 인물인 벤저민 중령은 당시 27세였는데, 늙고 뚱뚱한 배우가 자기 역을 맡은 것을 보고 극히 실망했다고 한다. 노먼 코타 장군 역의 로버트 미첨은 오마하 해변 상륙 신에서 유명한 이야기를 남겼다. 엑스트라들이 차가운 바닷물로 들어가는 게 싫어서 상륙정에서 뛰어 내리지 않으려고 하자 로버트 미첨이 역정을 내며 맨 먼저 뛰어내렸고, 그러자 엑스트라들이 할 수 없이 따라 내렸다는 것이다. 아이젠하워 전 미국 대통령 또한 영화에 직접 출연하여 자신의 역할을 재현하려고 했으나 젊은 날의 모습을 똑같이 만들어낼 수가 없어서 포기했다. 결국 다른 배우가 자기 역을 하는 것을 보고는 너무나 다르다고 불만을 터뜨리며 영화관을 나와 버렸다고 한다.

이 영화는 코르시카 해안에서 촬영했다. 촬영을 시작하려는데 웬 이탈리아 남자가 나타나서 자신의 해변을 이용하려면 1만 5,000달러를 내야 한다고 요구했다. 만일 돈을 주지 않으면 자동차를 몰고 촬영장 여기저기를 돌아다니겠다고 협박했다. 제2차 세계대전을 다루는 전쟁 영화인데 1960년대 자동차가 왔다 갔다 하면 큰일 아닌가. 별수 없이 돈을 주고 영화를 찍었는데, 코르시카 해변에는 개인 사유지가 없다는 사실을 나중에 알게 되었다. 사기꾼에 걸려든 것이다. 제작자는 8년에 걸친 소송 끝에 돈을 되찾았다.

영화의 주제가도 매우 유명하다. 1950년대에 〈다이아나〉로 크게 히트한 폴 앵커가 작사 작곡하고 직접 부른 노래는 디데이의 비극을 잘 표현한 명곡이다.

많은 사람이 병사로서 이곳에 왔네.

많은 사람들이 이 길을 지나가네 …

그러나 가장 긴 날이 끝날 때,

많은 사람은 석양을 볼 수가 없다네.

가장 긴 날,

희망과 공포가 가득하고

피와 땀과 눈물이 가득하네.

이 영화는 당시 상륙작전 상황을 나름 긴장감 넘치게 재연했다.
그렇지만 미군과 연합군을 민주주의를 수호하는 십자군인 양 그렸
는데, 이는 사실과 다르다. 인간적인 미군과 악마 같은 독일군을 대
비한 〈라이언 일병 구하기〉도 사정은 비슷하다. 군인들은 영웅이기
이전에 그냥 인간이었다. 이들을 사악한 나치에 맞서 유럽을 해방시
키겠다는 신념 가득한 용사로 그리면 안 된다. 군인들로서는 그런
신념은 거의 없고 단지 자신들의 임무를 끝마치고 빨리 귀국하고 싶

어 했다. 특히 6월 10일부터 7월 25일까지 지속된 보카주 전투에서 지극히 힘든 상황을 겪을 때 자해, 탈영 사건이 많이 벌어졌고, 그렇게까지는 아니지만 탈진해서 입원한 군인들도 많았다. 절도, 약탈, 강간 사건들이 빈발했으나, 헌병들은 용인하곤 했다. 신화는 이런 것들을 숨기려 하지만.

6부

✕

노르망디 미식 기행

전쟁이 끝나고 평화를 되찾으면서 오주 지방Le pays d'Auge은 서서히 본래의 모습을 되찾아 갔다. 오주 지방은 현재의 행정구역상으로는 칼바도스Calvados 데파르트망과 오른Orne 데파르트망에다가 이웃한 외르Eure 데파르트망 서부 지역이 더해진 것으로 보면 된다. 프랑스 정부는 이 지역을 '역사와 예술의 고장Villes et Pays d'art et d'histoire'으로 분류했다. 사과와 배 과수원, 치즈, 시드르와 칼바도스 그리고 고풍스러운 목골 주택들, 그림 같은 마을과 성, 수도원들을 만나볼 수 있는 이 지방은 진정 안락하고 편안한 평화의 고장이다. 노르망디 사람들의 일상과 그 속에서 즐기는 음식을 만나는 것으로 마지막 여행을 떠나보자.

01

리지외

순례자들이 찾는 성지

● 리지외

오주 지방의 중심지는 리지외Lisieux다. 프랑스에서 순례자들이 두 번째로 많이 찾는 가톨릭 성지다(1등은 피레네 지방에 있는 성모 발현지 루르드다). 19세기 말 이곳에서 살다 간 성녀 테레즈 마르탱Thérèse Martin 덕분이다. 매년 100만 명 이상의 순례객들이 이곳을 찾는다.

테레즈 마르탱은 1873년 1월 2일 노르망디 남부의 알랑송Alençon 에서 태어나 네 살 때 가족이 리지외로 이사했다. 어머니와 아버지 모두 결혼 전에 수도원에 들어가려 할 정도로 신심이 깊었으니, 아이들도 자연스럽게 성스러운 신앙심을 물려받았을 것이다. 언니 폴린과 마리가 먼저 카르멜 수녀원에 들어가자 테레즈 역시 언니들을 따라가려 했다. 어릴 때부터 허약했던 테레즈는 아버지와 언니들의 만류에도 14세 어린 나이에 입회했다. 원래 15세가 넘어야 수녀원에 들어갈 수 있으나 고집스럽게 설득한 결과다. 수녀원에 들어가자마자 곧 전체 카르멜회의 모범으로 여겨졌다고 한다. 수녀원의 상급

◀ 생트테레즈 바실리크 내부 모자이크.

자가 된 언니 폴린이 테레즈에게 글을 쓰도록 시키자 테레즈는 저녁마다 신앙에 대한 글과 시를 썼다.

1897년 9월 30일, 테레즈 수녀는 24세의 나이에 결핵으로 숨졌다. 이때만 해도 무명이었던 그녀는 죽기 얼마 전에 완성한 자서전《한 영혼의 이야기Histoire d'une âme》가 출판되면서 '리지외의 작은 성녀'로 널리 알려졌다. "죽게 되어 기쁩니다. 네 그렇습니다, 이곳에서의 고통이 사라지기 때문에 그런 것이 아닙니다. 사랑과 결합한 고통은 반대로 이 눈물의 골짜기에서 유일하게 소망스러운 일입니다. 이곳보다 저곳이 나에게 소중한 영혼들에게 유용할 것이기 때문에 죽어서 행복합니다." 이런 글들이 사람의 심금을 울렸다. 지금까지 무려 2억 부가 출판되었다는 이 책에서 테레즈는 신의 선함에 대한 믿음과 자신의 소박함, 내려놓음을 이야기한다. 이 책은 당대 최고의 인기를 누린 종교 서적이 되었다.

테레즈가 죽은 직후부터 그녀를 성인으로 여긴 '난폭한' 순례자들이 그녀의 묘소 일부를 뜯어갔다. 교회에서는 밤낮없이 이를 막아야 했다. 나무 십자가는 몇 차례 바꾸었다가 아예 철로 만들었다. 매일 1,000통의 편지가 카르멜 수녀원에 도착했다. 거의 '신성성의 아이돌'이라 할 만했다. 테레즈 숭배가 시작된 것이다. 여기 와서 기도하면 병이 낫는다는 이야기가 퍼졌다. 눈병을 앓아 앞을 제대로 못보던 한 어린 소녀도 이곳에 와서 기도를 한 후 병이 나았다. 나중에 세계 최고의 샹송 가수가 된 에디트 피아프의 이야기다. 부모에게서 거의 버려져 영양실조에 걸린 네다섯 살의 에디트는 할머니에게 맡겨졌다. 사실 할머니 집은 창녀 집이었다. 동네 아이들이 에디트에게 돌을 던졌다. 그 집에 기거하는 창녀 언니들만이 그녀를 귀여워했다. 그러던 중 심한 각막염으로 거의 실명 위기에 빠지자, 할머니와 언니들이 아이를 데리고 리지외 성당에 찾아가서 기도하고 테레즈 무덤의 흙을 가져다가 매일 밤 눈에 그 흙을 대주었다. 기도가 통한 걸까, 에디트는 눈을 번쩍 떴다. 기적을 경험한 그녀는 평생 테레즈 성녀에게 기도하고 특히 공연 전에는 꼭 성녀의 메달을 걸고 지냈다.

1923년 테레즈는 복자福者가 되었다. 교황 비오 10세는 개인적으로 '우리 시대 가장 위대한 성녀'라고 칭송했다. 그리고 1925년 5월 7일, 로마의 성 베드로 대성당에서 수천 명의 순례자들 앞에서 성인으로 시성되었다. 성인 명은 아기 예수 성녀 테레즈Sainte-Thérèse de l'Enfant Jésus다. 1997년에는 교황 요한 바오로 2세가 테레즈를 33번째 '교회박사教會博士, Doctor of the Church'로 모셨다.

모자이크 벽화가 인상적인 생트테레즈 바실리크

순례자들이 너무 많이 찾아오자 이들을 맞이하기 위해 1937년 리지외시 중심지에서 약간 벗어난 언덕에 생트테레즈 바실리크Basilique Sainte-Thérèse를 건립했다. 로마-비잔틴 양식으로 지은 이 건물은 20세기에 지은 최대 규모 성당이다. 매년 100만 명의 신자들이 이곳을 찾는다. 이 성당의 팀파눔tympanum을 보면 어린 성녀 테레즈가 예수

생트테레즈 바실리크.

생트테레즈 바실리크의 팀파눔.
출입문 위의 반원형 부조 장식인
팀파눔에 예수와 성녀 테레즈가
새겨져 있다.

의 무릎 아래 있는 모습이다. 아마도 그 어디에서도 보기 드문 모습일 터다. 성당 내부는 기둥이 없는 아주 크게 탁 트인 공간이어서 건물 자체의 매력은 없는 편이지만, 금과 유리 조각으로 장식한 화려한 모자이크 벽화들이 매우 인상적이다. 50×30미터의 꽤 넓고 밝은 공간을 새를 주제로 한 아르데코 스타일의 모자이크로 장식한 크립트 또한 그 어느 성당과도 다른 면모를 보인다. 제2차 세계대전 시기에는 이 교회가 어떻게 되었을까? 리지외는 엄청난 폭격을 당한 것으로 알려지지 않았던가? 실제로 리지외 주민들은 이 성당의 지하 크립트로 많이들 피신했다. 이 건물에도 수십 발의 폭탄이 떨어졌으나 한 발도 폭발하지 않아 무사했다고 한다. 진정 성녀의 힘, 하느님의 은총이었을까? 이곳을 찾는 할머니 순례자들이 그렇게 말씀하시니 말대꾸하지 말고 그냥 믿기 바란다.

한편 리지외 시내에 있는 생피에르 성당Cathédrale Saint-Pierre은 12~13세기에 초기 고딕 양식으로 지은 건물이다. 테레즈가 바로 이 성당을 다녔다. 나는 처음에 생트테레즈 바실리크를 가려 했다가 실수로 이 성당을 찾아왔다. 사실 이 성당은 신앙심 깊은 신자라면 모를까 관광객의 시각에서는 크게 볼 것이 없는 평범한 교회다. 시내에는 성녀가 카르멜 수녀원에 들어갈 때까지 거주했던 집Maison des Buissonnets이 있다. 아버지와 어머니 그리고 언니 폴린이 사랑하는 막내 테레즈에게 가톨릭 종교교육을 했고, 테레즈는 잘 듣고 따랐다고 한다. 가족들은 어릴 때부터 건강이 안 좋은 어린 테레즈가 죽지 않게 해달라고 마리아상 앞에서 오랫동안 기도를 올렸다. 그 마리아상 앞에 테레즈가 남긴 문구가 보인다. "성모의 황홀한 미소가 내 영혼의 바닥까지 뚫고 들어왔습니다." 이런 분위기 속에서 어쩌면 테레즈는 어린 나이에 벌써 이 세상 삶보다는 죽음 너머의 세상에 더 깊이 빠져 있었던 게 아닐까. 그녀는 열 살에 자신의 삶을 신에게 바치는 수녀가 되기로 결심했다고 한다. 혹시 순례에 진심인 분은 찾아가 보시기를.

리지외 주변에서 방문할 만한 곳으로는 남쪽 근교에 있는 생제르맹드리베성Château de Saint-Germain-de-Livet이 있다. 이 예쁜 성은 '오주 지방의 경이'라고 불린다. 현재는 리지외시 소유다. 상속인이 없었던 마지막 소유주가 더 많은 사람들이 볼 수 있도록 해달라는 말과 함께 시에 기부한 결과 매년 수만 명이 찾게 되었다. 이 성은 15세기에 지은 목조 저택과 16세기에 돌과 벽돌로 지은 작은 요새형 성으로 이루어진 16세기 건축의 보석이라 할 만하다. 조용한 분위기에 새소리가 너무나 평화롭다. 색깔 있는 석재, 녹색 바니시 벽돌로 치장한 건물은 조화로움 그 자체다. 내부에는 오래된 벽화들이 잘 남아 있고, 16세기 프레스코, 18~19세기 가구, 뛰어난 프레스코와 작품 컬렉션 또한 볼 만하다.

사실 노르망디에는 샤토château가 많다. 샤토는 사전에 '성'이라고 나오는데, 우리말로 성이라고 하면 거대한 군사 요새 같은 느낌이 들지만 실제로는 그렇지 않고 아담한 건축물들도 많다. 생제르맹드리베성처럼 역사 유적으로 보호하면서 일반인에게 공개하는 경우도 있고, 때로는 실제 소유주가 살고 있는 경우도 있다. 어느 지역에서는 지자체가 소유는 하고 있는데 유지 비용을 대지 못해서 일반인에

생제르맹드리베성.

게 판매하기도 한다. 또 성을 호텔로 개조하여 운영하기도 한다. 외관은 오래된 성의 모습을 유지하면서 내부는 현대식으로 깔끔하게 바꾸고 편의시설도 완벽하게 갖춘 곳들이 많다. 지역에 따라 다르지만 가격이 생각만큼 비싸지 않아서 잘 찾으면 아주 멋진 경험을 할 수 있다. 나는 바이외 지역을 방문했을 때, 그리고 브르타뉴로 넘어가 렌 지방을 보고 오는 길에 성-호텔에 머문 적이 있다. 정원을 잘 꾸며 놓아서 편안하게 산보하는 것도 좋고, 레스토랑에서 지역 요리를 먹어보는 경험도 색다르다. 이왕이면 이런 숙소를 찾아 한번 지내보는 것도 좋은 일이다.

02

캉

내장요리의 본고장

노르망디는 미식의 고장으로 알려져 있다. 전통 요리 가운데 특별한 것으로 캉 식 내장요리Tripes à la mode de Caen를 들 수 있다. 이 요리는 조리법이 어렵고 시간이 오래 걸린다. 소의 위 네 종류를 모두 쓴다(소는 배 안에 위가 4개 있다). 1위(혹위), 2위(벌집위), 3위(겹주름위), 4위(주름위)에다가 우족, 부케 가르니bouquet garni(파슬리·타임·월계수·셀러리 뭉치)와 함께 20시간 이상 조린다(송아지 고기라고 잘못 알려져 있으나 반드시 우족을 써야 한다).

이 요리는 옛날부터 있었겠지만, 7월 왕정(1830~1848) 시기에 한 노르망디인이 파리의 중앙시장에서 내놓은 것이 캉 식 내장요리가 알려진 계기라고 한다(함흥에서는 함흥냉면이라고 부르지 않고 서울에서 함흥냉면이라고 처음 부르기 시작한 것과 비슷하다). 고급 부위가 아닌 일종의 잡고기를 사용하는 요리다 보니 값이 싸서 서민들 사이에 큰 인기를 누렸다. 파리 라탱 지구에서는 말이 끄는 포장마차에서 소리

◀ 캉 식 내장요리.

내장요리협회 배너.

처 가며 이 음식을 판매했다. "자주부 여러분 / 그릇하고 접시 가지고 오세요 / 돈도 가지고 오시고요 / 그러면 캉 식 내장요리를 드립니다." 이처럼 유구한 역사를 자랑하는 이 요리를 제대로 만들고 지키기 위해 1951년에 내장요리협회La Tripière d'Or를 설립했다. 이제 내장요리는 갈수록 유명해져서 프랑스 전역으로 퍼졌다. 프랑스인들은 음식 분야에서 매우 중요한 문제를 놓고 언쟁을 벌이곤 하는데 여기서도 마찬가지다. 캉 식 내장요리를 먹을 때 백포도주가 어울리느냐 시드르가 어울리느냐 …. 그것은 취향 문제지만 한 가지 분명한 것은 적포도주는 결코 아니다.

협회는 이 요리를 널리 알리기 위해 세계대회를 만들었다. 1952년 제1회 대회 이후 매년 개최되었다. 식당업자와 정육업자 들이 도전하는데, 노르망디뿐 아니라 프랑스 전역, 심지어 중국을 비롯한 세계 각지에서 온 참가자들이 경쟁을 벌인다. 2023년에는 70주년을 맞았는데, 이해에는 캉 국제박람회 기간에 맞추기 위해 평소보다 이른 9월 중순에 개최했다(9월 16~17일). 40명의 심판진이 132명의 참가자를 나누어 심사한다. 심판들은 하루에 열 번 이상 이 요리를 맛보고 심사해야 한다. 그러니 일단 각각의 접시에서 일부만 먹을 수밖에 없다. 심판 서너 명이 앉은 테이블마다 10여 팀의 요리가 올라온다. 심사는 3차에 걸쳐 진행하는데, 1차에는 모양, 그리고 고기와 소스 사이의 균형을 주로 본다. 2차에는 냄새를 평가하는데, 한 가지 요소가 지배적이면 안 된다. 80점 만점에 50점 이상 받은 것만 다음 날 새로운 심사위원들이 3차 평가를 해서 1등을 가린다. 숙련된 심판의 말에 따르면, 요리가 상에 오르자마자 벌써 감이 온다! "생긴 모양, 냄새, 소스의 색깔, 내장의 크기를 먼저 본다. 다 익은 뒤 내장 조각의 크기가 5×5센티미터여야 한다." 캉을 비롯하여 노르망디에 내장요리 잘 하는 집들이 많으니 한번 맛보시기를.

우리는 앞서 루앙의 오리, 몽생미셸 지역의 양고기, 옹플뢰르의 새우 같은 음식을 언급한 바 있다. 그 외에도 노르망디에서 맛볼 수 있는 좋은 음식으로는 디에프의 가자미, 뒤클레르Duclair의 오리, 비르Vire의 앙두이예트andouillette, 이지니의 홍합, 아그Hague의 바닷가재, 쿠르쇨의 게 등이 있다. 특히 노르망디 냄새가 물씬 나는 요리를 한 가지 소개하자면 오주 지방의 송아지 고기 커틀릿côte de veau이 있다. 송아지 고기를 이 지방의 버터 속에서 튀긴 뒤 칼바도스로 플랑베(불에 그을리는 조리 방식)를 하고 시드르와 생크림을 이용해 약하게 조려 내놓는 요리다.

03

뵈브롱앙오주

호크니가 사는 가장 아름다운 마을

개인적 경험의 소산이기도 하고 많은 사람들이 말하는 바는 뵈브롱앙오주Beuvron-en-Auge(오주 지방의 뵈브롱이라는 의미) 마을이 특히 아름답다는 것이다. 캉과 리지외의 중간 지점에 위치한 이곳은 노르망디에서 아름다운 마을로 손꼽히는 것은 물론 '프랑스의 가장 아름다운 마을들Les Plus Beaux Villages de France'이라는 타이틀도 얻었다. 공식 주민이 197명이니 정말 작은 마을이다. 목골 건물이 모여 있는 작은 타운 그리고 그 주변의 아름다운 시골 풍경은 매혹적이다. 이런 곳을 보고 어찌 감동하지 않겠는가.

이곳에는 16세기의 옛 장원Vieux Manoir이 있고 17~18세기 목골 주택 40여 채가 모여 있다. 특히 '황금 공Boule d'Or'이라는 고답적인 이름을 가진 옛 여관 주변 지역은 과거에 시장이었는데, 현재는 주로 앤티크숍이 되어 오래된 수공예품들을 많이 판다. 상설 가게만 있는 것이 아니라 두 번째 일요일에 앤티크 장이 크게 열린다. 이곳에 가

◀ 뵈브롱앙오주의 목조 주택.

면 정말 과거로 돌아간 느낌이다. 흔히 동화 속 마을 같다고 하는데, 이 마을의 분위기가 그렇다. 물론 관광객이 너무 몰려오는 단점도 없지 않으나 기본적으로는 예전 삶의 방식이 이어지고 있는 살아 있는 마을이다. 작은 카페에 앉아 커피를 시키고 편안하게 오후 한때를 보내노라니 세상 부러울 게 없다. 카페에서 일하는 나이 든 두 아주머니도 매우 살갑고 친절하다.

데이비드 호크니가 사는 마을

이 마을을 더욱 유명하게 만든 인물이 있다. 현재 생존 작가 중 '세계에서 가장 비싼 그림'을 그리는 노화가 데이비드 호크니David Hockney, 1937~다. 아마 본인은 자신을 그런 식으로 규정하는 걸 들으면 기분이 좋을 것 같지는 않으나 그건 엄연한 사실이다. 2018년에 〈예술가의 초상: 두 인물이 있는 풀장Portrait of an Artist: Pool with Two Figures〉(1972)이 9,030만 달러에 판매되었다. 한화로 1,200억 원이 넘는 금액이다. 그러니 그런 말을 안 할 수가 없다.

영국 출신의 이 화가는 캘리포니아에서 활동하다가 2019년 이 마을을 발견하고 정착했다. 모네가 지베르니를 발견한 것과 유사하다. 마을 중심지에서 약간 떨어진 곳에 17세기에 지은 목골 주택을 마련하고, 두 명의 조수 장피에르와 조너선 그리고 작은 개 루비를 데리고 살기로 했다. 그는 담배도 자유롭게 피울 수 있고 음식도 맛있

데이비드 호크니, 〈예술가의 초상: 두 인물이 있는 풀장〉(1972) 전시 모습.

는 지방에서 그림 그리는 행복을 누리기 위해 캘리포니아를 떠나 이곳에 정착했다고 한다. "프랑스인들은 사는 법을 압니다. 이들은 즐거움에 정통합니다." 나도 그 의견에 공감한다. 프랑스인들은 요리도 맛있게 하고 진정 즐거움을 위해 살아간다. 이곳에서 호크니는 봄의 자연을 그리며 행복을 누리고 있다.

"배나무, 사과나무, 벚나무, 자두나무 들이 꽃피어 있습니다. 또 산사나무와 야생 자두나무도 있고요." 이 나무들에서 매일 조금씩 더움이 트고 꽃이 피어나는 것을 보고 그 모습을 그린다. 80대 나이에 그가 깨달은 것은 "그들이 봄을 삭제할 수는 없다는 사실을 기억하라Do remember they can't cancel the spring"는 것이다. 이곳에서 그린 작품들은 이미 뉴욕에서 전시한 바 있다. 예컨대 자기 집을 여러 각도에서 그린 그림이 있다. 좀 전에 이야기한 뵈브롱 마을 중심지의 따뜻한 풍경도 화폭에 옮겼다.

이 화가는 나이는 많지만 현대의 신기술에 개방적이다. 그는 태블릿(아이패드)을 이용해 봄의 소리를 작품 안에 그린다. 아름답고 편안한 이 그림들을 보며 많은 사람들은 '휴식'을 본다고 말한다. 정작 작가는 다르게 설명한다. 이 엄청난 소용돌이들은 봄의 시작과 함께 새로운 생명의 사이클을 시작한다. 이야말로 갱생하는 자연의 기적들이 아닌가. 이제 그는 철학자가 된 듯하다.

"우리는 자연의 일부지만 바보들처럼 자연과의 관계를 잃어버렸습니다. … 이 모든 것은 어느 날 끝나겠지요. 우리는 여기에서 어떤 교훈을 얻을 수 있을까요? 나는 이미 83세고 곧 죽게 되겠지요. 사람은 태어났기 때문에 죽는 겁니다. 삶에서 중요한 것은 오직 음식과 사랑 그리고 우리의 작은 개 루비입니다. 내가 진지하게 믿는 바입니다만, 나에게 예술의 원천은 사랑입니다. 나는 삶을 사랑합니다. 나는 할 일이 있습니다. 그리는 일이지요."

마침 2023년 서울에서 호크니에 관한 미디어아트 작품 전시도 있었다. 그가 견지한 예술론에 대해서도 이야기하고 최근 아이패드로 그림 그리는 작업을 실제로 엿볼 수도 있는 흥미로운 내용이었다. 여기에서도 그는 같은 이야기를 한다.

"나는 그림을 그려야 한다. 항상 그림을 그리고 싶었다. 아주 꼬마일 때부터 언제나 그림을 그리고 싶었다. 그림이야말로 나의 천직이라고 생각하면서 60년 동안 계속했다. 지금도 변함없다. 나는 이 일이 아직도 흥미롭다."

이제는 너무나 유명해진 사람이 작은 마을에 와서 살면 어떻게 될까? 화가 자신은 아무 일 아니라는 듯이 타운에 나와서 밥 사 먹고 산보하고 이 근처 지역들을 관찰하며 그림을 그린다. 그런데 사람들은 겉으로 드러내지는 않지만 그를 보고 싶어 하는 게 분명하다. 카페에 나른하게 앉아 있을 때 약간 떨어진 곳으로 마치 '호크니처럼 생긴' 노인 한 명이 걸어갔다. 그러자 모든 사람의 시선이 그쪽을 향했다. 기껏해야 60대 얼굴에 아주 씩씩하게 잘 걷는 것을 보면 분명 호크니는 아니고 동네 어르신일 가능성이 높다. 그렇지만 아마 많은 관광객들은 집에 가서 이렇게 말할 것 같다. '나 뵈브롱에서 호크니 봤어!'

04

시드르 루트

능금 향을 따라 걷는 시드르와 칼바도스의 길

◉ 뵈브롱앙오주

뵈브롱앙오주를 중심으로 주변 지역 약 40킬로미터에 걸쳐 시드르 루트가 펼쳐진다. 시드르를 만드는 지역 20여 곳이 이어지는 길이다. 길을 찾으려면 '시드르 루트Route du Cidre'라는 표시를 따라가면 된다. 이 루트는 동시에 카망베르 치즈 생산지들을 잇는 길이기도 해서 카망베르, 봉보 같은 마을들을 만나게 된다. 치즈 생산지에는 '카망베르 원산지Cru de Camembert'라는 표시가 있다. 이 길을 따라가면 성, 장원, 목골 주택이 점점이 있는 '노르망디스러운' 풍경을 볼 수 있다. 내가 들른 곳 중 제일 예쁜 곳을 하나 들자면 쿱사르트 장원Manoir de Coupesarte이다. 현재 인구 43명인 아주 작은 공동체(코뮌)라 행정적으로는 이웃 코뮌인 메지동 발레 도주Mézidon Vallée d'Auge가 위임을 받아 일을 처리한다. 이 장원은 사유지라 전부 둘러볼 수는 없지만 차를 대고 잠깐 둘러볼 수는 있다. 15세기의 농장 그리고 작은 연못과 고택이 있다. 꿈속의 집 같다고나 할까. 아울러 이곳에서 멀지

◀ 시드르 생산자를 기리는 배지들.

쿱사르트 장원.

않은 곳에 위치한 크레브쾨르성Château de Crèvecoeur-en-Auge도 함께 보면 좋은 일정이 될 것이다. 가을에 이 지역을 돌아다니면 시드르 축제를 경험할 수 있다고 한다. 아직 현역에 있는 처지라 2학기 수업을 빼고 구경 올 수는 없다. 가을날 능금을 압착하는 모습, 그보다는 능금이 부서지며 나는 냄새, 그리고 시드르를 다시 가공하여 칼바도스를 만드는 냄새를 맡으며 이 지역을 돌아다니면 어떤 느낌일까.

그런데 시드르는 어떤 음료이고, 칼바도스는 어떤 술인가?

능금으로 만든 알코올 도수가 낮은 발효 음료가 시드르이고, 이를 가지고 증류한 독주가 칼바도스다. 큰 틀에서 이야기하면, 유럽은 크게 남부 포도주 지역과 북부 맥주 지역으로 구분할 수 있다. 그런데 그 중간에 위치한 노르망디와 브르타뉴는 포도주도 맥주도 아닌 시드르가 중요한 음료 역할을 하는 예외 지역이다. 프랑스의 저명한 역사가 브로델은 그렇게 설명한다.

그런데 중세로 거슬러 올라가면 이야기가 다를 수 있다. 먼 과거에는 이 지방에서도 맥주와 포도주를 만들어 마셨다. 1589년의 기록에 따르면, "루앙과 코 지방에서는 50년 전만 해도 맥주가 일반인들의 음료였다." 이때 맥주는 오늘날 우리가 마시는 맥주와는 약간 다른 세르부아즈cervoise를 가리키는데, 보리, 때로는 귀리로 만들었다. 옛날 갈리아 시대에 만들었던 고대 음료와 비슷한 것으로 보인다. 또 가톨릭 의례에서는 반드시 포도주가 필요했기 때문에 억지로라도 포도주를 생산해야 했다. 그런데 자연적인 포도주 생산 가능 지역을 이미 넘어선 이곳에서 포도주를 생산하는 것은 쉬운 일이 아니다. 아마도 양과 품질 면에서 그리 만족스럽지 않았을 것이다. 현재는 이 지역에서 포도주를 생산하지는 않는다.

정리하면, 노르망디에서도 16세기 무렵까지 억지로 맥주와 포도주를 만들었다가, 그런 음료를 포기하고 시드르를 본격적으로 생산하게 되었다고 할 수 있다. 이전 시기에는 야생 능금으로 시드르를 제조했으나, 16세기에 능금 재배를 확대한 것으로 보인다. 그런 점을 말해 주는 자료로 1588년 포미에Julien le Paulmier라는 사람이 시드르의 효용을 알기 위해 저술한 책을 들 수 있다. 그는 폐병으로 고생하다가 공기가 더 나을 것 같아 고향으로 돌아왔다. 그런데 이곳에서 포도주 대신 시드르를 마시자 병이 훨씬 나아졌다고 판단하고 시드르의 효용을 알리는 책을 쓴 것이다.

시드르를 증류하면 특유의 향이 강한 브랜디인 칼바도스를 만들 수 있다. 이 또한 16세기에 크게 발전하기 시작했다. 그즈음 구베르빌Gouberville 영주가 칼바도스 생산에 매진했다는 기록이 그런 증거다. 이 시기부터 오늘날까지 제조법에 큰 변화는 없다. 시드르를 알람빅alambic(고전적인 증류기)에서 끓인 다음 알코올 기를 머금은 수증기를 모아 응축한다. 구체적으로 살펴보면 몇 가지 방식이 있다. 첫째는 '이중 증류'다. 즉 한 번 증류하여 얻은 28~30도의 약한 술 petites eaux을 한 번 더 증류하여 도수를 높인다. 이렇게 하면 칼바도스 페이도주calvados Pays d'Auge가 된다. 둘째는 증류를 한 번만 하지만, 이 기구 자체가 작은 알람빅을 연속적으로 연결한 것이라alambic à colonne 실제로는 여러 차례 증류한 셈이 되는 방식이다. 이것이 칼바도스

캉브르메르의 한 농장에 있는 시드르 증류기.

동프롱테calvados domfrontais다. 셋째는 둘째와 비슷한데 다만 능금이 아니라 배를 원료로 한다. 이를 푸아레poiré라 한다. 이상의 방식으로 얻은 원액은 별다른 풍미가 없다. 이 원액을 참나무통에서 숙성하는 과정에서 향이 들어간다. 먼저 탄닌 성분이 많은 새 통 속에서 숙성한 후 일정 기간이 지난 뒤에 아주 낡은 큰 통에서 한 번 더 숙성시킨다. 어떤 통은 100년이 넘은 것도 있다. 그러나 어떤 업자는 새 통을 거치지 않고 바로 옛날 통에서 숙성하기도 한다. 다음 단계는 이런 결과물들을 혼합하여 병에 넣는 일이다. 병 곁면의 라벨에 쓰인 온갖 종류의 표현들은 업자마다 달라서 그 의미는 쉽게 알아낼 수 없다. 사실 업자들 간에 싸움도 아주 심하다. 이 술을 가리키는 용어에 대해서도 칼바calva와 칼바도스calvados를 놓고 다투었는데, 후자가 명칭 싸움에서 승리했다.

오주 지방에 사과를 재배하고 시드르와 칼바도스를 생산하는 농장이 여러 곳 있다. 뷔넬 칼바도스Busnel Calvados나 리외 셰리Lieu Chéri 같은 이름 있는 농장 겸 제조소는 5대 전부터 이어온 전통 방식에 따라 페이도주 AOC 칼바도스를 제조한다. 9월이 되면 1년 동안 오크통에서 발효된 시드르를 증류기에 넣고 나무로 불을 때서 증류한 후 다시 오크통 숙성을 시작한다. 이즈음이면 이 지방은 온통 사과 향기가 공기 중에 가득하다. 일부 장원은 호텔 겸 휴양소로 운영하기도 한다. 그중 특히 권할 만한 곳이 캉브르메르Cambremer 지역이다. 넓은 과수원을 가진 일부 농장 호텔에서는 압착기나 증류기 같은 도구들을 볼 수 있을 뿐 아니라 오크통 모양의 사우나, 마사지용 오두막 같은 시설이 마련되어 있다. 이런 시설 내의 상점에서는 시드르와 칼바도스 외에 카망베르, 리바로livarot와 퐁레베크Pont-lévêque 치즈 같은 것들을 판매한다. 다른 것은 두고라도 마을 분위기가 너무 예뻐서 동화 속 마을 같다.

노르망디 사람들이 칼바도스를 마시는 특별한 관습 중 하나가 '트루 노르망Le trou normand(노르망디식 구멍 뚫기)'이다. 이는 요리 두 가지를 먹는 사이에 칼바도스 한 잔을 마시는 관례를 가리킨다. 이렇게 하면 소화가 잘되어 더 많은 음식을 맛있게 먹을 수 있다고 한다. 물론 의사들은 과학적 근거가 전혀 없다고 말하지만, 아마도 노르망디 지역 의사들도 많이들 그렇게 하리라. 사실 프랑스 여러 지역에서 이런 식의 '식사 도중에 구멍 뚫기coup du milieu'를 많이들 한다. 다른 지역에서는 코냑을 사용하는데 노르망디에서는 칼바도스를 사용하는 게 다를 뿐이다(우리도 삼겹살 먹으며 소주로 계속 구멍을 뚫어주는 관습이 있긴 하다). 이것을 약간 '근대화'한 방식은 소르베나 아이스크림에 칼바도스를 뿌려서 먹는 것이다. 프랑스인들은 하여튼 먹는 데에는 진심이어서, 온갖 방법을 만들어 낸다. 혹시 소맥(소주+맥주)처럼 '칼바도스+시드르' 같은 것은 없을까? 물론 있다. 이름하여 포모 드 노르망디Pommeau de Normandie. 사전적 정의와 설명은 이렇다. "오크통에서 최소 14개월 이상 숙성한 시드르용 사과즙과 칼바도스를 블렌딩한 혼합주인 포모는 대개 식전주로 차게 마시며 푸아그라, 멜론 및 몇몇 디저트에 곁들이기도 한다. 오랫동안 판매가 금지되었던 노르망디의 전통 술로 1991년 AOC 인증을 받았다."(네이버 지식백과 중 '그랑 라루스 요리백과') 말하자면 칼바도스가 너무 강하게 느껴지는 초보자를 위한 입문용으로, 일부 회사에서 따로 제조하여 판매한다. 우리는 술집에서 각자 알아서 섞는데, 노르망디에서는 회사가 미리 만들어서 주는 것이다. 섞는 비율은 사과 주스 2/3에 칼바도스 1/3이며, 알코올 도수는 16~18도다.

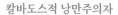

《개선문》과

칼바도스적 낭만주의자

아마 칼바도스 술을 아직 마셔보지 못한 사람 중에도 이 술에 대한 묘한 호기심을 가진 이들이 꽤 많을 것이다. 레마르크Erich Maria Remarque의 소설 《개선문Arc de Triomphe》(1945)의 주인공 라비크가 찾는 술이기 때문이다. 주인공은 독일 출신 외과의사로 나치의 추적을 피해 파리로 숨어들어와 가끔 불법 수술을 하면서 살아간다. 그리고 소설 내내 정말 자주 술을 마신다.

이 소설에서는 여러 종류의 술이 등장하지만 뇌리에 강하게 남는 것은 역시 칼바도스다. 소설 첫 부분부터 라비크가 조앙을 만나 마시는 술이 칼바도스다. 일단 칼바도스 한 잔씩 원샷, 그다음 더블을 또 한 잔씩, 이걸로 끝이 아니고 더블을 한 잔씩 더 한다. 한 사람이 다섯 잔의 칼바도스를 마신 것이다. 40~45도 독주를 이 정도 속도로 마시면 벌써 취기가 확 돌 것이다.

후일 재회한 주인공 남녀가 다시 술을 마실 때도 칼바도스를 찾는다. 조앙이 라비크에게 묻는다.

"그때 제게 마시라고 준 것은 어떤 것이었지요?"

그런데 사실 라비크는 그것을 기억하지 못한다.

"언제? 여기서?"

"아니요, 여기가 아니라 처음 만난 날 밤에 마신 것 말이에요."

"그게 맛이 좋았소?"

"그런 게 아니에요. 그렇게 훈훈한 것은 처음 마셔봤기 때문이에요."

남자는 그날 마신 술을 잊고 있었으나 여자는 그 훈훈한 기억을 안고 있다. 라비크가 웨이터를 불러 칼바도스가 있냐고 묻자 없다고 한다. 찾는 사람이 한 사람도 없다는 것이다. 그런 고급 레스토랑에서는 잘 찾지 않는 서민 술이다. 두 사람은 다시 옛날에 만났던 술집을 찾아가기로 한다. 개선문 근처의 조그마한 술집. 계단을 내려가면 택시 운전사와 술집 여자들 몇 명이 있고, 팔뚝에 문신한 웨이터가 있는 곳, 파리에서는 그런 분위기에서 마시는 술이 칼바도스다.

이때의 칼바도스는 노동자와 서민 그리고 그들 세계에 속한 망명자가 즐겨 마시는 값싸고 독한 술이다. 예전에 이 소설을 읽은 사람

중에는 슬프고도 낭만적으로 암울한 분위기에서 두 남녀가 밤에 만나 마시는 술, 이름도 묘하게 매력적인 칼바도스가 도대체 어떤 술인지 너무나 궁금해서 언젠가 한번 마셔봐야지 하고 생각하는 이들이 많았다. 그런데 이때 머릿속에 그리는 이미지는 왠지 향이 아주 좋은 고급 술 같다는 것이다. 그것도 완전히 틀린 말은 아니다. 칼바도스도 칼바도스 나름이라, 허름한 지하 술집에서 마시는 싼 것도 있지만 고급 칼바도스는 품격이 다르다. 라비크와 조앙이 또다시 만나 술을 마실 때는 다른 종류의 칼바도스가 나온다. 라비크가 고급 칼바도스는 없냐고 묻자 웨이터가 지하실에 가서 아주 오래된 칼바도스 한 병을 마치 아기를 안고 오듯 가지고 온다. 병을 개봉해서 조앙에게 한 잔 따라주자, 조앙이 조금 마시더니 놀란 표정을 짓는다.

"나는 여태까지 이런 것을 마셔본 적이 없어요. 이건 마시는 게 아니라 … 그냥 숨만 쉬면 되는군요."

라비크는 이렇게 답한다.

"당신은 낭만주의자가 될 거요. 칼바도스적 낭만주의자."

어떤 칼바도스를 어떤 시간, 어떤 곳에서 누구와 마시느냐에 따라 사람을 비극적 주인공으로도, 낭만적 주인공으로도 만든다. 그렇지만 이야기는 비극으로 치닫는다. 노르망디 시골의 능금으로 만든 훈훈한 화주로 인연을 이어가던 두 사람은 시대의 아픔 속에 사라져 갈 수밖에 없는 운명이다. 조앙은 같이 살던 남자에게 총 맞아 죽고, 라비크는 불법 입국자로 체포당해 트럭에 실려 간다. 독일이 폴란드를 침공했다는 호외가 거리에 떠돈다. 제2차 세계대전이 터진 것이다. 한밤중에 라비크를 실은 트럭은 바그람 가를 달려서 에투알 광장으로 빠져나간다. 아무 곳에도 불빛이 보이지 않는다. 광장은 어둠에 묻혀 있다. 너무 어두워서 개선문조차 보이지 않는다.

05

카망베르와 비무티에

노르망디 치즈의 고향

비무티에
카망베르

노르망디의 특산품으로는 치즈가 있다. 그렇지만 노르망디의 낙농업은 생각보다 뒤늦게 발전했다. 중세부터 소를 많이 치고 버터와 치즈를 많이 생산했다고 믿어서는 안 된다. 목축이 확산한 것은 19세기 중엽 이후의 일이고 그전에는 곡물 농업이 압도적이었다. 지력이 좋은 땅에는 밀과 호밀을 심고, 지력이 안 좋은 땅에는 메밀을 경작했다. 메밀로는 크렙이나 갈레트 혹은 죽porridge을 만들어 먹었다. 오늘날 노르망디 일부 지역, 특히 이웃한 브르타뉴에서는 크렙과 갈레트가 특식으로 유명하다. 간식으로 먹을 때는 설탕, 과일, 초콜릿 등을 넣어 '단것sucré'으로 만들고, 식사용으로 먹을 때는 햄과 계란, 또는 취향에 따라 해산물 등을 넣어 '짠것salé'으로 만든다. 크렙을 파는 간편 식당 체인점도 있고 유명한 전문점들도 있다. 지금은 이렇게 대접받지만, 원래 이 음식은 고급 음식이 아니다. 죽은 말할 것도 없다. 이 지역 사람들은 '죽을 먹으면 겨우 1시간 반 지탱

◀ 카망베르 치즈.

하고 곧 허기진다'고 말하는데, 익히 짐작할 수 있는 말이다. 19세기 후반부터 점차 목축이 발전했지만 그 변화가 빠르지는 않았다. 그러다가 파리 지역의 수요에 맞추어 낙농업이 발전하기 시작했고, 인공 초지가 형성되었다. 특히 1855년 캉에 철도 노선이 연결되자 고기와 우유를 파리에 많이 공급하게 되었다. 이즈음부터 명품 축산품이 등장한다. 대표적인 것이 이지니 버터다. 일찍이 영국으로도 수출되었고, 점차 유럽 각지에서 많이 찾게 되었다.

치즈 중에서는 카망베르가 전 세계적으로 가장 널리 알려져 있다. 노란색을 띠고 부드러운 맛에 특유의 소박한 풍미를 띠며, 무엇보다 하얀색 외피를 두르고 있는 것이 특징이다. 맨 처음 카망베르 치즈를 먹어보았을 때(파리대학 기숙사 방에서 한국 유학생들이 모여 포도주를 마실 때다), 그 껍질의 독특한 맛을 잊을 수 없다.

치즈 제조는 쉬운 일이 아니다. 전 과정을 정리하면 이렇다.

1단계: 우유 짜기 → 2단계: 탈지脫脂 → 3단계: 응유효소凝乳酵素 첨가, 응결 → 4단계: 틀에 넣기, 물기 빼기 → 5단계: 틀에서 빼기, 자르기, 소금 치기 → 6단계: 숙성 → 7단계: 포장

카망베르 치즈는 원래 크림 없는 생우유로 만들었다. 그래서 지금도 일부 마니아들은 저온 살균pasteurisation을 하지 않은 옛날 방식으로 만들어야만 진짜 카망베르의 풍미가 살아난다고 믿는다. 프랑스인들은 전통적인 지역 산물에 대한 기이한 '집착'이 있다. 상업화

가 진행되면서 대량생산과 표준화가 이루어진 결과 원래의 산물이 지녔던 독특한 맛과 풍미가 변하고 맥 빠진다고 믿는다. 카망베르도 그렇다는 주장이다.

만들어진 전통, 마리 아렐의 전설

이 치즈에 관한 전설적인 이야기가 널리 퍼져 있다. 마리 아렐Marie Harel이라는 여성이 카망베르 치즈를 처음 만들었다는 이야기는 이 지역 사람들 모두 철석같이 믿고 있다. 아렐의 본명은 마리 카트린 퐁텐Marie Catherine Fontaine으로, 1761년 비무티에Vimoutiers 인근 지역에서 태어나 1841년에 죽은 것으로 기록되어 있다. 노르망디 사람들이 믿고 있듯이 정말로 이 여성이 카망베르 치즈를 '발명'했을까?

이 지역 전설에 따르면, 아렐과 봉부Charles-Jean Bonvoust라는 수도원장이 협력하여 이 유명한 치즈를 탄생시켰다. 봉부는 프랑스혁명의 위협을 피해 보몽셀Beaumoncel 농장에 몸을 숨기고 있었다. 혁명정부는 봉건적인 종교 제도를 정화해야 한다면서 신부와 수도사를 일종의 국가 공무원으로 만들고 결혼도 강제했는데, 이를 따르지 않으면 자칫 목숨을 잃을 수도 있었다. 이 사태를 피해 카망베르 지방에 피신해 있던 봉부 수도원장은 치즈로 유명한 브리Brie 지역 출신이었기 때문에 치즈 만드는 법을 잘 알고 있었다. 이 농장에서 목장 하녀로 일하던 마리 아렐은 수도원장으로부터 브리 치즈 제조 방식을 습득

했다. 그리고 이 과정에서 부드러운 치즈 겉면에 먹을 수 있는 딱딱한 외피를 형성하는 방식을 개발했다. 이 일이 일어난 해는 1791년이라고도 하고 1792년이라고도 하고 어떤 자료에는 1796~1797년이라고도 한다. 얇은 나무껍질로 만든 둥그런 틀 안에 치즈를 넣는 방식도 이때 시작되었다고 한다. 전혀 근거는 없지만 하여튼 이 지방에 가면 이 이야기를 믿는 척이라도 해야 한다.

그런데 카망베르 지역에서는 이 이야기에 나오는 것보다 100년 앞선 17세기 말부터 질 좋은 치즈를 생산하여 비무티에 시장에 팔았던 사실이 알려져 있다. 당시 이 지역 치즈는 널리 알려지지는 않았으나 아는 사람은 그 맛을 인정했다. 이 지역 치즈의 품질이 좋았다는 것은 기록에서도 확인된다. 1702년 토마 코르네유(유명한 극작가 피에르 코르네유의 동생)는 이런 글을 남겼다. "이곳에는 매주 월요일에 큰 장이 서는데, 리바로와 카망베르의 훌륭한 치즈를 가지고 와서 판다." 이런 기록을 놓고 볼 때 아렐이 만든 치즈가 과연 이전 치즈와 어떻게 다른지는 전혀 알 수 없다. 어쩌면 아렐은 새로운 치즈를 만든 게 아니라 단지 상업화에 성공한 인물일지도 모른다. 그녀는 비무티에에서 20여 킬로미터 떨어진 아르장탕Argentan에서 치즈를 팔았고, 그다음에는 대도시인 캉의 시장으로 보내서 큰 성공을 거두었다.

분명한 것은 아렐의 후손들이 치즈를 대량으로 만들어 파는 기업을 일구었다는 점이다. 특히 외손자 시릴 페넬Cyrille Paynel(1817년생)이 칼바도스의 르메닐모제Le Mesnil-Mauger에 공장을 설립해 카망베르 치즈를 대량 생산했다. 그래서 이 집안사람들은 자신들만 카망베르라는 상표를 독점할 수 있다고 주장했지만, 1870년경 다른 주민들도 상표 사용권을 주장하기 시작했다. 결론적으로 다른 주민들도 당연히 카망베르라는 상표를 사용하며 치즈를 만들어 팔았다.

이 치즈는 파리까지 팔려 갔다. 1863년 나폴레옹 3세가 이 치즈를 먹어보고 찬탄했다는 것은 잘 알려져 있다. 이즈음 개통된 파리와 노르망디 간 철도 노선이 중요한 역할을 했다. 게다가 치즈를 담는 나무 상자까지 유명해져서 판매에 한몫했다. 형형색색의 상표 디자인이 히트를 쳐서 치즈 담는 나무 상자가 컬렉션 대상이 되었다. 이 치즈가 큰 성공을 거두자 속임수 판매도 생겨났다. 시릴 페넬이 판매를 위탁한 트루베M. Trouvé라는 사람이 카망베르 치즈를 다 판 다음 다른 저급 치즈를 카망베르산이라고 속여서 판 것이다. 그래서 다른 상인을 찾아서 판매를 위탁하자 곧 파리에서 가장 많이 판매되는 치즈로 올라섰다.

물론 모든 사람의 취향이 같지는 않다. 에밀 졸라는《파리의 배Le Ventre de Paris》에서 노르망디 치즈를 꽤 악랄하게 묘사했다. 카망베르는 "너무 숙성하여 썩은 내가 나는 사냥고기"로, 리바로에 대해서는 "붉은색이 도는 이 치즈는 목에서 마치 유황 연기처럼 역하다"고 표현했다. 졸라가 아무리 그렇게 못되게 썼어도 카망베르는 파리에서 절정의 인기를 누렸다. 졸라는 아마 다른 치즈를 훨씬 더 좋아했는지 모른다. 프랑스 학생들과 대화해 보면 자신이 좋아하는 로컬 치즈만 진짜 치즈이고 다른 나머지는 대부분 먹어줄 수 없는 쓰레기라고 강변하는 녀석들이 꽤 많다.

　1909년 5월 20일, 카망베르 생산자들은 '진짜 노르망디 카망베르 치즈 생산자 조합le Syndicat des Fabricant de Véritable Camembert de Normandie, SFVCN'을 결성했다. 이때 모인 53명 중 47명이 코Caux 지방 출신이다. 이웃 지역들과 경쟁하며, 특히 노르망디가 아닌 지역 치즈에 카망베르 이름을 사용하지 못하게 하려고 했으나 성공하지 못했다. 그래서 결국 각 제조 단계를 통제해서 품질을 관리하자고 결론을 내리는 데 그쳤다. 사실 프랑스 국내뿐 아니라 외국에서도 카망베르 치즈를 모방해서 만들고자 했다. 런던과 뉴욕에서 시도했고, 심지어 미국 연방정부도 이 치즈를 생산해 보려고 실험했으나 실패로 끝났다.

　카망베르가 폭발적인 인기를 누린 계기는 제1차 세계대전이다. 프랑스 육군이 병사들에게 대량 보급하는 치즈가 되어 병사 보급용 카망베르camembert de Poilu를 생피에르쉬르디브Saint-Pierre-sur-Dives에서 따로 생산했다. 이때 카망베르에 맛을 들인 남프랑스 사람들도 곧 이 치즈를 먹기 시작했다. 특히 적포도주와 함께 마시면 기쁨 두 배! 카망베르는 세계대전 이후 프랑스의 표상 중 하나가 되었고, 더 나아가서 미국인들이 사랑하는 치즈가 되었다. 포장 방법이 유리하여 미국 시장뿐 아니라 곧 세계 시장에 판매되었다.

　카망베르 치즈는 생산 방법도 진화했다. 생산량을 늘리기 위한 방법들도 개발했고, 파스퇴르 연구소의 도움을 받아 곰팡이도 바꾸었다. Pénicillium camemberti 대신 Pénicillium candidum을 적용하자 비단 같이 부드러운 흰옷을 입게 되었다. 대체로는 이것이 소비자의 입맛을 크게 만족시켰지만, 대신 맛을 약간 맥 빠지게 했다는 비판도 있다. 현재 팔리는 치즈는 맛이 그렇게 세지 않다. 그렇지만 옛날 짜장만 찾는 사람이 있듯이 옛날 카망베르가 진짜라고 우기는 사람들이 꼭 있다. 이제는 아주 소수 생산자만이 생우유를 사용하는 예전 방식을 유지하는데, 일부 애호가들은 이 진짜authentique 카망베르 치즈가 훨씬 낫다고 말한다.

오늘날 카망베르 치즈는 우리나라를 포함해 전 세계에서 생산한다. 이에 대항하여 노르망디 본토에서는 자기네 것을 지키기 위해 노력하고 있다. 1968년 붉은색 라벨의 '노르망디 카망베르Camembert de Normandie'를 만들었고, 1983년 AOC(원산지 통제 명칭)를 받았다.

오늘날에도 노르망디 사람들은 변함없이 아렐을 추념한다. 아렐의 고향 비무티에에는 아렐의 동상과 귀여운 암소 동상도 세웠다. 그런데 정말로 많은 노르망디 사람들이 200~300년 동안 계속 아렐을 기억하고 있었을까? 그 기억 자체도 만들어진 전통에 해당한다. 사실 아렐의 명성이 확고해진 건 기이한 인연 때문이다. 1920년대 뉴욕의 바텐더 조지프 크니림Joseph Knirim이 자신의 술집에서 너무 차지 않은 필스너 맥주와 카망베르 치즈가 건강에 좋다며 함께 판매했다. 돈을 많이 벌고 은퇴한 그는 필스너 맥주의 고향인 체코의 플젠과 치즈 원산지 카망베르를 찾아 여행했다. 이때 카망베르의 창안자로서 마리 아렐이라는 이름을 복원해 냈다. 아렐이라는 이름이 사람들 사이에 널리 퍼진 것은 결국 그의 공헌이다. 그 덕분에 1928년 프랑스 대통령 가스통 두메르그Gaston Doumergue는 아렐의 기념비를

마리 아렐의 동상.

세웠다. 그런데 1944년 노르망디 상륙작전 때 연합군의 공습으로 이 동상이 부서졌다. 1953년 미국 오하이오주 반워트Van Wert의 치즈 공장 노동자들이 자금을 대주어 비무티에 시청사 앞에 새로운 동상 을 건립했고, 명판에 이 사실을 기록했다. 미군의 폭격으로 동상이 부서져서 미안한 마음에 그렇게 했다는 설명이다.

비무티에에는 카망베르 기념관La Maison du Camembert도 있다. 건물 자체가 카망베르 통 모양이라고 주장하는데, 솔직히 그렇게 인상적 이지는 않다. 그리고 기념관이라고 하기에는 너무 소박하다. 이곳을 찾아가니 직원 세 사람이 모여서 밥을 먹고 있다가 '손님 왔다!' 하 면서 밥 먹다 말고 카운터로 가서 표를 파는 식이다. 그냥 둘러만 볼 지 세 종류의 치즈와 시드르를 시식할지 묻는다. 온 김에 치즈 시식 을 해보겠다고 하니 마당에 있는 플라스틱 테이블로 안내한다. 마침 시원하게 소나기가 뿌려대는데, 치즈에다가 약간의 알코올 성분이 있는 시드르를 마시니 얼큰한 낮술 분위기도 조금 느껴진다. 이 동 네는 이런 식이다. 그렇게 드라마틱하지 않고 소박하다. 강원도 정 선에 놀러가서 동네 막국수 먹어보는 느낌이랄까.

노르망디에 카망베르 치즈만 있는 것은 아니다. 그 외에도 유명 한 치즈로는 리바로livarot, 퐁레베크pont-l'évêque가 있다. 이 치즈 생산 자들도 별개의 조합을 결성했다. 그래서 카망베르를 포함하여 이 세 종류가 노르망디의 치즈 삼총사라 할 만하다. 그러나 그 외에도 별 로 알려지지 않았지만 좋은 치즈들이 있다. 파베도주pavé d'Auge, 뇌샤 텔Neufchâtel 등이 대표적이다. 특히 뇌샤텔앙브레Neufchâtel-en-Bray 지방

여러 가지 카망베르 치즈들.
왼쪽부터 카망베르, 리바로, 뇌샤텔, 퐁레베크 치즈이고, 가운데는 시드르다.

을 중심으로 만드는 뇌샤텔 치즈는 하트 모양이어서 눈에 띤다.

　주변 지역을 차로 드라이브하면 참으로 한가한 풍경이 펼쳐진다. 아마 호불호가 갈릴 것 같다. 아름다운 골짜기, 평화로운 마을이 천국 같다고 느끼는 사람도 있을 테고, 다이내믹한 걸 좋아하는 코리안 중에는 너무 심심하다고 생각할 사람도 있을 터다. 나는 천국 같다는 데에 한 표!

시골 일상을 말해주는 '전원 일기'의 고장,

카망베르

20세기 노르망디의 시골 생활을 알려주는 아주 좋은 자료가 있다. 1942~1971년 30년간 어느 농민이 거의 매일 쓴 일기가 그것이다. 25권에 이르는 이 자료는 노르망디 지역 소농의 실상을 생생하게 증언한다. 소위 '가정일기livres de raison'라는 것인데, 시골의 상층 혹은 도시 부르주아 가정의 가장이 집안일에 대해 나날이 기록하는 일지를 말한다. 일상의 일들, 기후, 가정 내 관심사, 사회관계 등 다양한 사항들을 기록하고 있어서, 지난날 사람들의 삶을 재구성해 보려는 역사가들에게 더할 나위 없이 유용한 자료다.

일기를 쓴 주인공은 카망베르Camembert 지역의 농민 피에르 르뷔글Pierre Lebugle이다. 제2차 세계대전부터 농업혁명이 일어나는 시기까지 산 사람으로, 그의 일기는 현대 프랑스의 농촌 사정을 상세히 알려준다. 이 기간에 농촌은 역사의 '가속화'를 겪고 있었다. 원래 프랑스는 농민이 다수를 차지하는 농업국가였으나, 1930년대에 들어 변화하기 시작했다. 제2차 세계대전 이후에는 신생국과 농산물 경쟁도 심해지고, 국내적으로 지역적 분업도 강화되었다. 1950년대까지도 다수였던 소농들은 사라져가고, 1960년대 제5공화국 이후 근대화가 진행되며 자본주의 농업으로 변모해 갔다. 기계화가 진척되고 가족 소농 대신 기업농이 확대했다. 그 실상은 어떠했을까?

카망베르의 작은 마을 라 뷔카유La Bucaille에 살았던 르뷔글 가문은 대농도 상인도 아닌, 작은 마을에서 조상 대대로 소농 경영을 해온 집안이다. 역사가의 조명을 받지 않으면 영원히 무명의 세계에 남아 있을 그런 부류다. 1922년 1월 9일, 이 마을에서 피에르 르뷔글이 태어났다. 피에르는 1935년 카망베르 초등학교를 졸업한 후 더 이상의 교육은 받지 못했다. 다만 기독교 농촌 청년회Jeunesse agricole chrétienne, JAC에 들락거리면서 집안에서 농사일을 도왔다.

피에르는 1942년 19세에 처음 일기를 쓰기 시작했다. 놀랍게도 첫 기록은 두더지 사냥에 관한 것이다. 그는 이 일로 제법 짭짤한 수익을 얻고 있었다. 두더지는 가죽을 얻기 위해 덫으로 잡았다. 1월 26일 80마리를 판매했는데, 한 마리당 4프랑 50상팀, 총 360프랑의 소득을 올렸다. 그다음 14일 동안 147마리를 잡았고 이후로도 카망베르 여러 지역에서 남의 집을 빌려서 사냥했다. 그는 실로 두더지 잡이의 달인이었던 것 같다.

전쟁은 그의 인생에 암울한 그림자를 드리웠다. 1943년 21세에 비시Vichy 정부의 대독협력강제노동국Service du travail obligatoire, STO에 의해 동원되었다. 마을 친구 네 명과 함께 베를린 북동쪽의 구덴Guhden 이라는 마을에서 복무하다가 폴란드와 소련 등지로 끌려다녔고 다시 베를린을 거쳐 1945년 8월 1일 귀국했다. 그리고 곧 이웃집 여성 마들렌 모랭Madeleine Morin과 결혼했고, 고향에서 5킬로미터 떨어진 라 브뤼에르-프레네La Bruyère-Fresnay에 정착했다. 그가 사는 집은 처갓집 재산인데, 죽을 때까지 이 집에서 지냈다. 이후 일기 내용을 보면 이 지방에 근대화가 진행되는 상황을 볼 수 있다. 1950년대에 자동차가 확산했고, 1954년부터는 버터를 얻기 위해 우유를 두드리는 작업에도 모터를 썼으며, 1965년 트랙터가 등장하여 말을 대신했다. 그 무렵 전기가 들어오고 집안에 여러 편의 시설들을 갖추어 갔다.

그럼에도 농촌의 기본적인 삶의 모습은 예전과 크게 달라지지 않왔다. 부부의 삶은 농촌의 일거리 리듬에 따라 흘러간다. 4월에 나무를 베고 사과나무를 심거나 접붙이고, 9~10월에 사과와 배를 딴다. 1~2월 추위에 가축을 돌보고 1~3월 사이 밭에 거름을 옮겨다 부었다. 소들이 풀을 먹는 초지를 준비하고 건초 더미를 만들었다. 이런 것들이 6월 말부터 8월 중순까지 짧은 여름 한철에 해야 하는 일들이다. 9~2월에는 보카주의 울타리를 계속 손봐야 하고, 3~5월에는 쇠스랑으로 긁어주고 늪지를 준설하고, 텃밭과 집안을 손봤다. 그러고 보면 농촌의 일거리는 사실 옛날 그대로다.

그렇지만 한편으로 상업화가 진행되어 마을에서 나는 생산물들을 판매하기 시작했다. 계란을 팔고, 살진 돼지, 소, 가끔은 송아지를 정육점에서 거래하고, 너무 늙어 우유가 안 나오는 암소도 내다 팔았다. 잉여 사과와 배는 시드르 제조소에 판매하고, 땔감용 나무도 이웃에 팔 수 있었다. 무엇보다 버터를 만들어 매주 판매하는 것이 큰일이었다. 가족들은 매일 아침 8~9시와 저녁 6~7시에 손으로 젖을 짰다. 일부는 식구들이 먹고 일부는 송아지를 먹인 다음, 나머지는 크림을 떠내는 데 사용했다. 우유 10리터에서 크림 1리터가 나오는 비율이다. 여름에는 시원하게, 겨울에는 데워서 크림을 휘저어 버터를 만든다. 월요일 아침에 두 사람이 교유기(크림을 휘젓는 도구)로 수작업을 하여 버터를 생산했다. 그러다가 1954년부터 모터를 사용하기 시작했다. 이제 힘들게 손으로 막대를 돌리지 않아도 된다. 노르망디 시골에도 문명개화의 바람이 분 것이다!

피에르는 버터 생산량, 가격, 수익 등을 자세히 기록했다. 예를 들어 1956년 985.5킬로그램의 버터를 팔아 60만 4,597프랑을 벌고, 1964년에는 1,120.5킬로그램을 팔아 93만 780프랑을 벌었다. 생산량도 늘었지만 버터 가격이 올라서 판매액이 늘어났다. 여름에는 버터 가격이 내렸다가 우유가 귀해지는 겨울이면 올랐다. 버터를 제조하다 남은 크림은 돼지를 살찌우는 데 유용하게 썼다. 1956년 기록에는 약 150킬로그램에 달하는 새끼 돼지들을 팔아서 41만 6,545프랑의 수익을 올렸다.

그런데 1971년부터 크림을 휘저어 버터를 만드는 기록이 사라진다. 더 이상 농가에서 버터를 만들어 팔지 않고, 대신 우유를 버터 공장에 판매했다. 우유를 판매하면 공장에서 수표를 보내온다. 매달 한 번씩 통장에 들어오는 돈도 기록에 나온다. 예컨대 1971년 1월 10일 일요일에는 이런 기록이 있다. "우유 수표, 1,482리터×65프랑 15상팀=7만 9,800프랑."

일기에는 일뿐 아니라 전통적 오락도 보인다. 9월 첫째 혹은 둘째 일요일에 사냥 시즌이 시작된다. 이 시기부터는 사냥도 그냥 하는 게 아니라 허가증이 필요하다. 피에르는 1956년에 허가증을 발급받 았다. 사냥하러 꽤 넓은 지역들을 돌아다녔다. 미르자, 벨, 디안, 비비라는 개 네 마리를 데리고 숲을 헤집고 다녔다. 친구나 친척, 아들 집에 찾아가서 함께 사냥했다. 그는 모든 것을 꼼꼼히 적는 습성이 있어서 사냥감도 정확히 기입했다. 어떤 날은 '산토끼 한 마리, 메추라기 두 마리', 또 다른 날에는 '산토끼 한 마리, 자고새 한 마리' 하는 식이다. 어떤 때는 월요일까지 사냥을 연장했다. 자동차를 이용하면서부터는 돌아다니는 거리가 90킬로미터까지 늘었다. 게다가

족제비를 이용해 산토끼도 많이 잡았다. 어떻게 하는 건지 한번 배워보고 싶기는 한데, 분명 쉽게 될 것 같지는 않아 보인다. 사냥해서 잡은 멧도요, 비둘기, 산토끼로는 요리를 해 먹었다. 두더지잡이 명인으로 출발해서 산토끼잡이 명인까지 된 셈이다.

1981년 부인이 먼저 사망했다. 남은 딸이 셋인데 상속은 하나도 안 해 주었다. 이 지역 관례가 그런 모양이다. 이후 농장은 점차 줄아들었고, 마지막에는 땅을 이웃에게 빌려주고 자신은 일을 놓았다. 르뷔글 씨는 2009년에 사망했다. 그렇게 한 세상이 끝났다.

그의 기록은 노르망디가 20세기 내내 상당한 변화를 겪은 사실을 보여준다. 지금 우리가 보는 노르망디는 몇백 년 동안 똑같이 유지된 게 아니라 오랜 기간 서서히 진화해 온 결과다. 너무나 자명한 사실이지만, 아마 그러리라고 머릿속으로 생각하는 것과 기록을 통해 하나씩 확인하는 것은 분명 다르다. 르뷔글이 살아온 세상은 영국 역사학자 피터 래슬릿의 책 제목처럼 이제는 사라져가는 '우리가 잃어버린 세계The World We Have Lost'다.

06

오른 지방

또 다른 노르망디

오른 지방
바뇰드로른

지금까지 거론한 곳만이 노르망디의 전부가 아니다. 대개 루앙 인근 지역, 해안 지역들, 혹은 오주 지방을 많이 찾아가지만 이런 곳과는 다른 노르망디가 존재한다. 보통 우리가 생각하는 노르망디는 평원 지역 혹은 해안 지역이다. 그런데 남부 노르망디의 오른^{Orne} 지방은 이미지가 완전히 다르다. 마시프^{massif}라 부르는 산괴가 솟아 있고 그 사이를 오른강이 흘러가는데, 그 모습은 우리가 통상 생각하는 평지가 아니라 산지로 이름하여 '노르망디 스위스^{La Suisse Normande}'다. 물론 스위스만큼 산이 높은 것은 결코 아니지만 분위기가 비슷하다. 때로 높은 암벽도 있고 간혹 높은 산봉우리가 삐죽 솟아 있어서 풍광이 아름답다. 이곳을 찾는 사람들은 카누, 등반, 낚시를 즐기고, 행글라이딩도 가능하다.

이 지역 중 바뇰드로른^{Bagnole de l'Orne}이라는 도시를 찾았다. 숲으로 둘러싸인 시 한 가운데 호수가 있는 조용하고 그림같이 아름다

바뇰드로른.

운 도시이며, 무엇보다 건강에 좋은 온천으로 유명하다. 이 도시와 관련된 중세 전설도 그 점을 말해 준다. 위그 드 테세Hughe de Tessé라는 영주가 자신의 늙은 말이 편안하게 죽도록 이곳 숲에 풀어놓았더니 얼마 후 도로 젊어져서 뚜벅뚜벅 걸어 돌아왔다는 것이다. 말이 스스로 온천에 들어가 잘 휴양하여 회춘했기 때문이란다. 이 도시의 온천 시설은 특히 류마티즘 치료와 혈액 순환에 좋다고 한다. 19세기부터 부유한 노인들이 많이 와서 살았기 때문에 시내에 벨에포크 시절에 지은 고급 주택이 많다. 오늘날에도 시내에 노인들이 많이 보인다. 모두들 회춘하시고 젊은 말처럼 달려가시기를 빌어본다.

인근 지역은 꽤 깊은 숲이다. 이곳에 프랑스에서 제일 오래 산 나무가 있다고 해서 일부러 찾아갔으나 결국 찾지 못했다. 지도상에는 나오는데 워낙 숲이 깊어서인지 헤매다가 도로 숙소로 돌아왔다. 숲과 호수와 온천, 그야말로 쉬다 가기 좋은 곳이다.

이곳 인근에서 찾아가 볼 만한 곳으로 카루주성Château de Carrouges이 있다. 노르망디에 워낙 성이 많지만, 이 성 또한 장대하고 멋지다. 그런데 남부 노르망디는 다른 곳보다 관광객이 많이 찾지 않다 보니 풍광이 멋진 것 치고는 정말 한산하다. 이렇게 멋있는 성이 만일 파리 근처에 있었다면 사람이 미어터질 텐데 …. 주로는 동네 주민들이 빵과 음료를 가지고 성 안의 잔디밭에서 피크닉을 하고 있다. 그렇지만 '시골 성'이라고 만만하게 볼 건 아니다. 원래 노르망디의 유력 가문인 르 브뇌르 드 틸리에르Le Veneur de Tillières(유럽 귀족들 성은 이렇게 긴 게 특징이다)가 500년 이상 소유하고 있었는데, 1936년 국가가 매입했다. 성문 건물부터 우아한 16세기 벽돌 건물이다. 성 안에는 구리 조리 도구들을 보관하고 전시하는 부엌, 루이 11세 침실(1473년 8월 11일에 국왕이 이 성에 들렀다), 사냥 관련 물품들을 전시하는 방, 그 외에 식당, 초상화 방 등 볼거리가 많다. 그리고 성에 어울리는 현대 화가의 작품도 자주 전시한다.

성에 도착한 시간이 마침 점심시간이다. 잠시 문을 닫는 때이므로 매표소 직원이 가까운 마을에 가서 밥을 먹고 오라고 일러준다. 가까운 마을 이름도 카루주다. 당연히 아주 작은 마을이고 조용하기 이를 데 없다. 빵집이 하나 있는데MAISON M&J 아마 마을 사람 모

카루주성.

두 이곳에서 빵을 사 먹는 것 같다. 이 가게에 들어오는 모든 사람들이 서로를 알아보고 인사를 나눈다. 젊은 가게 주인 부부가 어쩌다 오는 동양인에게 아주 친절하게 대해 주느라 '니하오你好' 하고 인사를 건넨다. 하긴 이 사람들이 우리를 보고 쉬누아(중국인)인지 자포네(일본인)인지 코레앙(한국인)인지 어찌 알랴. 워낙 친절함이 몸에 밴 나는 빵집 아저씨가 너무 당황하지 않게 우선 '니하오' 하고 답해 주고는, 한국에서 온 신사임을 밝혔다. 그런데 큰 기대를 하지 않았던 이 집 빵이 정말 맛있다. 자신들이 자랑스럽게 붙여놓은 안내판에 이 지역 제빵 콘테스트에서 은메달을 땄다고 적혀 있다. 이 동네 사람들은 좋겠다. 하나 있는 빵집이 저토록 맛있는 빵을 만들어 파니!

파리 유학 시절 처음 방문했던 노르망디를 30년이 지나 다시 찾았다. 첫 방문지로 잡은 곳은 모네의 집이 있는 지베르니. 파리 드골 공항에서 렌터카를 빌려 고속도로를 타고 서쪽으로 향한다. 파리 지역을 벗어나니 얼마 안 있어 광활한 들판과 높은 하늘이 펼쳐진다. 자연 풍광에서 벌써 노르망디의 냄새가 난다. 그런데 초행길이라 그런가, 고속도로를 벗어나 지방도로로 진입한 후 잠시 방향을 잃었다. 그러자 마치 수줍게 숨어 있는 듯한 시골의 속 모습이 드러난다. 오후 햇살 비치는 고요한 밀밭, 작은 숲 사이 농가들, 그 고즈넉한 풍경 속을 지나가노라니 마치 꿈길을 가는 것 같다. 그때 깨달았다. 가장 멋진 여행은 길을 잃어버리는 것, 내가 그 고장의 풍경 속에 녹아 들어가는 것 ….

노르망디는 파리 지역에서 가깝다 보니 예전부터 많은 관광객이 찾는 곳이었다. 도빌이나 트루빌 같은 여름 휴양지, 지베르니나 에트르타, 몽생미셸 같은 명소에 수많은 사람들의 발길이 이어졌다. 우리나라 여행객들도 이미 많이들 방문했을 것이다. 그런데 이처럼 노르망디를 '관광지'로 찾는 것도 좋지만, 스쳐 지나가며 겉모습만 보기보다는 더 내밀한 풍경을 만끽해 보면 더 좋지 않을까. 노르망디는 단순히 경치 좋은 고장이 아니라 두터운 역사 경험, 문화와 예술의 향기가 서린 곳이다. 약간의 준비를 하고 떠나면 훨씬 풍요로운 경험을 할 수 있다.

우리는 누구나 자신의 눈으로 세상을 보게 마련이다. 같은 곳을 여행해도 느끼는 것은 다 다르다. 누군가는 에트르타의 해안 절벽이 인생 최고의 멋진 명소일 수 있지만, 누군가는 그저 그런 해변 휴양지로 느낄 수 있다. 모든 사람이 다 똑같이 느끼는 여행지는 아마 없을 터다. 이 책에서 소개하는 내용 역시 필자의 여행 보고서일 뿐이지만 노르망디를 여행하는 다른 사람에게 도움이 되기를 바라는 마음이다. 자신만의 멋진 여행을 위해서 다른 사람의 경험을 참고하면 좋지 않겠는가? 더욱 멋지게 길을 잃기 위해 오히려 약간의 사전 지식이 도움이 될 수 있으니까.

어디 노르망디뿐이랴, 세상에는 즐겁게 여행하면서 보고 느끼고 배울 만한 곳이 많다. 프랑스 속담은 이렇게 말한다. "자기 나라만 보고 산다면 이 세상은 첫 장만 읽은 책과 같다." 잠시 우리 사는 세상을 벗어나서 다른 사람들 사는 세상은 어떤지 보고 오도록 하자. 여행을 마치고 돌아올 즈음이면 우리 마음의 공간이 조금 더 커지고 우리 생각이 조금 더 지혜로워져 있을 것이다.

1

노르망디 수도원 기행

이 책에 나오는 장소들을 중심으로
주제별로 찾아가보면 좋을 곳들을
모았습니다.

몽생미셸
몽생미셸 수도원
몽생미셸섬

쥐미에주
쥐미에주 수도원

알루빌
알루빌 참나무 소성당

4
노르망디 해안 도시 기행

이미지 출처

이미지 출처

찾아보기

도시여행자를 위한

노르망디 ✕ 역사

1판 1쇄 발행일 2024년 7월 29일

지은이 주경철

발행인 김학원
발행처 (주)휴머니스트출판그룹
출판등록 제313-2007-000007호(2007년 1월 5일)
주소 (03991) 서울시 마포구 동교로23길 76(연남동)
전화 02-335-4422 **팩스** 02-334-3427
저자·독자 서비스 humanist@humanistbooks.com
홈페이지 www.humanistbooks.com
유튜브 youtube.com/user/humanistma **포스트** post.naver.com/hmcv
페이스북 facebook.com/hmcv2001 **인스타그램** @humanist_insta

편집주간 황서현 **편집** 강창훈 **디자인** 장혜미
조판 홍영사 **용지** 화인페이퍼 **인쇄·제본** 정민문화사

ⓒ 주경철, 2024

ISBN 979-11-7087-227-6 03920